1 ヴェト・レ「ラブ・バン！」(2012)

# 「リトルサイゴン」

Little Saigon

## ベトナム系アメリカ文化の現在

Takashi ASO

麻生享志 著

彩流社

ヴェト・レ「ハートブレーク！」(2016) 2

3

3】ディン・Q・レ
《ベトナム戦争のポスター》(1989)
「破壊はお互いさまだった
カーター大統領／ベトナム戦争での
ベトナム人死者2,000,000人」
「破壊はお互いさまだった
カーター大統領／孤児になった
ベトナム人の子どもの数300,000人」

4

ディン・Q・レ
《人生は演じること》
(2015)

ディン・Q・レ
《コロニー》(2016)

5

6

GB・トラン
『ヴェトナメリカ』(2011)
9頁

7 『ヴェトナメリカ』108-09頁

クレメン・バルー
『ヴェトキューの記憶』第1巻、
『サイゴンを去る』
（2006, 2010, 2017; 2018）11頁

8

9 『ヴェトキューの記憶』第2巻、
『リトルサイゴン』（2012; 2018）7頁

10 『リトルサイゴン』248頁

# まえがき
## ベトナム系の「物語り」
### ――難民の歴史と記憶

ベトナム系の人々と付き合いはじめて一〇年ほど経つ。それより遡《さかのぼ》ること数年前、二〇〇〇年代初頭の頃だった。現代アメリカ文学を教える授業でベトナム戦争の文化・文学を紹介する際、ほぼすべての作品がアメリカ人の視点から書かれていることに、疑問を感じた。それで始めたインターネット検索の結果、ベトナム系アメリカ人作家・芸術家《アーティスト》の存在を知るようになった。これがその後に続く研究のきっかけになった。

当時まず興味をもったのは、ラン・カオ（一九六一―）のデビュー小説『モンキーブリッジ』（一九九七）だ。ベトナムの伝統文化と一〇代のベトナム人少女のアメリカ生活をイニシエーション風に描くこの作品を、ゼミの教科書として使ったこともある。その後読み重ねるにつれ、この小説の翻訳を思い立った。そして、訳者の特権とでも言おうか、作者にメールを書いたことから、カオとの文通が始まった。やがて翻訳が完成。いよいよ本格的にベトナム系文化・文学の研究を始めると、一気に人脈が広がった。

その際に気づいたことがひとつあった。それは筆者が何気なくベトナム系の人々に向けて使っていた「移民」（immigrant）という言葉への反応だ。最初は気のせいかと思ったが、どうも彼らを「移民」と呼ぶと、顔色が曇《くも》ることが多い。なかにはそれほど気にしない様子の人もいたが、多くの場合「移民」という言葉を使うとがっかりしたような表情をする。そのうちに自分がとんでもない間違いを犯していたことに気づいた。彼らの大半は「移民」ではなく「難民」（refugee）だったのだ。

今思えば、研究者として研究のいろはも理解していなかったことに赤面するしかないが、当時の自分はベトナム系のことも移民・難民問題も、それほど理解していなかった。だから、ベトナム系の文化・文学を論じるにあたり、まずは自戒の念も込めて「移民」と「難民」の違いを明確にしておきたい。

まず、「移民」とは自らの意志で個人的な目標や目的をもって祖国をあとにした人々。明治維新をきっかけにハワイやアメリカ本土に渡った日本人は皆、移民に相当する。これに対しベトナム系の多くを占める「難民」とは、政治的苦境、経済的困難等の外的要因から、やむなく国を出なければならなかった人々のことだ。ベトナム戦争末期にベトナム共和国（通称・南ベトナム）崩壊の危機から、また統一後のベトナム社会主義共和国において、再教育キャンプに収容されるなどの政治的弾圧、あるいは家屋・財産の没収などの経済的困難を強いられ脱越《だつえつ》、つまり不法に出国せざるを得なかった人々はすべて「難民」である。

そうではない人々、たとえばオリバー・ストーン（一九四六―）が映画化した作品『天と地（ベトナム編・アメリカ編）』（一九八九、一九九三）の原作者レ・リ・ヘイスリップ（一九四九―）や、映画『姓はヴェト、名はナム』（一九八九）の監督として知られる批評家トリン・T・ミンハ（一九五二―）ら、たとえ戦時中でも結婚や留学のために自らの意志でベトナムを出国した場合には「移民」と呼びたい。もちろん、結果的にヘイスリップら「移民」も戻るべき祖国を失うことになるのだから、「難民」と呼ぶことに実質的な違いがどれほどあるのかは意見の分かれるところかもしれない。実際、こうした人々を「難民」と呼ぶこともある。しかし、本書では祖国を出るにあたり、その動機がどこにあったのかを重視し、それにより「移民」、もしくは「難民」の区別をする。

以上のことを前提に、ベトナム系移民・難民の歴史を振り返れば、ベトナムからアメリカへの移民は、中国系・日系といった初期アジア系移民に続き、一九世紀末に始まった。しかし、その数はアメリカ大陸横断鉄道の敷設《ふせつ》工事を担った中国系労働者や、優れた灌漑《かんがい》技術で農地開拓にあたった日系移民に比べれば、ごく少数だった。二〇世紀に入ると、アジア系移民の流入に悲鳴を上げたアメリカ政府が移民規制を強化した。だから、急激にこの状況が変わることはなかった。

一九六〇年代、アメリカが東南アジアでの軍事行動を本格化させた時期においても、合衆国国土安全保障省の記録によれば、ベトナム系移民の数は、移民総数三二一万四〇〇〇人のわずか〇・一％程度に過ぎない。それが一九七五年のサイゴン陥落をきっかけに急増し、一九八〇年代以降現在に至るまでベトナム系が移民・難民総数の十傑《じっけつ》に入る状況が続く（cf. Zhao）。一九八〇年には二六万一〇〇〇人、一九九〇年になると六一万四〇〇〇人のベトナム系移民・難民がアメリカで暮らした。最近のデータでは、二一〇万四〇〇〇人（二〇一七）で、アメリカ総人口の一％弱を占める（cf. “Vietnamese Americans”）。定住先はニューヨーク、ボストン、バージニア等東海岸の都市部からテキサス、ミネソタなど多岐にわたるが、西海岸にはより多くのベトナム系が居住し、カリフォルニア州ロサンゼルス近郊には二四万人を超えるベトナム系アメリカ人が暮らす（cf. Alperin and Batalova, “Vietnamese Immigrants”）。

　このように西海岸を主として急成長するベトナム系コミュニティ、通称リトルサイゴン。なかでも、ディズニーランドやＭＢＬ《メジャーリーグ》ロサンゼルス・エンゼルスの本拠地があるオレンジ郡には、全米最大規模のベトナム系居住区が広がる。その形成と発展を描いて、二〇一五年には『オレンジ郡のベトナム人』が出版された。難民の歴史を映し出す二〇〇枚を超える写真が掲載されたこの本には、一九七五年以来、数々の苦難を乗り越えアメリカ社会にその礎《いしずえ》を築いてきたベトナム系の足取りが記される。共同著者の三人トゥイ・ヴォ・ダン、リンダ・トリン・ヴォ、トラム・レは第一線で活躍するベトナム系研究者。早くも失われつつあるベトナム系難民の歴史を、次世代へ引き継がねばならないという強い使命感から『オレンジ郡のベトナム人』は生まれた。

　ダンらの試みはこれだけではない。多くのベトナム系学生が就学し、ベトナム系教職員数も多いカリフォルニア州立大学アーバイン校を拠点に、二〇一一年には「ベトナム系アメリカ人オーラルヒストリー・プロジェクト」を立ち上げた。このプロジェクトにより実施された三〇〇を超えるインタビューの多くは、電子化され全世界へ配信される（<sites.uci.edu/vaohp/>; <ucispace.lib.uci.edu/handle/10575/1614>）。ユダヤ人にとってのホロコースト、日本人にとっての被爆に相当するベトナム系にとってのベトナム戦争とその後に続く脱越の歴史は、口頭伝承を通じて次世代へと引き継がれる。

ベトナム系におけるこうした試みは、二〇〇四年テキサス州オースティンに設立されたベトナム系アメリカ人ヘリテージ財団（ＶＡＨＦ）による「五〇〇オーラルヒストリー・プロジェクト」に遡る(1)。サイゴン陥落から四〇年以上を経た現在、難民一世の高齢化が進み「難民の物語と歴史が失われる」前に、彼らの記憶と体験を史料として残すことが何よりも重要との認識が、若い世代のベトナム系に共有される（"Most Influential 2015" par. 21）。

同時にこの試みは、ベトナム系知識人が繰り返し主張してきたように、アメリカにおけるベトナム戦争の歴史や記録が、つねにアメリカ的視点から記されてきたことへの対抗策でもある。既存のベトナム戦争関連資料がいかに偏向したものであるかは、二〇一八年三月二二日付の『ニューヨーク・タイムズ』紙において、ラン・カオが改めて指摘した点だ。

ニューヨーク歴史協会やアメリカ国立公文書記録管理局が編纂《へんさん》してきた写真やビデオ、それにオーラルヒストリーの資料では、ベトナム人には最小限の枠しか与えられていない。もちろん、まったく相手にされないわけではない。もしそうだとすれば、実におかしなことだし、許せないことだ。それでもベトナム人から見た戦争記述は形ばかりで、申し訳程度のスペースしかない。それとは対照的にアメリカ人の戦争経験には、最大限の場が提供されるよう多大な努力が払われている。日常的な光景から緊迫した戦闘行為まで、すべてが網羅《もうら》されている。（Cao,

"Vietnam Wasn't Just an American War" par. 11)

このような偏った認識がアメリカ社会に、それも歴史協会や公文書管理の現場にあるがゆえに、難民はベトナム戦争の伝え方や、伝達の不十分さを正そうと、相次いで歴史プロジェクトを企画・実施してきた。そして、難民一世の声に加え、幅広い世代の多様な意見の収集と保存を進める。これまで語られることがなかった戦争のもうひとつの側面を明らかにするためにも、ベトナム系の研究者らは日々歴史の掘り起こしに取り組んでいる。

ところで、公文書に代わりオーラルヒストリーという媒体《メディア》が歴史の保存に使われ、その重要性が日毎に増す現在、戦争の歴史はいかに記憶に留められるべきだろうか。小説『シンパサイザー』(二〇一五)で文学部門ではベトナム系初となったピューリッツァー賞を受賞し脚光を浴びるヴィエト・タン・ウェン(一九七一―)。批評書『消え去るものはなく』(二〇一六)では、いわゆる戦争の「物語」をさまざまな角度から検証する。(2)

なかでも、ベトナム戦争における従軍体験から多くの物語を書き、文壇で高く評価されてきた白人作家ティム・オブライエン(一九四六―)の作品を取り上げ、「兵士の視点からのみ戦争を想像してみても、本当の戦争の話には辿《たど》りつくことはできない」と強く批判する(Viet Thanh Nguyen, *Nothing Ever Dies* 225)。ベトナム系ら東南アジアの人々にとって「本当の戦争の話」とは、兵士や軍人ではない一般の人々や、戦禍《せんか》のなかでも営まれる日常生活について書かれた物語であるべきなのだ。

［人々の日常を描く］本当の戦争の話は、「良い」戦争の話ではないと思う読者もいるだろう。そうした物語では、兵士の殺し合いによる代償的なスリルを味わうことができないからだ。民間人が送る平凡な生活について書かれた本当の戦争の話は退屈で、それゆえすぐにも忘れ去られてしまうかもしれない。実は戦後生まれの東南アジア系の若者にも、こうした偏向が強く見られる。彼らは親世代の物語に苛立ちを隠さない。しかし、戦争を経験した人々にとって、その記憶はマグネシウムの閃光《せんこう》のごとく鮮明に残っている。それは暗闇を照らし、危険を知らせる。敗者として国外に放り出された東南アジアの難民にとって、自らが体験した戦争の話を思い起こすことは、喫緊《きっきん》の問題だ。彼らは、戦争が忘れ去られてしまうことを危惧《きぐ》する。自らが知る戦争とは、まったく違う戦争の話が語られていると感じることもある。アメリカの白人が語る戦争の話に、彼らは失望している。（232–33）

実はウェンが批判するオブライエンら白人作家も、戦争の多面性や複雑さに早くから気づいていた。一九七三年出版のデビュー小説『僕が戦場で死んだら』で、オブライエンは戦場で起きる多くの事実が「雲に包まれている」かのように曖昧《あいまい》であることを指摘した上で、少なくとも事実の一部は「回収不可能な歴史」のなかに「埋もれて」いると論じた（27／二八）。

同様のことはベトナム戦争を取材したアメリカ人ジャーナリスト、ワード・ジャスト（一九三五—）のノンフィクション『何の目的のために』（一九六八）でも論じられている。ジャストは戦争には四つの異なる現実的側面があると述べる。ひとつはアメリカ的視点から捉える現実。もうひとつは南ベトナムから見た現実。さらにもうひとつは北ベトナムにとっての現実。これに加わる四つ目の現実は、ドイツの歴史学者ヴァルター・ベンヤミン（一八九二―一九四〇）の唯物論的歴史観を援用し、誰もが正確に知ることができない事象とした（xix–xx）。

こうした認識にもかかわらず、白人文化・文学におけるベトナム戦争の表象が、当事者であるベトナムの人々の存在をつねに軽視してきたことは否定しがたい事実だ。そして、まさにそうであるがゆえに、ベトナム系難民による戦争の記憶の発掘が、重要な歴史的試みとして注目を集める要因になっている。戦争の多面性とは、オブライエンやジャストが意図して論じたように政治思想やイデオロギー、あるいは歴史的視点の多様性や複雑さだけを意味するのではない。

インド出身の比較文学者ガヤトリ・C・スピヴァク（一九四二―）が西欧植民地支配における最下級の従属者サバルタンに目を向けたように、これまで社会に向けて発する声を持たなかった市井《しせい》の人々の言葉を拾い上げることや、根本的に立場の違う人々に意識を向ける努力をするのが肝要だ。本当の戦争の話は戦場だけが舞台ではないというウェンの主張は、『オレンジ郡のベトナム人』の共同著者や歴史家のみならず、ベトナム系難民の多くに支持される。

ところで、「オーラルヒストリー・プロジェクト」のような草の根的な歴史研究が進行する背景には、それを主導する研究者だけではなく、実際の語り部となるさまざまな人々の理解と協力があることを忘れてはならない。かつてジャン＝フランソワ・リオタール（一九二四―九八）らポスト構造主義者は、公的、あるいは国家的な「大きな物語」を批判した（Lyotard xxiii/八）。なぜならば公の歴史のような巨大な物語はすでに固定化しており、同じ事が繰り返し述べられるに過ぎないからだ。そこには、個人が経験する日常的な事象が入り込む余地などない。一方、リオタールが目を向けた「小さな物語」には、「大きな物語」では語られることがなかった日常的な出来事や個々人の情動、それに感覚なども含まれる（60／一四九）。ベトナム系にとっての戦争の話はまさにこれに等しい。難民一人ひとりが生の声で語る自らの経験が、大地に根を張る木のように成長しながら有機的な歴史物語を創る。本書では定型化した「大きな物語」と区別し、この生きた「語り」としての歴史を「物語り」と呼びたい。

このように無数の難民の声が民間伝承的な「物語り」によって歴史を編み紡いでいく現況において、作家や芸術家はいかに「物語り」、いかに難民の歴史を描くことができるのだろうか。そして、ベトナム系文化・文学の作品において、歴史を「物語る」とはどのような意味と意義をもつのだろうか。限られた紙面ではあるが、本書ではこうした問題について、できるだけ多くの事例を紹介しつつ論じていく。

目次　「リトルサイゴン」――ベトナム系アメリカ文化の現在

まえがき
ベトナム系の「物語り」――難民の歴史と記憶　1

序
「リトルサイゴン」――難民社会から生まれる新たな文化　15
一　異なる視点　19　二　記憶のなかの歴史　26　三　同化と模倣　31
四　第二世代とポストメモリー　35　五　戦後四〇年を超えて　41

第一部　小説

第一章
自伝では語りきれないこと――ラン・カオ『モンキーブリッジ』、『蓮と嵐』　55
一　自伝と小説　59　二　リトルサイゴンのイデオロギー論争――「ハイテック事件」　70
三　「物語り」としての歴史　77

第二章
ベトナム系アメリカ文学の立ち位置《ポリティカル・ポジション》と戦略《ポリティクス》——ヴィエト・タン・ウェン『シンパサイザー』 83
一 戦後「ベトナム」の記憶 86
二 「記憶」を巡る戦争——『シンパサイザー』における告白 90
三 文学史におけるベトナム系アメリカ文学の立ち位置とウェンの戦略 107

第二部 映像芸術

第三章
越境する「ベトナム」——ヴェト・レ、太平洋横断的ヒップポップとクイアな難民表象 115
一 太平洋横断的ヒップポップ——「ラブ・バン！」 117
二 見えない太陽の不気味さ——「エクリプス」 129
三 スキゾな「キャンプ」——「ハートブレーク！」 135　四 帰越の倫理 140

第四章
ホーチミンシティから世界へ——ディン・Q・レ、サン・アート、二一世紀の世界地図 143
一 ベトナムへの帰還 144　二 ホーチミンシティと世界を結ぶ 148
三 ホーチミンシティから世界へ 152　四 二一世紀の世界地図 159

第三部　グラフィックノベル――
第五章　新たな絆、新たな地平、二世が描くベトナム系アメリカ――GB・トラン『ヴェトナメリカ』　171
一　二世が創るベトナム系アメリカ　172　二　二世にとってのベトナムとその歴史　175
三　モザイクとしての歴史物語――個人の記憶から難民の記憶へ　183
四　トランスナショナリズムからトランスコミュナリティへ　191
第六章　「リトルサイゴン」を巡る国境横断的ナラティブ――クレメン・バルー『ヴェトキューの記憶』　199
一　ベトナム系フランス人作家が描く「ベトナム」の姿　201
二　「アフロンティア」としての歴史物語　209
三　もうひとつのリトルサイゴン　215
四　ベトナム系の夢と語り――「物語り」が創るもうひとつの未来　221
あとがき　アジア系アメリカ運動とベトナム系難民　227

注　240
初出一覧　260
図版クレジット　24
引用・参考資料　10
事項索引　7
人名（作品名）索引　1

◉凡例

＊本文中の日本語訳について

・すでに翻訳作品がある場合には、本文に合うように必要に応じ適宜変更。それ以外はすべて拙訳。

・頁表記は括弧内先にくるのが英語版原書、後にくるのが翻訳版。

・引用文中にある［　］内の情報は、筆者による付加・補足である。

# 序

## 「リトルサイゴン」――難民社会から生まれる新たな文化

　ベトナム戦争終結から四〇年を経て、アメリカではベトナム系難民を中心とする文化・コミュニティ形成が盛んに進む。地図を見渡せばその分布はニューヨーク、バージニアといった東海岸の都市部からフロリダ、テキサス、ミネソタといった地域を経て、サンフランシスコや全米でも最大規模のベトナム系コミュニティを誇るロサンゼルスに至る。少なくとも全米で二〇州、三〇以上の地域にベトナム系アメリカ人がつくるコミュニティ、通称リトルサイゴンが展開する。その規模は地域により異なるものの、一歩足を踏み入れればあたかも時空を超えて、かつてのベトナムへ移動したかのような錯覚を起こすことも珍しくない。

　なかでも大規模コミュニティとして知られるロサンゼルス近郊ディズニーランドに近いオレンジ郡ウェストミンスターからガーデングローブ、サンタアナに広がるリトルサイゴンには、およそ一九万人のベトナム系アメリカ人が居住する。全米ベトナム系総人口が二一〇万人ほどだから、その一〇%弱がここで暮らすという計算だ（cf. "American Fact Finder"; "Little Saigon"）。アジアンガーデン・モールという大型ショッピングセンターを中心に展開する商業地区では、ベトナム語が聞こえてくることもあれば、ベトナムの通貨ドンで商取引を行なうこともできる。フォーやバインミーといったベトナム料理やアオザイなどの伝統衣装、ベトナム大衆音楽のCDやビデオ・DVDを売る店も多い。また、ゴールドなどの貴金属を扱う店が華やかに売り場を占める。ベトナム戦争を契機に自国通貨ドンの価値が大きく下落したことから、アメリカドルやゴールドなどの貴金属を頼りに日々の生活を立て、脱越の時を窺《うかが》った難民の過去が見え隠れする。言語や通貨、そこで売られる商品を通じて、ベトナム系の人々の欲望と本音が浮かび上がる。

南カリフォルニアに多くの難民が集まる理由は、祖国ベトナムに似て気候が温暖なこと、それに脱越当初の難民収容施設が、サンディエゴに近いキャンプ・ペンドルトンに用意されていたことによる。カリフォルニア州全体では三五万人を超えるベトナム系の人々が暮らすが、オレンジ郡のリトルサイゴンに特徴的なのは、地域住民の三〇%から四〇%をベトナム系が占めている点にある(cf. "Little Saigon")。当然のことながら、彼らの政治的立場は強い。政治家として活躍する若い難民世代も誕生し、この地域の意思決定にベトナム系の声が影響する。こうした状況が彼らの経済・教育に積極的な効果を与えることは言うまでもないが、文化・芸術の展開においても重要な役割を果たしている。なかでも脱越時にはまだ幼かった、俗に一・五世代と呼ばれる中間世代の活躍が目覚ましい。

一・五世代とは、バークレー校をはじめとするカリフォルニア州立大学の各校で、ベトナム系難民学生を相手に長く教鞭を執《と》ってきた中国系アメリカ人研究者スッチェン・チャンが、二〇〇六年に編纂・出版した『ベトナム系アメリカ人一・五世代』で広めた用語だ。意味するのは、言語・文化といった「祖国の文化的模範」をある程度維持しつつ脱越し、アメリカで高等教育を受けた結果、「アメリカ的価値感とベトナム的価値観」を仲介する役割を担うべく成長した世代のこと。彼らが仲介するのは、祖国文化とアメリカ文化だけではなく、ベトナム生まれの一世とアメリカ生まれの二世の間柄でもある。

ベトナム戦争終結後、チャンはベトナム系難民の体験をテーマに授業を開いた。その授業レポートを通じて、多くの難民学生が書く脱越の物語を読み学んできたという。ところが、一九九〇年代後半、脱越経験をもつベトナム人学生が急速に減り始めた。これを契機にベトナムや難民キャンプでの生活など、過去に学生が書き残した記録を次世代へ伝え残す必要性を強く感じたチャンは、授業レポートを編纂。難民学生による「身を切るような体験談」を『ベトナム系アメリカ人一・五世代』として出版するに至った（Chang xv）。今では歴史的価値をもつ文献として、ベトナム系を論じるにあたり欠かせない一冊である。

ところで、この一・五世代という言葉は、チャン以前から使われてきた学術用語だ。自らアメリカへ移住した過去を持つキューバ系社会学者ルーベン・ランバウトが、若い世代のキューバ系移民・難民を指すのに用いたのが始まりと言われる（cf. Rumbaut, "The One-and-a-Half Generation"）。この用語を使い始めた一九七〇年代、ランバウトは"one-and-a-half generation"と記していたが、一九八〇年代に入りアジア系を含む多くの移民・難民を対象にするようになると、"1.5 generation" という表記に改めた（Rojas par. 4）。

通常、移民・難民の世代を表わすときには、一世、二世、三世と表記する。また、彼らの出自を示すには日系、中国系、キューバ系のように記す。すでに一九四五年のロイド・ワーナーらによる研究では、成人（一八歳）後にアメリカに移民した場合とそれ以前の場合とを分け、前者を「P１」世代、後者を「P２」世代と呼んだ。ランバウトは入国時期をさらに細分化し、幼少期（〇歳から五歳）の場合を一・七五世代、小児期（六歳から一二歳）ならば一・五世代、思春期（一三歳から一七歳）を一・二五世代とした（cf. Rumbaut, "Ages, Life Stages" 1166–67）。多くの移民・難民を抱えるアメリカ社会においては、より細かい世代区分が必要不可欠になりつつあるのが実情といえる。

本題に戻れば、チャンが注目した中間世代、すなわち一・五世代に属すベトナム系難民の多くは、一九七五年南ベトナムの首都サイゴン（現ホーチミンシティ）が北ベトナムの手に陥落する前後に脱越し、アメリカで中高等教育を受け成人した[1]。その世代が社会に出て活躍し、さらには文化・芸術の世界でベトナム系コミュニティを、さらにはアメリカ社会を牽引すべく成長したのが、一九九〇年代のことである。ベトナム系文学を代表する二人の作家ラン・カオとモニク・トゥルン（一九六八―）や、ニューヨーク近代美術館に作品を収める映像芸術家ディン・Q・レ（一九六八―）らがそれにあたる。

さらにランバウトにより細分化された世代区分に従えば一・七五世代と呼ぶべきところに、自作自演のマルチ芸術家レ・ティ・ディエム・トゥイ（一九七二―）やピューリッツァー賞（文学部門）

を受賞し注目を集めるヴィエト・タン・ウェンらが属す。[2] また、今世紀に入ると、アメリカ生まれの二世がベトナム系文化・文学の一翼を担うまでに成長してきた。ユダヤ系グラフィックノベル作家アート・スピーゲルマン（一九四八―）の『マウス』（一九八六、一九九一）を彷彿《ほうふつ》させる『ヴェトナメリカ』（二〇一一）で衝撃的なデビューを果たしたGB・トラン（一九七六―）や、小説『チェリー・トゥルンの再教育』（二〇一二）でアメリカだけではなくフランスへも離散したベトナム人大家族の歴史を描くエイミ・ファン（一九七七―）らである。以下では、一・五世代から二世へと軸足を移し始めたベトナム系アメリカ文化・文学を概観することで、戦争終結から四〇年余りを経てより広く展開するベトナム系アメリカ文化の現在を論じる。

## 一　異なる視点

一・五世代移民作家・芸術家がアメリカ文化にもたらした最大の功績といえば、ベトナム戦争に対する視点を多様化させた点にある。すでに「まえがき」で触れたことだが、かつてアメリカ文化におけるベトナム、ベトナム人、あるいはベトナム戦争の表象は、いわゆる白人男性的な視点から描かれたものばかりだった。したがって、そこで展開される戦争描写や批判は、アメリカの立場から見たものがほとんどで、自ずとそこには限界があった。

その典型が一九七〇年代後半から一九八〇年代にかけて数多く撮られた戦争映画だ。マーティン・スコセッシ（一九四二―）の『タクシードライバー』（一九七六）をはじめ、マイケル・チミノ（一九三九―）の『ディアハンター』（一九七八）、フランシス・F・コッポラ（一九三九―）の『地獄の黙示録』（一九七九）、オリバー・ストーンの『プラトーン』（一九八六）、『7月4日に生まれて』（一九八九）、さらにはハル・アッシュビー（一九二九―八八）の『帰郷』（一九七八）など、アメリカのみならず世界各国で注目を集めた作品が並ぶ。

また、これらの作品には、アメリカ映画界を代表する名優が挙《こぞ》って出演した。ロバート・デニーロ（一九四三―）、マーロン・ブランド（一九二四―二〇〇四）、マーティン・シーン（一九四〇―）とチャーリー・シーン（一九六五―）の親子、トム・クルーズ（一九六二―）、ジェーン・フォンダ（一九三七―）らだ。その影響は計り知れず、こうした戦争映画が作り上げる「ベトナム」のイメージは、ハリウッド的なステレオタイプとして人々の心のなかに刷り込まれ、やがて固定化された。そして、観客のみならず批評家・研究者もその重要性に着目し、多くの評論・著作が書かれ出版された。アカデミズムの世界においても、「ベトナム」、そして「ベトナム戦争」が無視することのできないトピックになった(3)。

一方、アメリカ文学研究の権威サクヴァン・バーコヴィッチが総編集にあたったケンブリッジ大学出版局刊行の『アメリカ文学史』第七巻において、批評家モリス・ディックスタインが指摘したように、上記の映画はどれもが「戦争がもつ悪夢のような状況や、この世のものとは思えない地獄のような現実」を伝えることで、アメリカ人の「戦争観」を正当化する役目を果たしてきた（Dickstein 131, 132）。つまり、ベトナム戦争はアメリカにとっても辛い戦いだった。事実上の敗北という結果はもちろんのこと、戦争がアメリカ兵を心身ともに苦しませ、その後の生活にも影響をおよぼしたことを繰り返し描いたのが、ハリウッド仕立ての「ベトナム」戦争映画である。アメリカ視点の「ベトナム」イコール「泥沼」という文化の方程式は、映画産業により拡大再生産され続けた商品だった。それは、ベトナム以前にはあらゆる対外戦争に勝利してきたアメリカ軍をして撤退を余儀なくされた戦争に、文化・娯楽産業がそれもやむなしというある種のお墨付きを与えるプロセスでもあった。[4]

　こうした状況に、映画制作者の側がまったく無自覚だったわけではない。『プラトーン』、『7月4日に生まれて』、さらには『ＪＦＫ』（一九九一）と立て続けにベトナム戦争に関する映画で世間の注目を集めたストーンは、ベトナム系移民レ・リ・ヘイスリップの自伝『天と地』を読むとこれに強い感銘を受け、幾多の困難を乗り越え映画化した。アメリカ白人映画監督による、ベトナム系女性が描く「ベトナム」の劇場化。『ＪＦＫ』の四〇〇〇万ドルに迫る三三〇〇万ドルの予算をかけて制作された『天と地』は、一九九三年ワーナー・ブラザースから世界へ配給された。しかし、ストーンの熱意とワーナーの英断により作られた映画への世間の反応は、冷たいものだった。『ＪＦＫ』が二億ドルを超える興行収入を得たのに対し、『天と地』は五九〇万ドル程度を売り上げたに過ぎない。多文化主義全盛のこの時代、同年封切りの中国系アメリカ人作家エイミ・タン（一九五二―）原作、ウェイン・ワン（一九四九―）監督による映画『ジョイ・ラック・クラブ』が三二〇〇万ドル以上の興行収入を上げたのと比べても、『天と地』の商業的失敗は明らかだった。

　それというのも、原作となった『天と地』で波瀾《はらん》万丈の自らの半生を描いたヘイスリップは、南ベトナム北部の都市ダナンの南に位置するキラという貧しい農村地帯に生まれ育った生粋《きっすい》のベトナム人女性。若い頃には南ベトナム解放民族戦線、いわゆるベトコンの協力者として政府に拘束されたこともあるいわく付きの人物だった。[5] やがてサイゴンに出ると家政婦として働き、勤め先の主人の子どもを宿し出産したのは一五歳の時。街頭売り、コールガールとなったのち、出会ったアメリカ軍人エド・ムンロと結婚し、二〇歳となった一九七〇年にアメリカへ渡った。ただし、夫家族が住むサンディエゴは海軍基地がある保守的な風土の町。そこでヘイスリップが経験したのは、ベトナム人への強い偏見と戦争への無理解だった。後にヘイスリップは、渡米当時の状況を次のように振り返る。

家を訪れる友人には軍関係者が多く、わたしがその場にいるのが気に入らないようでした。テレビニュースで戦争犠牲者の報道でもあろうものなら、まるでわたしのせいで戦争が起きたかのように振る舞いました。画面に映るベトナム兵に酷《ひど》い言葉を浴びせることもありました。遺体袋の映像を見れば、「ベトナムに行って奴ら［gooks］を皆殺しにしてやる」と怒鳴る人もいました。[6] ベトコンを殺してさっさと戦争を終わらせてやる、と繰り返す人だっていたのです。
(Hayslip 178–79)

その後、夫エドは病死。デニス・ヘイスリップという別のアメリカ人男性と再婚するが、アルコールに溺れる二人目の夫との生活は決して幸せなものではなく、やがてデニスも駐車中の車のなかで死んでいるのが発見された。このような波瀾の半生を題材に、ヘイスリップが執筆したのが自伝『天と地』であり、それがストーンの目に留まった。ベトナム系女性による自伝の映画化というストーンの大胆な発案に、当初映画会社の多くは制作をためらった。しかし、ついにはジョン・F・ケネディ（一九一七―六三）大統領暗殺の舞台裏を描き話題となっていた『JFK』の配給元ワーナー・ブラザースが、ストーンの提案を引き受けた。「ベトナム人から見たベトナム戦争」の映画だと、ヘイスリップは映画『天と地』を絶賛する。

あの悲劇的な時期に生きた女性の経験を通じて、この映画は重要なメッセージを発しています。熱帯の楽園に住む人々はアメリカともフランスとも、ほかの誰とも戦うことを望んでいませんでした。人々は自由と平和を欲していたのです。しかし、外から来たよそ者のせいで大きな代償を支払わされることになりました。映画に描かれているように、戦争がベトナムの人々から住み慣れた村や祖先の家を奪ったのです。仲が良いベトナム人を敵味方に分け、静かな村落を引き裂き、憎しみと暴力、さらに復讐の連続へと貶《おとし》めたのです。ハリウッドがこんな話を映画化したくなかったのは無理もないでしょう。ベトナム人から見た戦争は、見るに堪えないものなのですから。（178）

移民として苦難の末にアメリカ社会に順応したヘイスリップにとって、ストーンへの感謝の気持ちは純粋なものだろう。一方で、アメリカ人大衆は、決してこの映画を快く受け入れなかった。それは数年早かっただけなのかもしれない。一九九〇年代後半には、ベトナム系の文化や文学が注目を集めるようになるのだから。ただ、多文化主義全盛の時代においてすら、ベトナム戦争の表現を巡ってはベトナム系社会とアメリカ社会の間に、超え難い隔たりがあったことも事実だ。

さらに言えば、原作者のヘイスリップこそ絶賛したものの、ベトナム系アメリカ社会においても、『天と地』の受容が無批判に進んだわけではない。なかでも厳しい評価を下したのが、後に小説『モンキーブリッジ』でデビューし、一・五世代文学の礎を築くことになるラン・カオだった。『ニューヨーク・タイムズ』紙に寄せた当時の映画評で、カオはストーンを強く批判している。

ストーンは大胆な一歩を踏み出した。ベトナムをアメリカ的ではない形で表現した点で。しかし、『天と地』は表面的にはこれまでとは違う描き方をしているけれど、ベトナムをアメリカとは無関係なものだと見なそうとする、どうにもごまかしようがないアメリカ的衝動を変えるには至っていない。実際、映画はいつもと同じアメリカ的自己満足を映し出しているに過ぎない。暴力的な力の行使と、その後に続く悲しみと怒り、それに自責の念こそ映画の中身だ。(Cao, "The Details Are Vietnamese, the Vision, Guilty American" 13)

カオが指摘するように、ヘイスリップの原作をもとにストーンが脚本を書き映画化したベトナムの姿は、真にベトナム的というよりはアメリカ的多文化主義により脚色されたものであり、ドラマの多くは戦争のスペクタクルから構成されている。ストーンが「大胆な一歩を踏み出し」、ハリウッドに衝撃を走らせたことは間違いないが、正確な意味でベトナム的視点を作品に取り込むことができたとは言い難い。カオは、同時期に封切られたベトナム系フランス人映画監督トラン・アン・ユン（一九六二―）の『青いパパイヤの香り』（一九九三）を例に、ベトナムを戦場ではなく日常の舞台として描くことの重要性を訴える。

同じベトナム系とはいえ、アメリカへ逃れた場合とトランのようにフランスに新天地を求めた場合とでは、その後の人生は大きく異なる。これはエイミ・ファンが『チェリー・トゥルンの再教育』で描いたことでもある。ただ、脱越後の人生がいかなるものであれ、ベトナム系難民が心象風景として抱き続ける「ベトナム」の日常の姿は大きく違わない。それというのも、アメリカが介入した長い戦争も、「二千年におよぶベトナムの歴史のなかでは一瞬の出来事に過ぎない」からだ。この点をカオは力説する。

戦争は悲劇的ではあったものの、それでベトナムが終わったわけではない。ベトナム人はこの世をもっと長い時間軸で捉える。爆弾が投下されようと、地雷が仕掛けられ自然が荒らされようと、ベトナム史のなかでアメリカが顔を出すのはごく最近のことだ。ベトナムは長きにわたり中国に支配され、フランスによる植民地支配に一世紀もの間さらされてきた。アメリカ人は大袈裟に表現したがるけれど、ベトナムの顔は戦争によって壊されてなどいない。一九六三年から一九七五年までのアメリカによる軍事介入は、ジン・ギス・カーンの侵攻と同じように、二千年におよぶベトナムの歴史のなかでは一瞬のことに過ぎない。(13)

## 二　記憶のなかの歴史

カオだけではなく、アメリカ文化・文学におけるベトナム戦争の描き方、描かれ方に批判的なベトナム系作家・芸術家は数多く存在する。今や世界に名だたる映像芸術家ディン・Q・レもその一人だ。ベトナム南西部カンボジア国境近くの町ハーティエンで生まれたレが、カンボジアによるベトナム侵攻を契機に、家族とともにボート難民《ピープル》として脱越したのは一九七八年のこと。アメリカではカリフォルニア州立大学サンタバーバラ校に進み、卒業後はニューヨーク視覚芸術学校で写真芸術を学んだ。

　そのレの作品制作は、大学時代に履修した「ベトナム戦争への宗教的アプローチ」という授業への不満がきっかけだった。この授業ではゲストに招かれたアメリカ退役軍人が、彼らの「ベトナム」体験を語ることに終始し、ベトナム人の視点から戦争が顧《かえり》みられることは一切なかった。そのことに憤《いきどお》りを感じたレは、授業担当者のウォルター・キャップスに抗議するもその甲斐《かい》無く、作品《ベトナム戦争のポスター》（一九八九）制作に取り組んだ（レ「ディン・Q・レへのインタビュー」三〇）。このポスター芸術では、戦時中アメリカ兵犠牲者の多さに抗議行動を起こしたアメリカ世論へ対抗し、当時の報道写真を

【図1】ディン・Q・レ
《ベトナム戦争のポスター》（1989）
破壊はお互いさまだった　カーター大統領／片方、あるいは両方の親を失ったベトナム人の子どもの数 800,000 人

利用するとベトナム側の戦争犠牲者や孤児の数を列挙する挑発的な姿勢を示した【口絵3／図1】。

後に芸術家としてプロデビューを果たしたレは、アメリカ各地はもとよりドイツ、シンガポール、韓国等で作品を展示する世界的な芸術家に成長。二〇一五年七月にはアジアで初となる大規模個展『明日への記憶』を東京・森美術館で、翌年には広島市現代美術館で開催した。ピューリッツァー賞受賞のウェンと並び、ベトナム系芸術家では抜きん出た注目を集めるレの特徴は、映画、写真といった既存の大衆メディアを再利用《リサイクル》しつつも、独特の加工を施し表現する点にある。現在はホーチミンシティに戻り活動を続けるレにとって、ベトナム戦争はつねに作品の中心的テーマだ。

ただ、レが描く戦争は、意外にも決してリアルなものではない。一九六八年生まれの彼にとって、戦場体験がないことがその一因なのかもしれない。一方で、「戦争は二度戦われる」と主張するウェンが指摘するように、ベトナム系難民にとってベトナム戦争は「一度目は戦場で、二度目は記憶のなかで」戦われるのだとすれば、ベトナム系難民芸術家にとってその主戦場は「記憶のなか」にこそある（Viet Thanh Nguyen, "Just Memory" 144）。だから、今世紀初頭に発表された《消えない記憶》（二〇〇〇—〇一）や《ベトナムからハリウッドまで》（二〇〇三—〇五）において、レは戦争そのものではなく、アメリカの戦争映画や報道写真から抽出したイメージを戦争の「記憶」として再表現する。ベトナム系難民にとって何よりもリアルであるはずの戦争とその「記憶」が、映画や写真という媒体を介して解釈、そして再解釈されると同時に再構築される。その意図は何なのか。

二〇〇二年に発表された《ロシアンルーレット》（二〇〇二）を例にしよう【カバー裏／図2】。この作品は一九六九年度ニュース速報写真部門で、ピューリッツァー賞を受賞したAP通信のエ

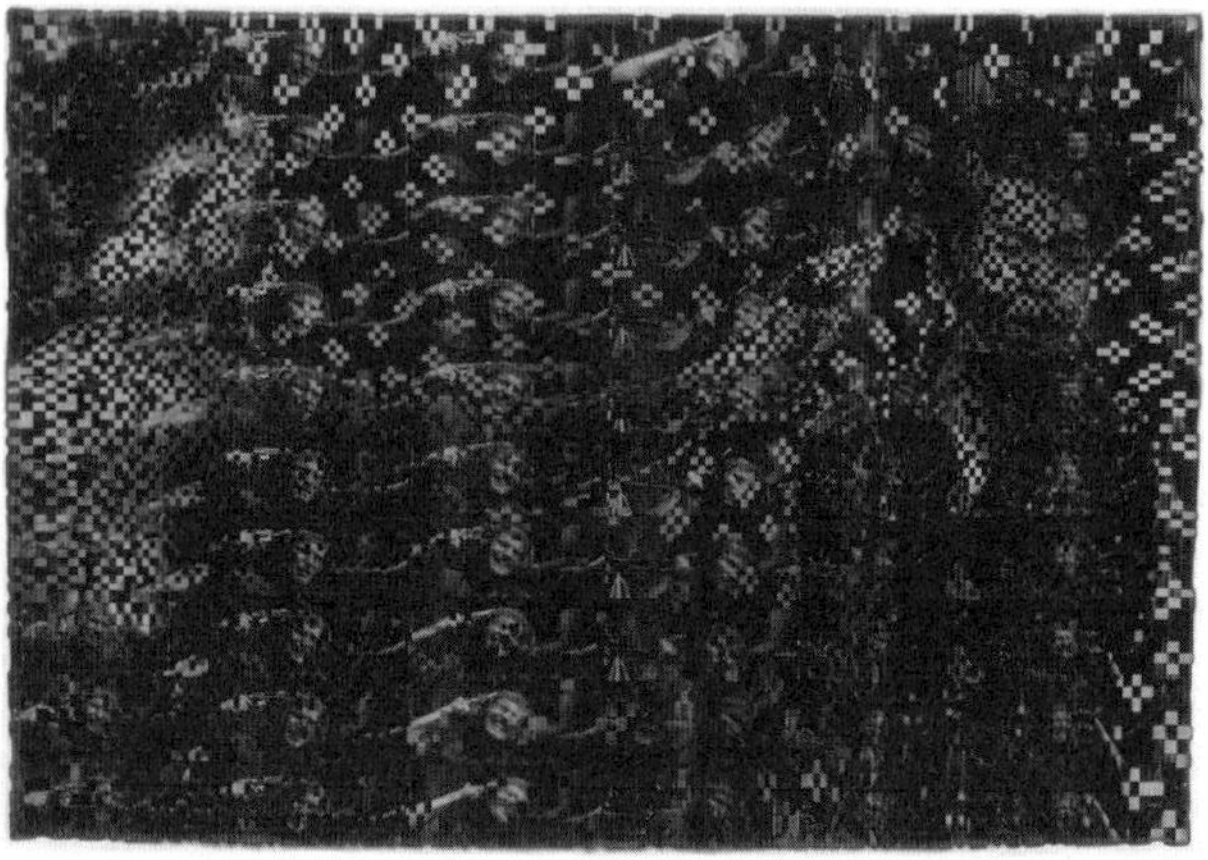

【図2】ディン・Q・レ《ロシアンルーレット》(2002)

ディ・アダムス（一九三三―二〇〇四）の報道写真『サイゴンでの処刑』（一九六八）を元にする複合芸術だ。それは一九六八年二月一日のこと。ベトナムの旧正月《テト》を祝う休戦を破り総攻撃を仕掛けた北軍は、南ベトナムの主要都市に侵攻。いわゆるテト攻勢の最中、首都サイゴンではベトナム共和国陸軍士官グエン・ゴク・ロアンが、拘束したベトコン兵を銃殺した。その殺害の瞬間を撮影したのがアダムスの『サイゴンでの処刑』である。写真はリリースされるや瞬く間に全世界へと配信されると、アダムス本人の意図に反して、反戦のシンボルとして一人歩きすることになった。(7)

　このアダムスのあまりにリアルな画像と、マイケル・チミノ監督による映画『ディアハンター』から抽出した、これもまた有名なロシアンルーレットの連続スティル画像を編み合わせたのが、レの作品《ロシアンルーレット》だ。そこではアダムスのカメラが捉えた死を目前にするベトコン兵の苦悶《くもん》の表情が、チミノが描くベトコン兵に拘束されたアメリカ人捕虜の恐怖の姿と折り重なり、ひとつのテクスト空間を構成する。結果として、ふたつの画像のどちらが前景でどちらが背景かを判断することは、きわめて困難になる。より大きくリアルであるはずの『サイゴンでの処刑』の画像と、『ディアハンター』の細かな連続画像の間に存在すべき階層関係は失われる。そして、両者が等価なものとして紡ぎ合わされると、新たな作品として再生される。

ちなみにこの手法は、脱越以前のベトナムで、叔母から学んだベトナム伝統のゴザ編みの技術にヒントを得て、学生時代にレが考案したものだ。二枚の写真を一方は縦方向に、他方は横方向に短冊状に切ると、それを交互に編み合わせる。レはこれを「フォト・ウィービング」と呼ぶ（「ディン・Q・レへのインタビュー」三〇）。

さて、この一瞬にして人々の視線を引きつけるレの写真芸術について、ウェンは次のように評す。

《ロシアンルーレット》からわかることは、アダムスの写真がチミノの映画に影響を与えただけではなく、その逆もまた真なりということだ。チミノの映画は、アダムスの写真に関するわたしたちの記憶を混乱させる。この混乱は、アダムスの写真が「ロアン将軍が執行する」処刑に与える混乱と同じ類いの混乱だ。処刑を目撃したのはごく少数の人たちだった。だから、この出来事を憶えているという人々はほぼ誰もが、実際にはアダムスの写真しか記憶していない。レの作品が言わんとしていることは、純粋な記憶など存在しないということだ。というのも、写真がわたしたちの記憶に記録された後には、写真こそが記憶になるからだ。つまりは、借用や盗用が無限に繰り返されることになる。（Nguyen, "Impossible to Forget, Difficult to Remember" 23）

実際の記憶に代わりメディアが作るイメージが、新たに文化的な「記憶」として人々の脳裏に記録され、さらには正当性を主張する。このプロセスを芸術として再表現し、記憶の正当性を改めて問い直すのがレの目的だ。

一方、レの作品を通じて浮かび上がる「記憶」としてのイメージの氾濫は、ウェンによれば「アメリカの軍産複合体ならぬ映画産業複合体」の成せる技である(20)。かつて第三四代アメリカ大統領ドワイト・D・アイゼンハワー(一八九〇―一九六九)は退任演説において、アメリカの政治・社会が軍と軍需産業の共謀により自律性を失いかねない危機に直面しうる可能性について警告を発した。それを意識しつつ、ウェンはハリウッドを中心とする娯楽産業が作るイメージ戦略に、人々が完全に取り込まれてしまう危険性を指摘する。「本当の戦争」はつねにイメージとして置き換えられ、その置き換えられたイメージが増幅されながら発信されると、人為的な「記憶」として固定される。この作られた記憶を、一般的なアメリカ国民はもちろんのこと、戦争を最も身近で体験したベトナム系一世や、幼い頃に脱越を余儀なくされた一・五世代難民も知らず知らずのうちに受け入れてしまうのだ。

こうした状況を反映してか、一九七二年生まれのマルチ芸術家レ・ティ・ディエム・トゥイは、ベトナム系一・五世代の関心事は「実際に何が起きたかということよりも、どんなことをいかに思い出すのか」という点にあると述べる(Garvey 78)。つまり不確かな史実よりも、記憶に残るイメージが人々の行動を決定づけるという主張だ。また、『ブック・オブ・ソルト』(二〇〇三)を著《あらわ》した作家モニク・トゥルンは、主人公のベトナム人シェフに、「わたしにとって祖国たるベトナムは、もはや記憶のひとつにすぎなかった」と語らせる（258／三五九）。二〇世紀初頭モダニズムの時代のパリを舞台にする小説で、やがて起きる南ベトナムの消失を暗示すると同時に、史実と虚構の融合《ゆうごう》がイメージとしてベトナム系難民の脳裏に記憶として刻印されることを示す台詞《せりふ》である。通常、無意識的な行為と理解されがちな「記憶」という概念に対し、トゥルンはむしろそれが人為的操作による意図的なプロセスであることを示唆する。そして、その意図的な「記憶」の上に構築、より正確に言えば再構築されるのが、「歴史」ないしは「歴史物語」ということになる。「記憶」や「歴史」に見られる作為的プロセスに対する意識や感覚は、ジェンダーやセクシュアリティを前面に作品を制作するクイアな難民芸術家にも見られるものだ。

## 三　同化と模倣

アジア系芸術家とセクシュアリティの問題は、決して目新しいトピックではない。とりわけ、中国系劇作家デヴィッド・ヘンリー・ファン（一九五七—）が代表作『エム・バタフライ』（一九八八）で、白人社会とアジア系のクイアな関係を男性のホモセクシュアリティを通じて描いて以来、多くのアジア系芸術家によってセクシュアリティの問題は人種問題と同列に置かれ、批判的に描かれてきた。その問題意識は、ベトナム系難民芸術家によっても共有される。その代表格が写真家ピポ・グエン＝ズイ（一九六二—）と映像芸術家ヴェト・レ（一九七六—）の二人だ。写真や映像を表現の中心に置く彼らは、ベトナム系難民がアメリカ社会で置かれた不安定な立場を人種、ジェンダー、セクシュアリティの問題として提起する。なかでもピポは、“Assimulation”という造語を用いて、難民が半ば強いられた「模倣」を経て進む「同化」のプロセスと、それに必ずや伴う違和感を表現する。より正確に言えば、“Assimulation”とは「同化」を意味する“assimilation”と「模倣」を意味する“simulation”というふたつの英単語を組み合わせた造語だ。ベトナム系を中心とするアジア系が抱える人種、セックス、ジェンダーの諸問題を「文化的同化」の問題と結びつけ、「悲喜劇」的に表現する試みと理解される。ピポはこれを次のように表現する。

> “Assimulation”とは、ある文化の映像言語を用い、それとは異なる文化の映像言語を模倣することです。つまり文化的同化のプロセスにおける模倣を、芸術的に実践することが“Assimulation”です。しかし、これは自意識的かつ人工的な技術《アート》であるがゆえに、同化のプロセスに内在する不自然さだけが強調されることになります。よって“Assimulation”とは、文化的な「中間」地帯を浮き彫りにする行為ともいえます。人々はふたつの異なる文化に同時に属しつつも、実はそのどちらにも属していないことに気づくのです。(“Pipo Nguyen-duy”)

実際にピポの作品を見れば、この“Assimulation”なるプロセスの目的と意味がよくわかる。たとえば、《もう一人の西洋人》(一九九八―二〇〇四)というスティル画像の連作では、ピポ本人が一九世紀後半の典型的なアメリカ白人男性の姿を意図的に模倣、あるいは偽装することで、二〇世紀後半のベトナム系難民男性であるピポ自身の人種・民族性が文化的差異として、この作品を見る者に不自然な違和感を与える【図3】。この違和感は *AnOther Westerner Series* という原語タイトルに込められている。本来ならば "another" と綴るべき単語を意図的に "an other" と書き換えることで、アジア系移民・難民がアメリカ社会では「他者」("other") であることが強調される。一九世紀から二〇世紀初頭にかけ、次々と大西洋を横断しアメリカへ渡ったヨーロッパ系白人移民が「もう一人の西洋人」、すなわち "another Westerner" であったとするならば、アジア系移民・難民はいかに西洋人を模倣しようとも、決してアメリカ社会には同化しきれない「他者」、つまり "an other"、もしくは "the other" なのである。

また、一六世紀後半フランスはフォンテーヌブロー派の名画《ガブリエル・デストレとビヤール侯爵夫人》を想起させる《匿名《とくめい》のⅣ》という作品がある【図4】。連作《AsSimulation》(一九九四―九八)としてリリースされたセルフポートレートのひとつだ。ルーブル美術館所蔵のオリジナル作

【図3】ピポ・グエン=ズイ
《もう一人の西洋人》(1998-2004)

【図4】ピポ・グエン=ズイ
《匿名のⅣ》(1994-98)

品では、アンリ四世の寵愛《ちょうあい》を受けたガブリエルが懐妊したことを表わすとされ、前景にはガブリエルと彼女の右の乳房を摘まむビヤール公爵夫人が、背景には生まれてくる子の産着を編む侍女が描かれる。一方、《匿名のⅣ》では、ピポ本人が扮する女性の右の乳房が見えない第三者の手によって摘ままれている。欧米社会、あるいは文化のなかに第三ならぬ第四の存在として侵入するアジア系移民・難民の無名性、匿名性、そして他者性が強調される作品だ。さらに、白人女性の代わりにピポが作品の中心として女性を擬似的に演じることで、白人社会とアジア系という人種的テーマに加え、ジェンダーおよびトランスジェンダーの問題も提起される。

これらの作品では、自己の身体が異文化社会において「他者」として機能することを認識する芸術家の意識と、人種的・性的差異への強い関心が示される。よってディン・Q・レの作品とは異なり、ピポの作品では戦争がテーマとして直接表現されることはない。また、ベトナム系固有の民族意識よりもアジア系全体で共有されうる人種・文化的差異やセクシュアリティの問題に関心が向けられる。ただし、ピポ本人は作品の主題を「死とアイデンティティ」の関係だと述べる。「ベトナム戦争が引き起こした暴力と混乱の記憶」を探求するなかで生まれたのが、彼の撮るセルフポートレート作品なのかもしれない（"Pipo Nguyen-duy"）。

同様の傾向は、ヴェト・レの写真・映像作品にも見られる。「クイアな探求」を主題に掲げるレの場合には、ジェンダーやセクシュアリティの問題に特化した表現が多く見られる（Việt Lê, "Memoirs of A Superfan" par. 8）。アジア系男性を好み、俗にライス・クイーンと呼ばれる白人男性と、その白人男性を愛するアジア系男性のクイアな関係に関心が注がれる作品もあれば、アジア系男性同士の同性愛を描く作品もある。また、「ラブ・バン！」（二〇一二）という音楽ビデオ作品から派生した「チャーリーズ・エンジェル」（二〇一二―一三）【カバー表】というスティル画像のように、太平洋横断的にアメリカ的ストリート文化とアジア的大衆文化の融合を目指す作品もある。こうした作品には、「戦争、脱越、難民」といった「重いテーマ」を大衆的な表現で、多くの人々に伝えたいというレの意図が表われている。戦争と脱越による「喪失の想い」とそこから生じる「精神の危機」を結びつけながら、「歴史的記憶の喪失」という問題を提起するレの姿勢は、他のベトナム系難民芸術家にも広く共有される（"Memoirs" par. 9）。

## 四　第二世代とポストメモリー

冒頭で触れたように、チャンは一・五世代を二世と分けて論じているが、その理由は難民二世にはベトナム語やベトナム文化の素養・教育が欠けているからだと推察される。このことは両者の芸術表現に強く影響している。すなわち一・五世代芸術家にとって、ベトナムという文化、あるいは南ベトナムという国家体制が失われたという事実は、二度と戻ることができない楽園の喪失として、すなわち郷愁《ノスタルジア》の念の対象として表現される。一方、実体としての旧南ベトナムを知らない二世芸術家にとっては、ベトナムの文化や歴史は本質的な欠如として、直接表象できない何かとして表現される。つまり描くべき対象としてのベトナムをもたない二世にとっては、脱越経験者である親世代からベトナムの記憶を継承するプロセスこそが、より重要な課題となる。

もちろん、多くがまだ幼くして脱越した一・五世代難民にとっても、記憶の問題は避けて通ることができない難問になる。レ・ティ・ディエム・トゥイは、マレーシアの難民キャンプを経てアメリカに着いたとき、まだ六歳だった。当然のことながら、彼女のベトナムの記憶は限られており、戯曲『赤い炎のような夏』（一九九四）では、「生まれる頃には戦争も終わり、その記憶をもっていないのでは」と訝《いぶか》しむ周囲の人々に向けて、「［戦争のことを］母に繰り返し尋ねながら育ってきた」と強調する若い一・五世代難民を描くと、舞台では自らその役を演じた（lê thi diem thúy, "From *Mua He Do Lua*" 387–88）。ウェンが指摘するように、とくに若い一・五世代難民にとってベトナムの記憶は、ユダヤ系批評家マリアンヌ・ハーシュがホロコースト生存者第二世代を論じる際に援用した「ポストメモリー」という概念に等しい。

ハーシュによれば、「ポストメモリー」とは実体験にもとづく一次記憶をもたない人々が、語りなどの追体験を通じて得る擬似的記憶のことである。たとえばホロコースト生存者の子どもたちは、親世代の戦争体験を写真、映像、語りなどの二次的表象によって追体験し、それを擬似的記憶、すなわち「ポストメモリー」として共有する。父の語りを通じて両親のホロコースト体験を知ったスピーゲルマンが描く『マウス』を取り上げ、ハーシュは次のように論じる。

ポストメモリーとは、遡及的《そきゅう》に証言台の上に立つことだ。他者のトラウマ体験とその記憶を自らのものとして受け入れ、自分自身の人生に刻み込むことだ。より正確に言えば、ポストメモリーを介し、抑圧もしくは迫害された他者との「倫理的」関係を構築することが可能になる。たとえば、「わたし」が「わたし」の両親のことを「思い出す」プロセスのなかで、他者の苦

しみも「思い出す」ことになる。（Hirsh, "Surviving Images" 221）

このようにポストメモリーを通じて、親世代の原体験は世代や民族の垣根を超えて共有され、文化・歴史的記憶として伝え残されることになる。

この考えにもとづけば、一・五世代の記憶のあり方と二世の記憶のあり方には大きな差はないことになる。しかし、実際に脱越を経験した一・五世代難民の多くがその経験を身体的記憶として保持するのに対し、アメリカで生まれた二世にとっての「ポストメモリー」には、そのような裏付けはない。よって二世の作品には、「脱越」を疑似現実的《バーチャル》な体験としてしか認識できない、彼らならではの苦悩やこだわりがある。ここに二世芸術家が共有する重要テーマが生じる。家族の存在だ。

もちろん、一・五世代作家・芸術家の作品において、家族が重要なテーマではないということではない。ラン・カオのように自らの親子関係を繰り返し物語にする一・五世代作家もいる。しかし、一・五世代芸術家の作品では、共産主義を巡るイデオロギー対立の問題が優先事項として扱われることが多く、カオの小説では家族関係が描かれる際にも、必ずや背後に潜むベトコンの存在や共産主義思想が、社会・政治的問題として提起されてきた。一方、ベトナムや戦争が記憶のなかの欠如でしかない二世芸術家の場合には、家族の記憶を通じ自らの文化・歴史的出自を辿らざるを得ない。二世芸術家として活躍するGB・トラン、エイミ・ファン、トリン・マイ（一九七八―）らの作品には、家族というフィルターを通してしか見ることができないベトナムとの距離感に苦しむ二世の姿と、彼らならではの家族への愛憎といった両義的感情が映し出される。概して、家庭問題を描くにも少なからず政治色を出そうとする一・五世代に対し、二世作家・芸術家は家庭内の問題に注視する一方、イデオロギー問題には関心を示さない傾向にある。

その二世作家から、まずはGB・トランの『ヴェトナメリカ』を紹介したい。出版と同時に全国ネットのABCニュースで取り上げられたこの作品は、スピーゲルマンの『マウス』によって今やすっかり定着したグラフィックノベル形式の自伝的物語だ。トランが『ヴェトナメリカ』で掲げる主題は、『マウス』同様に家族の歴史とその記憶の継承にある。ベトナム語を話さずベトナム文化も理解しないトランのような難民二世にとって、自らのベトナム的アイデンティティの証明、あるいは確立は大きな問題であり、その唯一の拠り所となるのが家族の存在と家族が物語る過去だ。

もちろん、すべての二世が家族の過去に興味を示すわけではなく、『ヴェトナメリカ』で描かれるトラン自身をモデルとする若いGBも、ベトナムの過去や歴史に積極的に向き合ってはこなかった。ところが、母方の祖母の葬式に出席するために訪れたベトナムで、彼の意識に大きな変化が起きる。作品では、新天地アメリカで生じた世代間のギャップを示す文化的モザイクが、ボードゲーム「スクラブル」を通じて表わされる。一方、それとは対照的に、いまだつながり得る祖国ベトナムに残る家族との絆が、ベトナム伝統文化の表象である木の根、すなわちルーツによって示される。

一九七八年ペンシルベニア生まれの画家トリン・マイも、家族の歴史や絆に強い関心を示す難民二世だ。トリンにとって作品制作の目的は、「家族の歴史を記録する」こと。脱越のように重い社会・政治的出来事や、生死に関わる人々の運命といった事象が大切なことは言うまでもないが、二世芸術家にとっては「日々の記憶」の発掘とその保存がより重要なテーマとなる（Trinh Mai, "Family

Tree")。それは自らが体験することのなかった、あるいは体験しえなかった幻の祖国での日常を、ポストメモリーとして追体験するプロセスにほかならない。オフィシャル・ホームページ（<trinhmai.com>）には、トリンの意志がはっきりと記されている。

作品を通じて、先祖代々伝わるものを大切に受け継いできました。その目的は、自分のルーツを掘り起こし、祖先がわたしに用意してくれた道を辿って、今ある自分を確認することです。伝統的なイメージやシンボルを用いて、抽象的な表現であろうとわかりやすい表現であろうと、わたしは祖先とのつながりを明らかにするために作品を制作します。祖先が住んでいた世界を知り、わたし自身の世界観がいかに作られてきたのかを探求するためです。ベトナム系アメリカ人二世として、芸術はかけがえのないものです。芸術を通じて難民や移民が体験してきたことを、自らのものとして追体験することができるのです。自分自身の目や耳や手を使って、祖先の物語を理解することが可能になるのです。("Artist Statement")

このような姿勢の下に制作された多くの作品のなかに、古い家族写真を用いた《家族の木》（二〇一一）という連作がある。大叔母が残したという祈禱書《きとうしょ》に挟まれた家族写真を糧《かて》に、トリン本人が経験しえなかった家族の記憶や体験が間接的に再現される。ディン・Q・レさながらの複合芸術は、必ずしも抽象的ではない日常的な空気を醸《かも》し出す点で、実に新鮮だ。

一方、難民家族の記憶や歴史を小説の世界で再現しようというのが、エイミ・ファンの『チェリー・トゥルンの再教育』だ。この作品では米仏へと脱越することになった大家族の離合集散が、ベトナム系アメリカ難民二世のチェリーが読む書簡を通じて再表現、そして再構築される。フォークナーを彷彿とさせる大河ドラマによってファンが描くのは、女性の視点から見た戦後ベトナム史。「女は生まれた時には父に従い、結婚すれば夫に従い、さらに年老いては息子に従う」とする儒教道徳にもとづくベトナムの家族制度が父権的であることは、トリン・T・ミンハが映画『姓はヴェト、名はナム』をはじめとする数々の作品で、繰り返し訴えてきたことだ（Trinh T. Min-ha, *Framer Framed* 85/一二六）。アメリカ生まれの二世であるファンは、この男性中心的な伝統的世界観に女性の視点を持ち込むことで、これまでとは違う形で記憶の継承を模索する。その意図は「多角的な視点」から家族の歴史物語を描くこと。(8) ファンは作品執筆のきっかけを、次のように表現する。

ベトナム系の家族を描く短編をいくつか書いていていて、ある日ふと思ったのです。これはひとつの大家族の物語ではないかと。それで急に登場人物がある方向にまとまっていき、さらに作品が豊かで複雑になっていく可能性を感じました。これが大きなきっかけとなって、いくつかの物語をまとめて書いてみようと思ったのです。（Phan, "Q&A" par. 3）

こうしてファンが八年の歳月をかけて書き上げた『チェリー・トゥルンの再教育』は、難民二世のチェリーを中心に、父方の祖母ホア、母方の祖母キム＝リ、父方の従兄弟スアン、父方の従姉妹カム、父サンの視点が語りに織り込まれ、父方の祖父フンと母トゥエットが書いた手紙が各章の冒頭に挿入されるなど、さまざまな視点から紡ぎ出される壮大な歴史物語となった。そのような多様な語りを読みつないでいくのが、主人公チェリーの役割である。ただし、チェリーは他の人物の語りを包括的にまとめあげる立場にはない。むしろ多くの矛盾《むじゅん》や謎が残されたまま、小説は進行していく。結果として、異なる視点から書かれた異なる歴史、あるいは異なる世界観が浮き彫りになる。だから、仮に各々の語りにおける視点の違いを明らかにし、最終的に調和させようと努力しても、決して唯一絶対の真実には到達しない。

また、チェリーら主要登場人物が船でベトナムの海に出る小説の最終章では、祖父らの書いた手紙が海に放り出され、海底に沈んでしまう。過去が回収不可能なものとして、歴史の深淵へ葬り去られることを暗示する場面だ。生まれた時には南ベトナムがすでに不在だった難民二世にとって、過去を探求することで歴史の厚みを意識すること、また、決して知り得ない過去が存在することを認識することは、きわめて重要なことだ。同時に、それは過去に囚われずに生きることができる明日の存在を、ポスト戦争世代のベトナム系の若者に約束する瞬間でもある（cf. Phan, *The Reeducation of Cherry Truong* 353–54）。

## 五　戦後四〇年を超えて

二〇一五年四月三〇日、ベトナム戦争終結四〇年を回想する記念番組『サイゴン陥落から四〇年――ベトナム系アメリカ人が語る戦争と移住』がサンフランシスコを拠点とする公共ラジオ放送ＫＱＥＤで放送された。ホスト役のマイケル・クラスニーが対話相手に選んだのは、一・五世代を代表するエッセイストのアンドリュー・ラム（一九六四―）、『シンパサイザー』の作者ヴィエト・タン・ウェン、それに二世作家のエイミ・ファン。三人は聴取者の意見も交えながら、それぞれの視点から戦争の記憶について語った。

なかでも脱越のことを最も鮮明に憶えていたのは、一九六四年生まれのラムである。軍高官の家庭に育ち、サイゴン陥落の最中に、ベトナムを脱出した。当時のことを振り返り、郷愁の念に押し流されることなく冷静に南ベトナムの崩壊を語った。

このパネルで一番年長なのは僕ですね。もちろん戦争のことはよく覚えています。なにせ戦争末期には、家中大騒ぎでしたから。当時、父は軍の総督だったので、非武装地帯にいました。そこから動けなかったのです。戦争が終わる二、三ヶ月前には家の電話が鳴り止むことはありませんでした。父の生存を確かめる電話が、四六時中かかってきたのです。その後、脱出計画が持ち上がり、貨物機で逃げました。その様子は［ロリー・ケネディ（一九六八―）監督の］『サイゴン陥落――緊迫の脱出』［二〇一四］に収められています。よく見ればわかりますが、貨物機に乗る幼い自分が映っています。

貨物機はグアムに飛んで、そこからキャンプ・ペンドルトンへ向かいました。韓国人の外交官と結婚した叔母がサンフランシスコにいて、すでに離婚していましたが、駆けつけてくれたのです。そして、三、四日のうちに僕ら家族をキャンプから連れ出してくれました。難民としてサンフランシスコのベイエリアに来たのは僕ら家族が最初で、当時ベトナム人はいませんんでした。憶えているのは、ベトナムの学校を辞めて数週間後には、アメリカのサマースクールに通い始めていたことです。[9]（"40 Years After Fall of Saigon" 13:20–14:41）

一方、若い一・五世代難民のウェンには、幼かった当時の記憶はない。一九七五年北ベトナム軍がサイゴンに侵攻するなか、ウェンが家族とともにいわゆるボート難民として脱越したのは四歳の時。一九五四年フランス軍がベトナム北西部、ラオス国境近くのディエンビエンフーで壊滅的な敗北を被った直後、ベトナムが南北に分割された際に北から南へ脱出したウェンの両親にとっては、二度目の難民生活だった。ラムの家族同様、グアムを経てそこからアメリカ本土のキャンプに渡った。

> 戦争やベトナムのことは少しも憶えていません。けれど、心のなかにある臍《へそ》の緒で、ベトナムとはしっかりと結びついているような気がします。だって、ベトナムで生まれたのですから。自分と同じ世代のベトナム系アメリカ人なら誰でも実際の記憶はなくとも、［ベトナム戦争に関する］二次的な記憶があります。両親や周囲の人たちが語り伝えてくれたことです。［中略］ベトナム出身の人たちが周りにいるだけで、肌を通じて伝わってくる感情や雰囲気があるのです。
> （6:50–7:24）

そして、カリフォルニア生まれの難民二世ファンは、家族の存在が戦争の記憶を形作る唯一の契うに語った。

機であったと打ち明ける。戦争体験がないことを指摘する司会者のクラスニーに対しては、次のように語った。

確かにサイゴンのことは知りません。それでも、周囲の人たちが語る戦争の話や、家族が話してくれることに影響を受けながら生きてきました。わたしが育った一九八〇年代には、［戦争のことを］話そうという人は少なかったし、話すときにもそれを恥じていました。子どもたちを守る必要もありました。おかげで［戦争の］記憶もなければ、トラウマを感じることもなく育ちました。その後、両親や家族は脱越の体験を、時間をかけて事細かに教えてくれたのです。（4:14–51）

また、電話を通じて参加した聴取者のなかには「オペレーション・ベビーリフト」で脱越し、アメリカ人家族に育てられた難民もいた。「オペレーション・ベビーリフト」とは、サイゴン陥落直前の一九七五年四月四日から二六日にかけてアメリカ軍が実施した作戦で、当時数千人を超えると言われた戦争孤児を国外に移送する計画だった。四日に敢行《かんこう》された第一便が、離陸後に機体のバランスを崩して墜落し、一五〇人以上の孤児が犠牲になる悲劇もあった。それでも三〇〇〇人余りの戦争孤児が、アメリカやオーストラリアへ救出されて養子縁組を結んだ。番組収録時には、サンフランシスコにある元アメリカ軍駐屯《ちゅうとん》地プレシディオでこの作戦を振り返る回顧展『オペレーション・ベビーリフト』が開かれていたこともあり、ララ・プライスと名乗る作戦の受益者は、養家への感謝の気持ちとともに、ベトナム退役兵への謝意も表した（25:18–26:20）。「オペレーション・ベビーリフト」についてでは、「幼児誘拐」との批判がかつてはあったが、当事者の発する好意的な声に、ベトナム系難民がもつ価値観の多様性が改めて示された瞬間でもあった（cf. Bergquist）。

ところで、アメリカに住むベトナム系難民は、旧南ベトナムの首都サイゴンが陥落した四月の最終週を「ブラック・エイプリル」と呼ぶ。毎年その時期になると、カリフォルニア州オレンジ郡をはじめとする全米のベトナム系コミュニティでは、記念式典が催される。とくに戦争終結から四〇年となった二〇一五年には、多くの難民が入国当初の生活を送ったサンディエゴ近郊のキャンプ・ペンドルトンでの式典開催を望み、その可能性が真剣に議論された。しかし、旧南ベトナムの国旗を掲揚《けいよう》しようという難民らベトナム系主催者側と、もはや存在しない国家の旗を掲げることに難色を示すアメリカ軍関係筋との間で折り合いがつかず、例年どおりオレンジ郡リトルサイゴンを中心とする開催に落ち着いた。そのリトルサイゴンでは、アメリカ国旗に並び旧南ベトナム国旗が掲揚されたのはもちろんのこと、旧南ベトナム軍の軍服に身を包む多くの元軍人らが、もはや存在しない祖国に忠誠を誓った。

こうした記念イベントが今でも多くの人々、とりわけ難民一世の関心を惹きつける一方で、それが旧南ベトナムへの愛国主義を焚《た》きつけるばかりか反共精神を煽《あお》っていると、違和感を感じる一・五世代以降の若い難民も少なくない。その一人であるウェンは、『ニューヨーク・タイムズ』紙に論説「わたしたちのベトナム戦争は終わらない」を寄稿した。そこでウェンは、ブラック・エイプリルが「戦争の物語を振り返る機会」であることを認めつつも、その戦争がラオスやカンボジアといった隣国を巻き添えにしたことや、米比戦争（一八九九―一九一三）、朝鮮戦争（一九五〇―五三）といった戦争でも多くの難民が国をあとにせざるを得なかった点を指摘する（Nguyen, "Our Vietnam War Never Ended" par. 11）。そして、反共思想や祖国への郷愁の念だけではなく、より幅広い視点からベトナム戦争の意味を再考すべきだと論じた。

さらに戦争終結から半世紀を迎える今後に向けて、政治的イデオロギーや歴史解釈をめぐる活発な議論や反省が、ベトナム系コミュニティの内部で起きてくることを見据えているのだろうか。戦争について語ることが、未来の戦争を食い止める手段であることを示唆しつつ、ウェンは次のように論考を締めくくった。

> 戦争の原因や責任のあり方について、わたしたちは議論できる立場にある。史実としての戦争には、始まりがあれば終わりもある。ここアメリカでは、当時一般市民が戦争を支持していた。彼らが戦争を扇動した結果として、祖国を逃れて難民が押し寄せてきたのだ。このような話をすることや、難民家族の話を戦争の物語として受け入れることは、無秩序に機能する軍産複合体について議論する大切な一歩になるだろう。というのも軍産複合体というものは、戦争は恐ろしいという考えに揺らぐどころか、むしろそうした考えに巣食っているのだから。（par. 12）

＊　＊　＊

以下、本書の構成を記す。全三部から成る本書では、最初の二部でベトナム生まれの一・五世代作家・芸術家を論じ、第三部では米仏二世のグラフィックノベル作家を取り上げる。

一・五世代ベトナム系アメリカ文学を代表する作家ラン・カオとヴィエト・タン・ウェンの二人を扱う第一部では、エスニック文学では新参者であるベトナム系アメリカ文学の足取りを辿りつつ、ベトナム系文学が目指してきたこととその現状を確認する。その手始めとなる第一章では、ラン・カオのデビュー小説『モンキーブリッジ』と第二長編『蓮と嵐』(二〇一四)を取り上げ、自伝とは異なるカオの語りについて論じる。いずれの小説もカオ自身の体験や家族が経てきた過去など、いわゆる自伝的要素を多く含む作品だが、ヘイスリップの『天と地』とは違い、あくまでも小説、すなわちフィクションとして位置づけられる。ベトナム系難民による出版物といえば、一九八〇年代を通じ一九九〇年代初頭まで自伝ないしノンフィクションの作品がほとんどであり、多くは脱越に起因する辛い体験とアメリカでの難民生活を描くものだった。しかし、カオはゲームチェンジャーとして、自伝的要素を含みながらもより創造性の高い物語を書き上げた。そこには自伝という文学ジャンルに限界を感じるカオの創作意図が込められていると推測される。第一章では、自伝では表わしきれない何かに焦点を当てて、カオの作品を読む。

続く第二章では、二〇一六年度ピューリッツァー賞受賞によりベトナム系アメリカ文学の存在感を一気に引き上げたヴィエト・タン・ウェンについて、受賞作『シンパサイザー』を取り上げ論じる。ベトナム系アメリカ文化・文学が注目されるようになりおよそ四半世紀を経た現在、ウェンが問題視するのは、いまだアメリカ社会に蔓延る《はびこ》「ベトナム」イコール「戦争」という紋切り型の解釈と、それに起因するベトナム人像だ。この人種・文化的ステレオタイプを打破すべくウェンが仕掛けるのは、ベトナム人が物語るベトナム人のための歴史表象。主人公の語り手にベトコン・スパイの混血児《ユーレイジアン》を置くなど、これまでのアメリカ文学の常識を覆しながらも、ラルフ・エリソン（一九一四—九四）の『見えない人間』（一九五二）をはじめとする古典作品にも数多く言及する。第二章では、新しいエスニック文学の地平を切り拓こうというウェンの戦略と、アメリカ文壇における『シンパサイザー』の立ち位置について考察を加える。

第二部では、越境を繰り返しながら作品制作に取り組むヴェト・レとディン・Q・レについて論じる。二人の映像芸術家は、ともにベトナム戦争後に起きた東越《とうえつ》戦争（カンボジア・ベトナム戦争、一九七八—八九）の戦禍を逃れ脱越した一・五世代難民だ。当時まだ幼かったヴェト・レは、母に連れられタイの難民キャンプを経ての逃避行だった。当時のことは何も憶えていないという。その失われた記憶を探し求めているのだろうか。ビデオ三部作《ラブ・バン！》（二〇一二—一六）制作にあたっては、カンボジア、ベトナム、タイと自らの出自を辿るように撮影地を移動した。第三章ではこの《ラブ・バン！》を中心に、クイアな難民表象について論じる。作品には、芸術家自身のクイアなセクシュアリティが表現されているだけではなく、難民が今も抱える精神的トラウマが映し出される。また、戦時中のベトナムでは検閲《けんえつ》対象だった「ゴールデンミュージック」と呼ばれる大衆音楽や、統一ベトナム下で厳しく規制される現代音楽を用いた映像は、レが「ヒップポップ」と呼ぶ大衆性と前衛性を兼ね備える。作品制作のために「越境」を繰り返すレのクイアな視点が、ベトナム系の歴史を物語る上でどのような意味をもつのか、またベトナムと歴史の一部を共有する近隣諸国との関係がいかに表現されているのかが論点となる。

第四章では、帰越芸術家として現在ホーチミンシティを拠点に国際的な活躍を見せるディン・Q・レを取り上げる。アメリカで写真・映像学を修め、米越国境正常化後の一九九七年にベトナムへ帰還した異色の芸術家ディン・Q・レ。すでに紹介したように、『ディアハンター』や『プラトーン』などハリウッド映画を中心とする既存の映像メディアを加工・再表現する芸術手法「フォト・ウィービング」が、世界的に高い評価を受けている。その一方で、現在自宅を置くベトナムでは厳しい検閲制度の下、作品展示の機会を与えられたことはない。それでもレがベトナムに住むことに固執するのは、そこが彼の生まれ故郷であるからだけではない。長い間世界から隔絶されてきた地元芸術家を育てたいという強い使命感をもつ。また、ベトナムが過去に関与してきた戦争とその過去を描くことに強い関心を寄せるレにとって、さまざまな題材が眠るベトナムに拠点を置くことは、作品制作のためにも理にかなったことである。ただし第四章では、ベトナムを描く直接的な表現を避け、祖国の歴史を第三者的視点から顧みる最近作に焦点を当て、この帰越芸術家が新たに求めるベトナム像について論じる。

ベトナム系第二世代によるグラフィックノベルを取り上げる第三部では、二〇一一年『ヴェトナメリカ』でデビューし注目を集めたGB・トランについてまずは論じる。『ヴェトナメリカ』の主要トピックでもあるが、世代交代が進むアメリカの難民社会では、ベトナムの過去や歴史理解を巡る世代間の意識の差が顕著になりつつある。とりわけ戦争体験の記憶をもつ難民一世と、戦後アメリカ生まれの二世の間に見られる意識と認識のギャップは埋めがたいものだ。ましてトラン家のように、両親と子どもたちだけではなく、父方の祖母、父とフランス人の先妻の間にできた一・五世代異母兄弟がともに暮らす複雑な家族構成である場合、共通の価値観を分かち合うことはほぼ不可能だ。『ヴェトナメリカ』では、家族のなかでもとくに折り合いが悪い父とGBの関係から、難民二世にとって「ベトナム」とは何なのか、またその歴史はどのように語りえるのかが作品のテーマになる。そこから浮かび上がるのは、二世ならではの家族観であり、それを映し出す歴史物語の存在だ。戦争や脱越の体験のない二世が描くベトナムの姿を論じるのが、第五章である。

最終章となる第六章では、ベトナム系フランス人作家が描くベトナム系アメリカに焦点を当てる。ここでの主役は、フランスではバンド・デシネと呼ばれるグラフィックノベルを描くクレメン・バルー（一九七八―）だ。移民の父とフランス人の母の間に生まれたバルーは、メティと呼ばれるベトナム系二世である。デビュー作『ハノイの秋』（二〇〇四）は、自らの出自を辿るがために過ごしたベトナムでの留学生活から生まれた作品。以来バルーは、ベトナムをテーマに執筆を続けてきた。そこに見られるのは、移民二世として世界各地を訪れながら制作に取り組む越境芸術家としての視点だ。代表作『ヴェトキューの記憶』では、国外で暮らす在外ベトナム人、すなわち越僑《えっきょう》もしくはヴェトキューと呼ばれる人々へのインタビューを題材にする。その第一巻『サイゴンを去る』（二〇〇六、二〇一〇、二〇一七：二〇一八）、および第二巻『リトルサイゴン』（二〇一二：二〇一八）は、英訳出版もされている。とくに第二巻では、アメリカの難民社会を訪ね、ベトナム系アメリカ人が物語る脱越の過去をフランス生まれの作家ならではの視点から描く。また、二〇一七年には第三巻『台湾人との結婚』を出版。経済的な事情から台湾人男性との結婚に踏み切るベトナム人女性に目を向け、二一世紀の今なお苦しみながら越境を続けるベトナムの姿を明るみにした。
以上、現在のベトナム系アメリカを彩るさまざまな作家・芸術家を論じるすべての章に共通するのは、リトルサイゴンと呼ばれるベトナム系コミュニティの存在だ。本章冒頭でも触れたように、リトルサイゴンとはアメリカ各地にベトナム系難民がつくる小社会であり、そこに行けば誰もがベトナム的なるものに接することができる実在の空間である。ベトナム国外に展開する難民社会について論じたマンディ・トマスによれば、リトルサイゴンとはアメリカのみならず世界各地に点在する「小《リトル》さなサイゴン」だ。

かつては商品が世界を移動したものだが、今では空間そのものが交換可能になった。だから、西側諸国の至る所に、似たような「小さなベトナム」が存在する。同じような形で、郊外に点在する。(Thomas 159–60)

ここでトマスが言う交換できるほどに均一化した町並みをもつリトルサイゴンは、グローバルに展開する消費社会のなかで、それ自体消費可能な商業空間だ。しかし、本書で論じたいのは、そのような物理的空間としてのリトルサイゴンではない。語るべきさまざまな過去をもつ人々が集い旅立つ、有機的な空間としてのリトルサイゴンの役割に、本論では注目したい。バルーが『リトルサイゴン』で描いた「小さなベトナム」社会は、まさにそのような人と人とを結びつける場所であり、そこからベトナムの過去と現在を表わす「物語り」が生まれ育《はぐく》まれる。

その意味で本書における「リトルサイゴン」とは、物理的に実在する三次元の空間ではなく、人々の語りが呼びさます「物語り」の空間、さらに言えば難民社会における過去と現在の語りが編み出す歴史物語そのものを指す。この「リトルサイゴン」という「物語り」は、それぞれ似てはいるものの、すべて異なる視点から語られる。だから共鳴することもあれば、不協和音を生じることもある。しかし、それも含めて難民社会の過去と現在を表わすのが「リトルサイゴン」ではなかろうか。この「物語り」の空間、あるいは「語りの歴史《オーラルヒストリー》」としての「リトルサイゴン」こそ、ベトナム系の意識と無意識が表出する難民社会ならではの場所である。本書では、商業空間として機能するリトルサイゴンと区別するために、「リトルサイゴン」が難民の編み出す「物語り」を指す場合には、カギ括弧を付して表記する。「リトルサイゴン」とは、活気あふれる躍動的な「物語り」の場なのである。

本書ではアメリカ文化・文学を知るためには、もはや無視できない存在となったベトナム系アメリカの現在について、「リトルサイゴン」を対象に論じる。

# 第一部　小説

# 第一章　自伝では語りきれないこと
## ――ラン・カオ『モンキーブリッジ』、『蓮と嵐』

本章では、一九六一年サイゴン生まれのベトナム系難民作家ラン・カオの二作の長編『モンキーブリッジ』と『蓮と嵐』を取り上げ、ベトナム系アメリカ文学における自伝的特徴と、それでは収まりきらない要素について論じる。

本論に入る前に、まずはカオの紹介をしたい。すでに「序」で述べたが、今日のベトナム系アメリカ文学の礎を築いたカオは、サイゴンの隣町中国人街のチョロンで育った典型的な一・五世代作家の一人。父が南ベトナム軍上層部に属す軍人だったこともあり、早くから国家崩壊の危機を察知していたようで、脱越したのはサイゴン陥落より遡ること数ヶ月前の一九七五年初頭のこと。民間機でアメリカに渡ったカオは、ボート難民とは違い難民キャンプを経ることもなく、コネティカットに住むアメリカ軍人の家に身を寄せた(1)。

アメリカでのカオは、慣れない生活のなか熱心に勉学に取り組むと、一九八三年には有名女子大学マウントホリヨーク・カレッジに進学した。大学卒業後はイエール大学法科大学院へと進み、専門職法務博士、いわゆるＪＤ学位を取得する。修了後は弁護士として、ニューヨークのポール・ワイス・リフキンド・ワートン・ギャリソン弁護士事務所に勤務。さらに公民権運動全盛の一九六二年、ミシシッピ大学初の黒人学生となるジェームズ・メレディスの入学許可を勝ち取ったことで知られるアフリカ系アメリカ人連邦判事コンスタンス・ベイカー・モトリー（一九八一―二〇〇五）の下で働いた。

その後、アメリカ最古の法科大学院を擁するウィリアム・アンド・メリー大学で国際法の教鞭を執ると、二〇一四年にカリフォルニア州オレンジ郡リトルサイゴンに近接するチャップマン大学法科大学院へ移籍し現在に至る。私生活においては二〇〇三年に著名な法学者ウィリアム・ヴァン・オルスティン（一九三四―二〇一九）と結婚し、娘ハーラン・ヴァン・カオを授かった。

日頃あまり自らの過去に触れたがらないカオだが、インターネットサイト「テト攻勢を生き延び脱越した母」では、一九六八年一月三一日、家族とともにベトナムの旧正月を祝う幼いカオを襲った陰惨な出来事を語る肉声を聞くことができる。(2) その日、ベトコンはカオの家を襲撃。祖父を捕らえると首を切り、豚の頭に挿《す》げ替えた。脱越の際には、旅行気分でコネティカットの友人宅を訪れるのを楽しみにしていたと、無邪気だった自分を振り返る。それでも一度アメリカに着けば、ニュース報道で伝えられる南ベトナムの苦境から、もはや祖国には戻れないことを悟ったという。

ビデオ後半では、娘に向けて熱く語るカオがいる。

人生とは蓮の花のようなもの。泥のなかで育ち、花を咲かせる。難民として何ももたずに祖国をあとにすれば、戦争中どんなに酷いトラウマに苦しもうと、何を失おうと、精神的に強くなければ、人生をやり直し成功することはできない。何より誇りに思うのは、自分が負けなかったこと。この気持ちをあなたに伝えたい。(“A Mother on Surviving the Tet Offensive and Escaping from Vietnam” 2:12–42)。

第二長編のタイトル『蓮と嵐』は、この人生観を反映しているのだろう。なお、同サイトでは、脱越時一三歳だったカオのベトナム共和国パスポートを見ることもできる。

カオの略歴に戻ろう。当然のことながら、国際法を教える大学教員の肩書きからは、小説家とは異なるもうひとつの横顔が見えてくる。チャップマン大学ホームページを見れば、カオによる法律関連の研究論文が多く検索できる。また、二〇一六年には五〇〇頁を超える学術書『法と開発における文化』(二〇一六)をオックスフォード大学出版局から出版した。小説家と法曹家という二足のわらじを履くのが、カオという作家の正体だ。

ただ、こうしたことはカオという作家固有のことではない。小説『ブック・オブ・ソルト』の作者モニク・トゥルンも、コロンビア大学法科大学院で学んだ経歴をもつ。また、『チェリー・トゥルンの再教育』を書いたエイミ・ファンは、家族から医学部への進学を期待されていた。より高度な学歴を得て、専門職に就くこと。ベトナム系に限らずアジア系移民・難民に共通して見られる指向だ。移住先のアメリカで、主にサービス業で働き家族を支える一世は上昇志向が強く、子どもたちが大学に進学し、医学や法曹といった専門職の世界で活躍することを期待する。とりわけベトナム系の場合、祖国では政府や軍の高官だった難民一世が多く、言語的ハンディなどに苦しみつつも、子どもたちの成功を夢見て努力を重ねた。(3)

一方、若い世代の難民は、ベトナム系の文化や歴史を芸術として伝え残していくことに関心を示す傾向がある。一九七三年サイゴン生まれのダオ・ストロムや一九七五年サイゴン生まれのヴュ・トラン、アメリカ生まれのエイミ・ファンらは、大学や大学院でクリエイティブ・ライティングの学位を修める。一〇代前半で脱越した典型的な一・五世代難民にも、ディン・Q・レのように一度はコンピュータ関連の分野に進みながら、芸術に方向転換した例もある。しかし、苦労して道を開く一世を見て育った一・五世代には、カオのように手堅く職を得て、本来やりたかった創作に取り組むといった場合が多いようだ。ちなみにピューリッツァー文学賞を受賞したヴィエト・タン・ウェンも、医学・医療の道に進む兄の背中を見ながら、大学ではアメリカ文学、エスニック・スタディーズを学ぶと大学院に進学。研究・教育職に就く傍ら、創作活動を続けてきた。実業と創作の両立は、一・五世代ベトナム系作家・芸術家に見られるある種の共通項なのかもしれない。

さらに誤解を恐れずに言うならば、新生活を目指し自らの意志と希望を胸に抱き祖国をあとにした移民以上に、ベトナム系のように政治的苦境や経済的困難から出国を余儀なくされた難民には、それだけ多く語り伝えるべき過去や捨て去ることができない祖国への思いがあるのだろう。だからこそ、定職についてなおかつ作家や芸術家として表現することへのこだわりを示すのではなかろうか。以下、サイゴン陥落からすでに四〇年以上を経た現在、自己の脱越経験と難民としての集合的記憶が、ベトナム系の過去を物語る上でどのように影響しているのかを、カオの作品を例に論じたい。

## 一　自伝と小説

一九九七年、カオのデビュー小説『モンキーブリッジ』が出版された際、多くの批評家は新しいベトナム系作家の登場を好意的に迎えた。なかでも書評家として影響力のある日系二世ミチコ・カクタニ（一九五五―）は、『ニューヨーク・タイムズ』紙でサルマン・ラシュディ（一九四七―）やバラティ・ムカジー（一九四〇―二〇一七）といったエスニック系大物作家を引き合いに、カオが一流作家の仲間入りをすでにデビュー小説で果たしたと絶賛した（Kakutani par. 10）。多文化主義や多民族主義を積極的に受け入れようという一九九〇年代アメリカの文化風土を背景に、ベトナムの伝統をサリンジャー風のイニシエーション物語《ストーリー》に持ち込んだカオのセンスが、文壇で高く評価されたのだ。また、当時まだ珍しかったベトナム系文学の世界において、『モンキーブリッジ』がゲームチェンジャーの役割を果たしたことも、カオが高い評価を得た理由だった。というのもカオ以前のベトナム系文学といえば、ほぼ決まって自伝ないしは自伝的な内容に沿って書かれるのが通例だったから。

ところで、初期ベトナム系文学の研究で知られるミッシェル・ジャネットによれば、一九六〇年代初頭からおよそ三〇年間で、ベトナム系作家によって書かれた文献の総数は百件を数える。そのほとんどが自伝的ノンフィクションで、戦争と脱越の記憶を伝える散文作品だ。作家の多くはアメリカの同盟国だった旧南ベトナムの出身だが、なかには北ベトナムからの脱越者もいた。脱越の時期については、サイゴン陥落前後が最も多いが、統一ベトナムの再教育キャンプで幽閉生活を送った後に出国した者もいれば、社会主義政権に幻滅し脱越した者もいる。また、ベトナム語で書かれた原著が、英訳されて出版される場合もあった（Janette 267–69）。総じてこの時期のベトナム系作家たちは、戦争の悲惨さと社会主義政権の圧政を伝えるべく作品を著した。

一方、一九八〇年代を通じて多文化主義が社会に広まるなか、いわゆるエスニック文学としてベトナム系文学が注目されたのは、一九九〇年代に入ってからのこと。「序」で触れたように、そのきっかけはオリバー・ストーンにより映画化されたレ・リ・ヘイスリップの自伝『天と地』が出版されたことによる。日本では喜多郎が音楽を担当したことで知るファンも多い映画版の興行成績は芳しくなく、三三〇〇万ドルもの製作費をつぎ込んだ大作のアメリカ国内での売り上げは、わずか五八六万ドル余りに過ぎなかった（cf. "Heaven and Earth"）。とはいえ、ハリウッドで映画化されたこの作品が世間の注目を集めないわけはなく、女性の声で語られるベトナムの「自伝」は、ベトナム系コミュニティの外からも好意的な評価を得た。ノンフィクション『アラブ人とユダヤ人――「約束の地」はだれのものか』（一九八六）でピューリッツァー賞を受賞した作家デヴィッド・シップラー（一九四二―）は、アメリカ社会が慣れ親しんだベトナムの光景とは違う、新たな視点から戦争を描いたとヘイスリップを絶賛した（cf. Shipler）。

この『天と地』に加え、ジェイド・ゴック・クワン・フィン（一九五七―）の『南風の変化』（一九九四）やグエン・クイ・ドゥック（一九五九？―）の『死者の眠る場所』（一九九四）は、ベトナム関連の文化・

文学といえば白人男性作家・映画監督による戦争物語が主流だった時代に、ベトナム的視点から戦争やその記憶を表わす貴重な作品となった。ただし、吉田美津が指摘するように、この時期のベトナム系文学の作品は、「ヴェトナムからの脱出」を戦争や社会主義からの「解放」と同義で捉える「難民ナラティヴ」が中心で、「難民である彼らを受け入れるアメリカ人読者にとって受け入れやすい」物語として著される傾向にあった（吉田　一二五）。

同様の指摘は、少なからずカオの作品にも当てはまる。ピューリッツァー賞作家のヴィエト・タン・ウェンは、カオをヘイスリップと同列に論じ、戦争をテーマにアメリカとの「和解と清算」を模索する作家だと論じる（Viet Thanh Nguyen, *Nothing Ever Dies* 205）。また、ベトナム系の批評家クアン・マン・ハは、カオが示す反共産主義的歴史観ゆえに、『モンキーブリッジ』ではアメリカ人兵士らが施す人道行為が過剰に評価されていると指摘。「バランスが取れた歴史的視座と正確な歴史観に欠けている」と批判した(4)（Quan Manh Ha 87）。

辛い難民生活を経て新しい人生に挑戦する女子高校生マイの人生を描くのが『モンキーブリッジ』ならば、『蓮と嵐』では帰越した中年女性マイが、幼い頃に慕っていたアメリカ人兵士ジェームズと再会し結ばれる。アメリカで成功した主人公の姿が好意的に描かれている点で、いずれの作品も典型的な「和解と清算」の物語といえよう。ベトナムが西欧覇権主義の被害者であったことを訴えつつも、過度な主張や要求を控え、再生した難民の姿を描くことで、カオはアメリカ社会にも届きうる「声」を得ようとする。その姿勢は、アメリカ人読者にも「受け入れやすい」。その一方で、リトルサイゴン内部のイデオロギー対立をはじめ、難民社会にくすぶる政治的にデリケートな問題を客観的に論じようとするなど、カオにはこれまでのベトナム系作家とは異なる特徴も見られる。この点については後述するが、ヘイスリップらの活躍によって少なからず世間の注目を集めるようになったベトナム系文学を、内省的な視点から前進させたカオの努力は正しく評価されるべきだろう。

さて、議論を進めるにあたり、ここでカオの二作品について簡潔にあらすじを紹介したい。まずは、デビュー作の『モンキーブリッジ』。この小説は、カオ自身をモデルにするベトナム系一・五世代難民少女マイの語りと、彼女の母タインが娘に向けて書き残す手紙から構成されるいわゆるイニシエーション物語だ。主人公マイは哲学者の父と、カトリック系寄宿学校に通い改宗したベトナム人女性を母とする進歩的な家庭に生まれ育った。しかし、ベトナム戦争の最中、最愛の父とは死別。サイゴン陥落を前に脱越すると、ベトナムでの兵役経験を終えてコネティカットに住む家族の友人マイケルと妻メアリーの家に身を寄せる。その後、娘を追いアメリカへ渡った母と再会。バージニアのアパートを借り、現地のベトナム系コミュニティ、リトルサイゴンを拠点に新生活を始める。一方で、小説は戦争以前のベトナム社会や伝統文化にも言及。病に苦しむ母タインが残した手紙には、彼女の両親にまつわるさまざまな出来事が遡及的かつ衝撃的に綴られていた。

小説は、大きく分けてふたつの異なるベトナム系難民の姿に焦点を当てる。ひとつはアメリカでの新生活に順応するマイの姿であり、もうひとつはいつまでもベトナム的慣習にこだわり、アメリカ的なるものに違和感を抱き続ける母タインの姿だ。エスニック小説に多く見られる順応と拒絶の物語は、ジェネレーションギャップの物語でもある。カオ自身の体験が色濃く反映されるマイの物語には、高校生だった彼女が病気の母を失いながらも、名門女子大学マウントホリヨーク・カレッジに進学する様子が描かれる。その間、アメリカナイズされたマイの視点から、リトルサイゴンを中心に繰り広げられるさまざまな出来事を通じて、ベトナム的風習や伝統が比較文化的に語られる。伝統社会における男尊主義と女性の立場を、たしなめるかのように滑稽《こっけい》に表現することもあれば、迷信深い旧世代難民の思考の非論理性をあげつらうこともある。時に立場が入れ替わる難民社会での親子関係とマイの理知的な行動から、スッチェン・チャンが指摘するふたつの文化や異なる世代の仲介役を果たす一・五世代の姿が浮かび上がる。

「序」で論じたように、一・五世代難民とは祖国文化の価値観とアメリカ文化の価値観を取り結ぶ中間世代のことだ。また、アメリカの一般読者に対してはもちろんのこと、祖国ベトナムや戦争のことを知らないより若いベトナム系難民に向けて語りかけるのも、一・五世代の役割だ。つまり「祖父母、両親」ら旧世代と「アメリカ生まれ」の新世代を、「取り結ぶ役割」を果たす。結果的にマイのような中間世代の難民は、自らが身を置く「中間的な空間の存在を強く意識」し、文学的想像力や芸術的表現力を培《つちか》うことになる(5)(Chang xiv)。小説のタイトル「モンキーブリッジ」とは、ベトナムの農村地帯にかかる竹や木の幹で作られた丸太橋のこと。片側だけにある手すりを頼りに、バランスを保ちながら渡る危険な橋だ。カオはこの橋の名前を、異なるふたつの文化の間を絶妙なバランスを持って生きる一・五世代難民少女のイニシエーション物語を示す隠喩《メタファー》に転換した。

一方、『モンキーブリッジ』から一五年以上の歳月を経て刊行された『蓮と嵐』は、前作同様マイという難民女性を主人公に据えるものの、その設定はまったく異なる。『蓮と嵐』のマイは、元南ベトナム軍高官の父ミンと脱越した四〇代の独身女性。母とはサイゴン陥落にあたり生き別れとなった。一流法科大学院を出ながらも、就職先の法律事務所では図書館司書の役目を担う控えめな性格だ。すでに父は死の床に伏し、生き別れの妻クイの安否を今でも気にかけている。社会的少数派でありながらも、努力のすえにキャリア女性《ウーマン》として成功を収めた一・五世代モデルマイノリティ(模範市民)を演じるマイだが、幼い頃、戦禍のベトナムで姉カーンを流れ弾で失ったショックから「解離性同一性障害」を患い、裏の人格バオをもつ(*The Lotus and the Storm* 236/二九〇)。このバオがことあるたびにマイの人格を乗っ取り、人生を狂わせる。いまだ戦争のトラウマに苦しむ一・五世代難民の姿を示すのが、二重人格であるマイとバオの役割だ。

小説はマイに加え、バオと父ミンの三人の語りから構成される。また、ミンの宿敵で軍内部の複雑な力関係《パワーポリティクス》からミンの生命と引き換えに母クイと関係をもった元ベトコン、フォンが綴る手紙が家族の知らない過去を暴く。二重人格に苦しむマイが語るリトルサイゴンの「現在」と、バオと病床の父が思い起こすベトナム戦争の「過去」が交差するなか、やがて脱越を決意した母が難民ボートの上で海賊に襲われ生命を失ったことが明らかになる。物語の終わり、亡くなった父の遺灰を母が死んだベトナムの海に戻そうと祖国へ戻ったマイは、幼い頃に親しくしたアメリカ軍人ジェームズと再会。一夜をともにするが、すでにベトナムで妻子をもつ彼のもとを静かに去る。

ところで『蓮と嵐』では、二〇〇一年同時多発テロ事件以降にアメリカが戦った対テロ戦争に話がおよぶなど、ベトナム戦争とその後に続くベトナム系難民の生活をできるだけ多面的かつ客観的に捉えようとするカオの意図が感じられる。すでに触れたように、批評家にはカオが抱く反共思想と親米主義が、作風に色濃く表われていると批判する向きもある。筆者自身も、カオ本人の口から父が南ベトナム軍人であったことや、共産主義への強い批判はたびたび聞かされてきた(cf. Personal Interview, 7 Aug. 2014; Personal Interview, 16 Dec. 2014)。しかし、難民社会の内部で元ベトコンという自らの過去を隠し、身の安全を保とうとするフォンを描くカオの筆致からは、単なる反共主義を超えた複雑な世界観が見えてくる。ベトナム系コミュニティにおけるイデオロギー対立と、それに起因する社会問題については次節で詳しく論じるが、自らの人生を通じて培うことになった反共思想と、作品を執筆する作家としての視点は必ずしも完全に一致するわけではないというのが、カオの作品を翻訳してきた筆者の見解である。

以上のことから、ベトナム系難民を取り巻く諸問題に広く目配せしながらカオが描く物語を、自伝的ないし半自伝的と見なすのは少々無理があると思われる。自伝もしくは自伝的要素が非常に強かった初期ベトナム系アメリカ文学と、カオの作風は明らかに異なる。もちろん細部には、カオ自身のベトナム生活や脱越経験、さらにアメリカで歩んできた人生が反映されていることは間違いない。しかし、そうした材料を用いた物語の構成や、個々のエピソードにおける自らの体験の扱いは決して直接的ではなく、内容的にも技術的にも充分に小説として昇華されている(6)。

よって、カオの小説は自伝的とは言い難い。少なくとも自伝的作家と見なすべきではない。カオの作品を自伝的と見なそうとする批評が書かれてきたことは承知しているが、それらの批評では移民・難民の人生を描くエスニック文学は、多かれ少なかれ自伝的でなければならないという紋切り型の解釈が働いているようだ。『モンキーブリッジ』を評して一・五世代研究者のラン・ドゥオン

（一九七二―）は、そうした批評家の衝動を批判した上で、複数の異なる語りを複雑に織り紡ぐカオの手法は「自伝文学とは明らかに異なる」(7)と指摘する（Duang, Review of *Monkey Bridge* 377)。『モンキーブリッジ』では、物語の自伝性について、カオ自身はどのように考えているのだろうか。『モンキーブリッジ』の出版を記念してデューク大学法科大学院が刊行する『デューク法学』誌に掲載されたミリンダ・コソフとのインタビューで、カオは自伝を書く代わりに「フィクション」、つまり小説を書くことを選択したと述べている。その理由は、小説のほうが感情の移り変わりをより正確に描くことができるから（**Kossoff 34**)。一方、批評家リチャード・グレイは、主人公マイの語りに母タインの手記が織り込まれる『モンキーブリッジ』について、フォークナー作品にも似た、重層的な歴史を構築する小説だと論じる（**cf. Gray 94–95, 97**)。同様のことは、マイとミン、それにバオの語りを三重に共鳴させ、さらにフォンの手紙を入れ子構造的に挿入する『蓮と嵐』にも当てはまる。詩人T・S・エリオット（一八八八―一九六五）から多くのインスピレーションを得たと告白するカオの作風からは、異なる語りを折り重ねることで架空の歴史、すなわちフィクションとしての歴史を構築するモダニズム的な厚みを感じる。(8)

このように自伝的要素を含みつつも、より重厚な作風を特徴とするのがカオという作家だ。さらに補足すれば、伝統的なスタイルの自伝を書くことでベトナム系の立場を訴えてきた先輩作家とカオとの違いは、ジェネレーションギャップに起因する部分もあるだろう。ヘイスリップら一世作家が、すでにベトナムで成人した後に祖国をあとにし、アメリカ社会で苦労を重ねつつも文壇デビューを果たしたのに対し、カオは一〇代前半でアメリカで生活を始めた。つまり中等教育以降の教育は、すべてアメリカで受けてきた。

このことは若い難民の文化・社会的立場を微妙なものにする。というのも、批判的難民学の第一人者として知られるイエン・レ・エスピリツが指摘するように、アメリカでの教育は難民学生に、脱越の歴史やベトナム戦争の記憶を清算するように促すと同時に、「アメリカを軍事的侵略者としてではなく、寛大な救済者」として積極的に評価するよう求める（Espiritu 10）。その結果、親世代にあたる一世が脱越後も「迷いのないヴェトナム人としての肯定的な自画像」を持ち続け、これを直接、すなわち自伝として描くことに何のためらいも感じなかったのに対し、カオら一・五世代難民は自らの人格に「陰影」を感じながら育つことになる（吉田　一二四）。そして、この微妙に否定的な自己イメージゆえに、自らの姿を直接表現することをためらう。『蓮と嵐』においてマイが患う「解離性同一性障害」は、一・五世代ならではの人格形成の負の側面を表わす隠喩として、自己肯定的な自我形成が妨げられてきたことを示す例なのだ。

加えてカオの場合、彼女の恵まれた出自や脱越後の環境の差も、ヘイスリップら一世作家との違いを生じさせた一因だろう。貧しい農村出身でベトコン支援者として活動した過去をもつヘイスリップは、アメリカ人兵士との結婚を契機に渡米し、波瀾万丈の人生を送った女性である。対してカオは軍人の父をもつ上層階級の出身で、それゆえサイゴン陥落以前に脱越している。アメリカでは知り合いのアメリカ軍関係者の支援を受けて、東海岸のエリート校に通う生活を送った。その様子は、『モンキーブリッジ』のマイの姿を通じて描かれる。当時の生活を「孤独そのものだった」と振り返るカオだが、サイゴン陥落後に急増した難民、とりわけボート難民が余儀なくされた脱越体験と比べれば、彼女の生活は実に安定し落ち着いたものだった(Kossoff 33)。

『蓮と嵐』ではサイゴン陥落にあたり、アメリカ大使館屋上から離着陸する軍へリコプターで脱出するマイとミンや、クイらボート難民のつらい逃避行が臨場感たっぷりに描き込まれる。いずれも報道を通じて明らかになった戦争の負の遺産だ。しかし、こうした記述はカオ自身の経験とは一致しない。一方で、脱越者の経験や生活は多岐にわたり、決してひと括りに論じられるものではない。仮に同じような生活背景を持つ脱越者でも、その境遇には大きな違いがある。一・五世代や二世の間でも自伝的小説やノンフィクション的なエッセイを書く作家が少なくないことを考慮すれば、カオが自伝を著すことを潔しとしなかった理由は、さらに別のところにあるのかもしれない。(9)

そこでカオの小説におけるフィクションとノンフィクションの中間性について、あるいは自伝的要素と物語的要素の融合について、より文学的な視点から考察を加えたい。それにあたり、「序」で触れた一・五世代マルチ芸術家レ・ティ・ディエム・トゥイが語るベトナム系にとっての歴史観を改めて参照したい。

ペーパーバック版『ギャングスターを探して』(二〇〇四)巻末に付された「作者ノート」によれば、幼くして父と脱越したレの本名はトゥランだ。ところが、ボート難民として太平洋上でアメリカ艦船に救助されたレは、アメリカ入国に際しトゥイという名前で登録された。トゥイとは、マレーシアの難民キャンプで死んだレの姉の名前だ。この間違いは、父によって為《な》された。加えて父は、姉の生年月日を誤って申告した。二人に遅れて脱越すること二年。アメリカで娘に再会した母はこれらの間違いに気づくと、すぐに生年月日を訂正したが、なぜか名前はそのままにした。レはこの理由について想像を巡らす。

> 本当の名前の持ち主だった姉のトゥイは、マレーシアの難民キャンプで溺死した。母は父の間違いを都合良く解釈したのだろう。姉がわたしたちと一緒にアメリカに来たと感じたのだ。だから、わたしは姉の名前を名乗り続け、まるで借りてきた着物のようにそれを身にまとった。母は二人の娘を一着の着物に押し込んだ。一人は死に、一人は生きている二人の娘を。（lê thi diem thúy, "Author's Note" 160）

長女の名前と次女の名前を、脱越の混乱からか、それとも他の理由からか誤って登録した父と、次女に長女の人生を重ねて生きることを望んだ母。そして、母の期待を受け入れた娘。それゆえだろうか。ベトナム系難民の関心は「実際に起きたことよりも、何をいかに思い出すのか」という点にあると、レは述べる（Garvey 78）。長年にわたる戦争や、社会・共産主義体制による国家統一後の圧政に苦しんだ過去をもつベトナム系アメリカ人にとって、過去とは再構築されるべきものであり、そこに見いだされる真実は、記憶という私的な語りと歴史という集合的な語りが交差するなかで、ある種の虚構《フィクション》として紡ぎ出される。自らの名前について、レはさらにこう語る。

> 『ギャングスターを探して』出版にあたり、ベトナムのしきたりに従って苗字、名前の順序で自分の名前を表わすことにした。もうひとつ自己流で、名前をすべて小文字で表記することに

した。アメリカ人だろうとベトナム人だろうと、これは間違っていると思うのは最初からわかっていた。どちらの国にもそんな習慣はないのだから。それでも、これで良いと思った。与えられた名前を分解し、組み立て直し、ついには自分のものだと主張できるようになったのだから。
(*The Gangster We Are All Looking For* 160)

ここでレが語る虚実入り交じる世界観、あるいは歴史観をカオは共有するのではないだろうか。事実の集積から成る公的な歴史とは異なり、ベトナム系にとっての歴史とは、個々人が再構築しながら誰もが共有できる「物語り」なのだから。それは事実ではないが、語り手一人ひとりにとっては真実だ。個々人が再構築する「過去」の記憶やそれに対する情動と、難民が共有する戦争の歴史が、難民社会という生活の場においてどのように再構成されるのか。『蓮と嵐』第四章「リトルサイゴン」で描かれる「ハイテック事件」を巡るエピソードを例に論じたい。

## 二　リトルサイゴンのイデオロギー論争——「ハイテック事件」

一九七五年のサイゴン陥落をきっかけに社会・共産主義による圧政を逃れようと、サイゴン市民を中心に南ベトナムの人々は、難民として他国へ逃れた。彼らは概して、強烈な反共思想をもつ。その傾向は一世の間で最も強く、一・五世やアメリカ生まれの二世ではそれほどではないものの、保守的な反共思想をもつベトナム系住民は、今でも決して少なくない。過去には、旧南ベトナム海軍で副将を務めたホン・コ・ミンらが中心となり、一九八〇年に結成されたベトナム解放国民戦線や、一九九五年に組織された自由ベトナム臨時政府など、ベトナムを社会主義政権から奪還し、新たに自由経済国家を創設しようとする政治団体も存在した。

日本では知られることのないこうした組織について少し触れておくならば、ベトナム解放国民戦線は、アメリカでは最大規模のベトナム系反共組織だ。カリフォルニア州サンノゼに拠点を置き、軍事活動を含む反ベトナム政府運動を多面的に展開することを目的に結成された。サイゴン陥落後まだ間もない時期の反共感情を巧みに利用し、当初は順調に勢力を拡大。一九八二年には、バージニア州アーリントンに支部を設けた。しかし、一九八五年に起きた内紛がきっかけで組織がふたつの勢力グループに分かれると、財務上の不手際等が重なり次第に求心力を失った。また、一九八一年から一九九〇年にかけて組織の活動に批判的な記者らが殺害されたことから、アメリカ連邦捜査局FBIにテロ組織としてマークされた[10]。それでも東側共産圏が崩壊し、世界的に社会・共産主義体制への批判が強まると、ベトナム国内でのクーデターを計画しそれを実行。一九八七年に起きたベトナム政府軍とのゲリラ戦では、ミンらリーダー格を含む一〇〇名が犠牲となり、七七名のメンバーが捕虜となった。その後仕掛けた戦闘でも成果は上がらず、二〇〇一年には軍事活動の停止を表明した（cf. "Vietnam: 1"）。

このベトナム解放国民戦線を率いたミンは、ベトナム革新党の立ち上げにも関与した。一九八二年ペンシルベニア州ピッツバーグにて、ベトナムの民主化を目的に結成されたのがベトナム革新党だ。ベトナム政府にはテロ組織と見なされたものの、国際連合からは平和的組織として認定された。現在も活動を継続しており、アメリカをはじめカナダ、オーストラリア、ヨーロッパ・アジア諸国に連携機関をもち、かつては日本語ホームページも存在した。

一方、カリフォルニア州オレンジ郡ガーデングローブで組織された自由ベトナム臨時政府は、旧南ベトナムの亡命政府であることを掲げ、一時は六〇〇〇人のメンバーを擁した。その目的は、ベトナムにおける自由選挙の実施と自由主義経済の樹立。カンボジアに軍事拠点を設けゲリラ活動に従事したが、次第に求心力を失うと二〇一三年に活動を停止した。英語、ベトナム語の二カ国語で記された結成当初の資料は、カリフォルニア州立大学アーバイン校図書館に貴重資料として保存されており、登録さえすれば誰でも閲覧できる。(11)

こうした組織による活動の影響もあって、難民社会に蔓延《まんえん》する反共精神は多くの支持を集めることもあれば、時に暴走することもあった。というのも、難民の間には、「わたしたちをベトナムから連れ出したボートが、いつの日か祖国に連れ戻してくれる」という半ば郷愁《ノスタルジック》的な願望がいまだに残っているからだ(C. N. Le, "'Better Dead than Red'" 189)。脱越後まだ間もない時期に展開された保守派の活動は、ベトナム系アメリカ人が抱く反共精神に強く訴えた。

注目すべきは難民社会の掲げる理想が、現実と接触するなかでベトナム系固有の問題に収斂《しゅうれん》し、リトルサイゴンを分断する事件に発展したことだ。その一例が、一九九九年の「ハイテック事件」である。一九九五年クリントン政権が米越間の国交を正常化した後に起きたこの事件は、ベトナム系に見られる反共精神が根強いことを示すと同時に、戦争終結から二〇年以上を経ても、イデオロギーの問題が人々を容易に分断することを改めて知らしめた。

事の発端は、一九九九年ベトナムの旧正月を前にした一月一七日。難民が多く暮らすロサンゼルス近郊ウェストミンスター市にあるボルサ市場のビデオレンタル店「ハイテック」内で、店主トゥルン・ヴァン・トゥランがベトナム社会主義の祖たるホー・チ・ミン（一八九〇―一九六九）の顔写真とベトナム社会主義共和国国旗を飾ったことにあった。難民社会における暴挙ともいえるこの行動に、反共主義者の大規模な抗議活動が始まる。当初数百人規模だった抗議者の数は次第に増え、およそ二ヶ月近くにわたる活動の間、一万五〇〇〇人ものベトナム系難民が抗議集会に参加し、アメリカ国旗とともに今は亡き南ベトナムの国旗を数多く掲げた。

この間、司法の判断を含め事態は迷走の一途を辿る。まず事件発生から間もない一月二一日、オレンジ郡高等裁判所判事タム・ノモト・シューマンは、この騒ぎが甚大な被害を周囲の商業地区に与えうるとして、店に飾られた写真と旗の撤去を求める仮処分命令を発した。ところが、その後まもなく憲法修正第一条に定められた言論の自由の保護を理由に、同判事によって前言が撤回される。全米のベトナム系コミュニティはこの事件に注目し、各地で店主を非難・糾弾する集会が開かれた。その一方で、難民社会の外ではベトナム系住民が抱く反共主義の行き過ぎが、むしろ言論の自由を脅《おびや》かすことになるとの懸念が広まった。

やがて事態は思わぬ方向に向かう。二月二〇日、入店に際し身辺保護を目的に警察の警護を求めたトゥランだったが、これがきっかけとなり店内で違法にコピーされてきたビデオテープが当局者の目に留まる。そして、警察による店の強制捜査を経て、三月一〇日トゥランは弁護士を通じて店の撤去に応じた。一連の騒ぎは、難民社会のヒステリックなまでの反共精神をさらけ出すとともに、それを冷ややかな視線で見つめる周囲のアメリカ社会という対照的な図式を顕在化させた。サイゴン陥落から二〇年以上を経てなお、アメリカ社会におけるベトナム系住民の立場が、政治的にも感情的にも微妙であることを印象づけた事件といえる。[12]

『蓮と嵐』でこの事件が取り上げられるのは、マイが父を連れバージニア州フォールズチャーチ市にあるリトルサイゴンへ用足しに出掛ける第四章「リトルサイゴン」。ここではマイの父ミンの視点から、ベトナム系難民の仮想的な世界観、ならびに歴史観が語られる。それはバージニア州では珍しい雪の日のこと。ショッピングセンター内にあるバインミーというベトナム名物のサンドイッチを売る店で、マイはオレンジ郡発行の新聞を目にする。[13]

娘は新聞の一面を飾るカリフォルニア州オレンジ郡リトルサイゴンでのデモ行進の写真をわたしに見せる。ビデオ店の店主がホー・チ・ミンの写真を店の窓に貼りつけたのが原因で抗議や非難が広まったにも関わらず、それを外そうとしなかったのだ。山羊のような無精ひげを生やし、痩せこけ不健康そうな共産主義者のリーダーの顔写真が、店の外で乱闘騒ぎを引き起こした。事を複雑にしたのは、その写真の隣に貼られたヴェトナム社会主義共和国のとても大きな国旗だった。憲法で保障された言論の自由の枠を越えた「ヘイトスピーチ」によって、その地域に住む三〇万人以上のヴェトナム系アメリカ人を店主が挑発したかどうかを、上級裁判所の判事が認めるかが争点になる。

「言論の自由」と、マイが言う。下級裁判所はポスターの撤去を求める命令をすでに下していた。（58/七四―七五）

オレンジ郡での騒ぎは、東海岸にいるマイたちにとっても切実な問題だった。というのも、バージニア州の高校でも「インターナショナルデーにヴェトナムの国旗を掲げるのに反対するデモ」が計画されていたからだ。デモ参加予定者たちは、「共産主義者の旗を見るために奴らから逃げてきたんじゃない」と抗議し、「今は亡き南ヴェトナムの旗を代わりに掲げよう」と主張する（57/七三）。難民社会ではよく知られた「ヘリテージフラッグ」の問題だ。ハイテック事件に際しても抗議者が掲揚した旧南ベトナム共和国の国旗は、北米のベトナム系コミュニティでは本来あるべきベトナムの姿を象徴するものとして認められ、そう呼ばれる。レイバーデーに掲揚されたベトナム社会主義共和国国旗がきっかけとなり、大規模な抗議活動に発展した二〇一四年のカナダ、オタワ市の出来事や、カリフォルニア州サンノゼ近郊のミルピタス市議会が近い将来「ヘリテージフラッグ」を承認する可能性を示した二〇一六年の決議など、難民の間では世代を超えて社会主義政権への強烈な批判がいまだ繰り返されている(14)。

『蓮と嵐』では、弁護士資格を持つ一・五世代キャリア女性のマイが事件の両面を冷静に捉えようとし、ミンは「ベトナム絡みの政治問題に対する若い世代の関心の高さ」に驚きと希望を感じる。印象的なのはミンの介護を手伝う難民一世のアンで、この問題への旧世代ならではの迷信的ともいえる反応を示す。海賊版販売の罪で捕らえられた店主が受けた仕打ちに、「［アメリカ］独特のしっぺ返し」だと納得顔のアンにとっては、法律的な理由づけよりも難民社会を侮蔑した人間が罰せられるという因果応報のみが重要で、それはカルマたる業の働きにほかならない（82/一〇三）。

ベトナム系難民一世の間に浸透するカルマの働きや輪廻転生《りんね》への深い思いについては、デビュー小説『モンキーブリッジ』でより明確に描かれる。難民少女マイの母タインは、カルマをアメリカ的な運命論「明白なる運命《マニフェスト・デスティニー》」の対立軸と位置づけ、それをベトナム難民が担うべき精神と見なす。タインが挙げる歴史の例に倣《なら》えば、初期アメリカ史における対インディアン戦争で、ヨーロッパ系白人が行った良心の呵責《かしゃく》など微塵《みじん》も感じさせない残虐行為は、神の天命による行動の結果であり、「明白なる運命」にもとづく。

一方、かつて黎朝《れいちょう》の時代、大越《だいえつ》国がチャム族から成る南の隣国チャンパを侵略し、多くの人々を殺害したことへの運命の報復をベトナム戦争に見いだすのは、伝統的なベトナムの発想。そこには因果応報であるカルマが働く。『モンキーブリッジ』におけるタインの手紙には、次のような記述がある。

カルマはマイが歴史の時間に習うアメリカ西部開拓の物語、いわゆる「明白なる運命」とは実に対照的だ。ベトナムは開拓者の国ではない。正直なところ、わたしにはアメリカ人がなぜカウボーイとインディアンの勝ち負けの話にこうも夢中になるのか理解できない。きっとアメリカ的な強さを感じているのだろうが、現実味を欠いた子どもの遊びのように思えてならない。わたしたちベトナム人は、かつての南進から悲しみと恥を学んだ。征服感やプライドを感じることはなかった。カルマは権利や正当性、あるいは勝利を祝う無邪気さとは無縁だ。むしろ、強い道徳感や義務、もしくは良心の呵責や償いの精神を伴う。(15) (55–56/六三)

一・五世代に属す作者カオの立場は、アメリカで教育を受け、アメリカ的思考を吸収しようと努める娘マイによって代弁されるが、作品を通じて感じられるのは、伝統的なベトナム社会の考えを理解する柔軟さだ。それは『蓮と嵐』でも同じで、ハイテック事件に対してもヘリテージフラッグの問題に対しても冷静かつ中庸《ちゅうよう》な立場を取るマイの役作りには、カオ自身の姿が反映されていると推測される。(16) ベトナム奪還を期待する難民一世の多くが屈強な共和党支持者であり、一見リベラルな若い世代もベトナムのこととなれば反動的かつ感情的に行動するなかで、ベトナム系コミュニティが抱えるイデオロギー対立を分析する冷静さをカオは失わない。(17) 旧世代の難民一世とアメリカ生まれの若い二世に挟まれた中間世代であることが、一・五世代作家カオにベトナム系コミュニティの精神風土を多面的に分析する第三者的な視点を与えている。

## 三 「物語り」としての歴史

「ハイテック事件」のエピソードは、脱越を通じて個々人が育んださまざまな記憶や感情が、難民社会が共有する反共精神のなかで昇華され、集団としての記憶を生み出していく状況を示す。そこでは異なる言説に対する耐性が失われ、極端な言論弾圧が行なわれることもある。ただし、その受け止め方は世代により異なる。カルマをはじめとする伝統的なベトナムの思考にのっとり意見する一世もいれば、一見リベラルな言説を踏襲しつつも、いざとなれば反動的姿勢を隠さない若者もいる。一元的な世界観がまかり通る小コミュニティでは、異なる意見を述べることはもちろんのこと、中間的な姿勢を示すことすら時に難しい。カオが描くように、個々人が有する私的記憶と難民が共有する集合的記憶が融合されるとき、それはコミュニティ共通の言説や歴史観として、良くも悪くも神話化、すなわち普遍化される。

換言すれば、カオが複数の語り手を用いて編み出す複眼的な物語では、個人の体験や感情を示す私的語りと、難民としての共通体験や歴史認識を示す集合的語りが、コミュニティが共有する集団的無意識を通じて融合する。それはサイゴン陥落により遠く失われたベトナムの「過去」と、リトルサイゴンを舞台に新たに創出される「現在」の中間に位置する「近過去」として、「物語り」の歴史という虚構の時空間を演出するプロセスでもある。この創られた歴史は、虚構であるにもかかわらず、難民社会の内部で広く共有されるがゆえに、意味ある物語として、つまり神話として昇華され、検証不可能な擬似的歴史として機能する。

『蓮と嵐』第二章では、病床で食事をとるミンが、テレビ画面に映し出されるイラク戦争の光景に、自らが戦ったベトナム戦争の過去を重ね合わせる場面がある。それは、ベトナム戦争という「過去」がリトルサイゴンの「現在」のなかで、「近過去」として神話化されていくプロセスにほかならない。

泥沼化。

短調なオレンジ色と茶色の砂漠の砂が、太陽の強い光のなかでぼんやりと揺らいで見える。流れるように動く砂と緩い斜面地に囲まれた砂漠の町。止むことなく戦闘が続くユーフラテス川沿いの都市。バスラ、ナーシリヤ、ナジャフ。カメラの視点からはみ出た背景には、陽に焼けたヤマヨモギの茂みで咲くサボテンの花が見える。崩れかけたモスク。あちこちで起きる砂嵐。穏やかなナツメヤシの木陰でうごめく不穏な影。砂の動きが跡形もなく次々と姿形を変える世界では、秩序などない。何十年も昔にヴェトナムで起きたことが、今ここで起きている。争いの渦中の町は、政府軍の兵士が支配するかと思えば、違う宗教の非政府軍過激派の間で、次から次へと支配権が移る。兵士の死体がユーフラテス川に浮かぶ。軍隊が国境を越えて攻撃しては後退する。カンボジアのプノンペンを思い出す。ラオスのヴィエンチャンでも起きたことだ。眠っている間に、過去を思い出していたのかもしれない。

かつて人々の心を焚きつけた名前は、今や違う名前に変わってしまった。だが、そこが誰もが行くことを望まない地の果ての象徴であることには、何ら変わりなかった。(23／二三—二四)

ベトナム戦争を示すには、もはや普遍的ともいえる「泥沼化」という言葉で始まるこの場面。病気のせいか、それとも病を抑える薬のせいか、目覚めと眠りを行き来するミンの意識は半ば朦朧《もうろう》としているが、現実と虚構の境界が継ぎ目なく連続しているかのような錯覚は、必ずしも病や薬だけが原因ではない。もはや回収不可能なベトナムの「過去」を、テレビ画面に映し出される中近東の「現在」に投影することで、難民ならば共有しうる歴史物語を織り紡ぎ、それを覇権主義批判という「意味ある語り」として神話化する。半ば意識的であり半ば無意識的なミンの言説は、人々の結束を求める難民社会の「物語り」では、よく見られることだ。「ハイテック事件」で言えば、共産主義者に追われた脱越の「過去」とアメリカ化された商業空間リトルサイゴンにおける「現在」の中間にあるのが反共主義であり、これが難民社会の言説のなかで「近過去」として神話化される。「和解と清算」をテーマにする作家との批判はあるものの、カオにはリトルサイゴンの政治的無意識を可視化することに躊躇《ちゅうちょ》しない潔さがある。(18)

換言すれば、リトルサイゴンに見られるこの政治的無意識とは、サイゴン陥落をきっかけに始まった脱越と、アメリカをはじめとする第三国への移住と定住の物語が、旧南ベトナムの喪失という歴史的事実を埋め合わせるがために自在に書き換えられてきた結果、人々の心に植え付けられてきたものだ。これがベトナム系文化・文学が構築する世界そのものを成す。その書き換えの作業と中身は、個々人が置かれる立場や境遇により異なるものの、反共産主義精神や旧南ベトナムへの忠誠心を軸にすることには変わりない。結果として、ベトナム戦争という過去が、決して癒やすことのできないトラウマの歴史として世代を超えて語り継がれていくとともに、不変の神話として昇華される。(19)

ここに一九九〇年代以降、一・五世代を中心に創られてきたベトナム系文化・文学における、難民文学ならではのイメージがある。このベトナム系文学が掲げるイメージとは、失われたものとして神話化されたベトナムの「過去」とリトルサイゴンを取り巻く「現在」が織りなす対照性から生じるものだ。そのイメージの下に機能するのが、遠い「過去」と目の前の「現在」というふたつの時空間をつなぐ中間地帯としての「近過去」だ。「物語り」として、虚構として、すなわち実態はないものの難民社会ではある種の真実として受け止められる疑似的歴史としての「近過去」。そのイメージが、小説をはじめとするベトナム系芸術作品を特徴づけてきた。つまりベトナム系文化・文学とは、失われることによってむしろ普遍的なものへと昇華された旧南ベトナムの文化や体制(たとえばヘリテージフラッグ）と、現在のアメリカ難民が経験するさまざまな出来事（ハイテック事件やそれを発端とする抗議行動など）が対照的かつ想像的に織りなす代償的な「物語り」なのである。[20]

この「物語り」が、現代のおとぎとしてベトナム系の読者をまずは魅了した。そして、今ではベトナム系コミュニティの外でも広く受け入れられる。『モンキーブリッジ』は出版と同時にアメリカの高校で推薦図書に選ばれたが、それから一〇年余りを経て書かれた『蓮と嵐』の発表にあたっては、全米各地でカオを囲む読書会やサイン会が開かれた。次章で論じるヴィエト・タン・ウェンの小説『シンパサイザー』がピューリッツァー賞を受賞したことは、こうした状況に拍車をかける。

同時に昨今のベトナム系文化・文学隆盛の背景には、現在の社会・政治状況が大きく関与している点も見逃せない。ひとつにはベトナム戦争の生々しい記憶が難民社会においても、またその外部においても、世代交代が原因で少なからず忘却されつつある点。ゆえにアメリカ社会がこれまで抱えてきた「ベトナム」という言葉と、それが暗示する過去に対する否定的な反応が比較的抑制され、むしろベトナム系への好奇心を喚起する。加えて、二一世紀においても止むことなく続く中近東での騒乱。多くの難民が各国へ押し寄せたことが、ベトナム系難民が経験した歴史に関心を集める要因となった。『蓮と嵐』のミンが語るイラク戦争の光景が、難民社会を超えより広い世界で共有されうる神話性を獲得するのには、こうした事情がある。

以上のことから、ベトナム系アメリカ文化・文学は今しばらくの間、世間の注目を浴びるだろう。そして、いつの日か難民を生んだ戦争と失われた祖国をめぐる神話化のプロセスがひと通り済んだとき、彼らの文化・文学はその役目を終えることになるに違いない。

# 第二章　ベトナム系アメリカ文学の立ち位置《ポリティカル・ポジション》と戦略《ポリティクス》
## ――ヴィエト・タン・ウェン『シンパサイザー』

サイゴン陥落から数えること四〇年。二〇一五年はベトナム系アメリカ文学にとって記念すべき年だったのだろうか。作家ヴィエト・タン・ウェンが満を持して小説『シンパサイザー』を出版したのは四月二日のこと。ウェンがすでに名の知れた研究者だったこともあり、彼のデビュー作が意図して戦後四〇年目のブラックエイプリルに刊行されたことは、難民社会の話題になった。そして、翌年四月に『シンパサイザー』がピューリッツァー賞（文学部門）を受賞すると、その知らせは新鮮な驚きをもって世界に配信された。というのも、これまでベトナム系アメリカ人のピューリッツァー受賞者といえば、一九七三年にナパーム弾による火傷を負って逃げ惑う少女を写した『戦争の恐怖』（一九七二）でニュース速報写真部門賞に輝いたニック・ウト（一九五一―）のみ。また、過去に「ベトナム」を題材にした作品でピューリッツァー賞を受賞した面々を遡ってみても、多くは戦争関連の報道やノンフィクション作品に与えられたものばかりだった。(1)唯一例外と言えるのが一九九三年に文学部門で同賞を受賞したロバート・オーレン・バトラー（一九四五―）だ。しかし、受賞作『不思議な山からの香り』（一九九二）はベトナム系アメリカ人の視点から描いた短編集とはいえ、作家本人はイリノイ出身のヨーロッパ系白人。一九六九年から一九七一年にかけてベトナムで戦った退役軍人だった。このようにアメリカにおいて「ベトナム」とは戦争の代名詞に等しく、それは戦争の「記憶」を伝える時事的なトピックと見なされてきた。

その意味では『シンパサイザー』もまた、従来のアメリカにおけるベトナム観を踏襲したものといえようか。作者であるウェンが繰り返し主張するのは、自らが移民ではなく戦争難民であること。そして、『シンパサイザー』は、戦争なくしては書きえなかった「戦争の物語」であることだ。

わたしは難民です。わたしが語るのは戦争の物語です。合衆国では戦争の意味をなくすために、アメリカにいるアジア人は誰もが移民で、彼らの物語はアメリカに着いてから始まったという歴史認識があります。けれども、わたしの理解ではアジア系の多くは、過去に戦争があったがためにアメリカに来たのです。だから、移民や難民が描く物語の多くは、戦争の物語と見なされるべきなのです。（Viet Thanh Nguyen, "Author Viet Thanh Nguyen Discusses 'The Sympathizer' and his Escape from Vietnam" par. 96）

一方でウェンのピューリッツァー受賞は、戦後四〇年という時を経てベトナム系難民が書く小説が、アメリカ文学の世界で受け入れられたことを示す画期的な出来事だ。批評家ティモシー・オーガストは、ウェンの受賞が「ベトナム系アメリカ文学の読まれ方を根本的に変えた」と指摘する。

少なくともウェンは、ベトナム系アメリカ文学の読まれ方を良い方向に変えようとしている。［中略］難民であることをつねに強調することで、ウェンはベトナム系アメリカ文学の重要性を主張してきた。なぜなら、難民としての経験や難民の子孫であるがゆえの経験が、帝国主義や新自由主義的な政府、または軍事的覇権に対する厳しい批判となるからだ。（August 60）

加えて、作者ウェンが現役の大学教員であり文学研究者であることも話題になった。一八八三年設立のアメリカ最大規模の学会、アメリカ現代語学文学協会（MLA）が発行する学術誌『PMLA』では、早々に『シンパサイザー』特集が組まれた。ウェンの作品はアジア系文学の枠を超え、アメリカ文学の代表作としての地位をすでに築きはじめている。(2)

以上のことから推察されるのは、ウェンの『シンパサイザー』執筆には、ベトナム戦争をベトナム系難民の視点から描くという意図を超えるより大きな目的があったのではないのかということ。つまりウェンには、ベトナム系アメリカ文学のあり方そのものを問い直し、アメリカの文壇が構造的にもつある種の体質を浮き彫りにする目的があったのではないだろうか。そこで本章では、この作品の語り手であるベトコン・スパイの告白に見られる語りの二重性に注目し、そこから『シンパサイザー』執筆にあたりウェンが意図した文学的な戦略を明らかにしたい。同時に、ベトナム系アメリカ文学がアメリカ文壇において占める文学的立ち位置についても論じる。

## 一　戦後「ベトナム」の記憶

今や古典的ともいえるサクヴァン・バーコヴィッチ編ケンブリッジ版『アメリカ文学史』を改めて紐解《ひもと》けば、第七巻に収録されたモリス・ディックスタインの論考「一九四〇年代から一九七〇年代のフィクションと社会」に、戦争と文学を論じる一節がある。そこでは第二次世界大戦からベトナム戦争に至る文学・映像作品の詳細な分析が行なわれ、ノーマン・メイラー（一九二三―二〇〇七）やティム・オブライエンといった白人男性作家が議論の対象になる。注目すべきは、ベトナム戦争を論じるにあたりディックスタインが、「ベトナム戦争に関する優れた本、もしくは良い映画には、この世のものとは思えない悪夢のような世界を描こうとする傾向がある」と指摘した点だ（**Dickstein 131**）。

確かに一九七〇年代から一九八〇年代にかけてアメリカで制作されたベトナム関連の文学、とくに映画には、敵たるベトナム兵やベトコン兵への恐怖をことさらに煽ると同時に、アメリカ兵の暗い内面をえぐり出すように描く作品が多い。マイケル・チミノの『ディアハンター』やフランシス・F・コッポラの『地獄の黙示録』、スタンリー・キューブリックの『フルメタル・ジャケット』（一九八七）、オリバー・ストーンの『プラトーン』では、囚われることへの恐怖や日常では理解できない不可解な感覚が強調され、それが「ベトナム戦争を見るわたしたちの視点」を形成、さらには固定化することになった（132）。また、アメリカ映画に描かれる「ベトナム」は、歴史上実在する国家・国民とはかけ離れたものだった。『プラトーン』のエンディング場面でクリス・テイラーが自己内省的に振り返るように、映画で描かれる「敵」の姿は、「[アメリカ] そのもの」の鏡像としてアメリカ人が胸の内に抱え込む虚像にほかならない（*Platoon*, 1:54:15–25）。つまり本来描かれるべき「ベトナム」の姿は、戦後のアメリカ的想像力が創出する虚像に置き換えられてきた。

一方、ハリウッド映画に描かれる戦後「ベトナム」は、それが実際には虚像であるにもかかわらず、アメリカから世界各国へ配給され消費されてきた。それゆえアメリカ的な戦後「ベトナム」の記憶が、世界中の人々の心のなかに擬似的な真実として刷り込まれた。ウェンがハリウッドを「アメリカの偉大なる映画産業複合体」と呼び、「軍産複合体の一翼」を担ってきたと批判するのはそのためである（Nguyen, "Impossible to Forget" 20）。第三七代アメリカ大統領リチャード・ニクソン（一九一三―九四）の東南アジア政策、いわゆる「ベトナム化」の下で軍事撤退を余儀なくされた戦争に、アメリカは文化というソフトパワーを駆使することで自らに都合が良い記憶を上書きし、さらにそれを拡大再生産することに成功した。この上書きされた戦後「ベトナム」の記憶は、個々人の薄れゆく記憶に取って代わる「集団的記憶」として、さらには「産業資本主義的記憶」として、広く人々に共有され続けることになる。

ウェンは、記憶の書き換えを操作するアメリカのソフトパワーを強く批判する。

記憶は権力を表わす記号であり成果である。それゆえ記憶は権力を支える。さらに言えば、国によって国民の経済力が異なるように、記憶の価値も等しくない。[中略] アメリカはベトナムを舞台にする戦争で事実上負けたが、ベトナムを除く世界中の多くの国々における文化的記憶のなかで、この戦争に勝利してきた。このことからも、記憶の価値に見られる不平等性は明らかである。映画制作、出版、芸術、歴史資料の編纂において、アメリカは強い力を発揮してきたのだ。(*Nothing Ever Dies* 15)

「歴史は繰り返す」と述べたヘーゲルに付け加え、「一度は偉大な悲劇として、もう一度はみじめな笑劇として」と述べたマルクスの言葉はあまりに有名だが(マルクス 一五)、それを模して「戦争は二度戦われる。一度目は戦場で、二度目は記憶のなかで」とウェンが論じるのも、まさにこうした事情あってのことだ(3)(Nguyen, "Just Memory" 144)。

ハリウッドをはじめとするアメリカの文化装置が作り上げてきたこの状況に、ウェンは苛立ちを隠さない。一〇歳の頃に見た映画『地獄の黙示録』で描かれるベトナム人惨殺シーンに、脱越に次ぐ二度目の戦争トラウマを経験したというウェン。その後、「アメリカ的視点から」構築される戦後「ベトナム」の姿に一石を投じる決意をした彼は、テリー・グロスとのインタビューで、『シンパサイザー』執筆が「ハリウッドへの復讐(笑)」だったと皮肉を込めて言う。

多くのベトナム系アメリカ人作家や芸術家が、アメリカの人々にベトナムは戦争の代名詞ではなく国の名前であることを理解させようと、似たようなことを繰り返し行なっているのです。("Author Viet Thanh Nguyen Discusses" par. 84)

世界的に活躍する映像芸術家ディン・Q・レをはじめ、ウェンと同じような問題意識を共有するベトナム系作家・芸術家は数多くいる。彼らはトリン・ミンハの「一般的な欧米の視聴者にとって、ベトナムは戦場以外の場には存在しない」という批判に共鳴する[4]（Trinh T. Minh-ha, *When the Moon Waxes Red* 100/一四五）。

一方、ベトナム戦争終結から四〇年余りを経て、「戦後」を記念するイベントが数多く開かれるなかで、いわゆる一・五世代を中心とする作家・芸術家の活躍はベトナム系アメリカ文化・文学の知名度を上げ、彼らが制作する作品は質も量も向上の一途を辿ってきた[5]。ベトナム系として声を上げて語ることはある程度成功し、アメリカ社会は東南アジアから難民としてやってきた新参者に同化の夢《アメリカン・ドリーム》を与えてきた。

とはいえ、アフガニスタン、イラク、シリアと対テロを標語《スローガン》に次々と戦争が起きるなか、いまだに喚起されるのは「ベトナム」の古傷であり、「ベトナム」の記憶である。それというのも「ベトナム」という言葉が、本来ならば忘れてしまいたい戦争の記憶をアメリカ社会に想起させ続けてきたからだ。その記憶はアメリカにとって「厄介」きわまりなく、社会全体を二分させかねない。人種問題も絡め、ウェンはこの点を次のように指摘する[6]。

アメリカには、アメリカ的な大義を裏切る不当かつ残忍な戦争としてベトナムを経験し、記憶してきた人々がいる。一方で、この戦争を裏切り行為とは見なさず、アメリカ的大義が成就しなかった失敗例だと理解するアメリカ人もいる。しかし、この戦争をアメリカ的大義に内在する根本的な欠陥として、また白人至上主義に潜む殺戮《さつりく》願望と捉えるアメリカ人は、まず存在しない。(Nguyen, *Nothing Ever Dies* 199)

一・五世代を代表する批評家の一人イザベル・トゥイ・ペローは、ウェンの辛辣《しんらつ》な批判を共有する。ペローによれば、真のベトナムの姿は、「教科書的なアメリカの歴史に突き刺さるトゲ」だ。また、ベトナム系難民が生まれた根本的な原因や、難民政策に見られる不平等さを取り上げ、「アメリカは自由の国であるという一般認識」と現実との間に見られるずれも指摘する(Pelaud 20)。このずれを隠蔽《いんぺい》するがためにも、ハリウッドに代表されるアメリカの文化・娯楽産業は、ベトナムで起きた出来事を半ば意図的に忘却し、それに代わる戦後「ベトナム」という新しく作られた記憶を上書きした。この上書きされた戦後「ベトナム」の記憶に対して、本来あるべきベトナムの姿を取り戻そうというのが、『シンパサイザー』におけるウェンの試みだ。

## 二 「記憶」を巡る戦争──『シンパサイザー』における告白

『シンパサイザー』とほぼ時を同じくして出版された批評書『消え去るものはなく』において、ウェンは「ベトナム戦争への共通認識がない国で、ベトナム系アメリカ文学の作品が出版されている」と述べ、アメリカの「ベトナム」認識の甘さを批判する。アメリカ国民は多文化主義の名の下に、ベトナム系難民という「新参者」がもつ固有の文化的素地を認めはしたものの、戦争がもたらした悲惨な歴史からは何ひとつ学んでいないという指摘だ。それゆえに、アメリカは次から次へ新たな戦争に突入していく。

> アメリカは新参者の多様性を認め、彼らがこの国で生まれ変わることを約束する。しかし、アメリカ人が戦争の歴史から目を覚ますことはない。アメリカが覇権主義的態度を他国に対して取るたびに、自らその歴史を呼び覚まし続けているにもかかわらず。（Nguyen, *Nothing Ever Dies* 200）

一方、多様な表現を認められているはずのベトナム系アメリカ人作家は、いざ作品を出版する段になると大きな壁に突き当たる。エスニック系作家といえども、その大半は白人読者が占める出版界を納得させなければ、決して日の目を見ることはないというシビアな現実が、いまだアメリカには存在する。

> この国でマイノリティ作家としてやっていくならば、白人読者を念頭に書かなければならないでしょう。文壇の八九％は白人なのです。この国の出版を最前線で守っているのは白人です。マイノリティ作家はこのことを理解しなければいけません。（"Author Viet Thanh Nguyen Discusses" par. 92）

よってエスニック系作家に必要な第一の行動は、文壇で発信するための「声」を手に入れること。そのためには単なる「抵抗」の道を捨て、「リベラルな」態度を取る必要がある（"Dislocation Is My Location" 431）。だから、アジア系先輩作家の例に倣い、ベトナム系作家は自らの「声」を得るために社会へ向けて「和解」の物語を提案し、大部分を白人が占める文壇を納得させてきた。

ベトナム系アメリカ文学の作品は、アメリカ文化と協力関係にある。異文化を翻訳し肯定するという戦略を取ることで、他のエスニック文学と同じ役割を果たす。つまり少数派の立場から過去を題材としつつも、危ないことは安らかに眠らせる。あるいは少なくともそうした態度を見せる。厄介な戦争の過去を呼び覚まし、人種的不平等という今でも人々の心にくすぶる問題を取り上げはするものの、目指すところは和解であり、直接対決の回避なのだ。（*Nothing Ever Dies* 212）

この一種のカタルシス、すなわちウェンが言う「和解」のシグナルを発する作品は、ストーンにより映画化されたレ・リ・ヘイスリップの『天と地』をはじめ、前章で論じたラン・カオの『蓮と嵐』など枚挙にいとまがない(7)。

こうした現状においてベトナム系作家として本来なすべき仕事は、白人読者が大半を占めるアメリカの文壇において、難民が祖国ベトナムに対して抱く複雑な意識と感情を表わす物語を書くことだ。この目的を実現するにあたり、ウェンは『シンパサイザー』執筆において、聖アウグスティヌス以来ヨーロッパの文学伝統の一部であると同時に、社会主義国家ベトナムが政治犯を再教育するために利用した「告白」という文化横断的な様式を用いた。ただし、このふたつの「告白」録を結びつけるには、それを可能にするだけの複雑な過去と境遇をもつ人物を語り手にする必要がある。(8)そこでウェンは、フランス人神父の父とベトナム人少女の母の間に生まれた不義の子であり、成人してからはベトコン・スパイとして南ベトナム軍に潜入すると、サイゴン陥落では上官に従いアメリカへ亡命した人物を語り手にした。(9)そのような人物の語りは、いかなる場面においても二重であり、否応なしに両義的な意味をもつ。(10)

私はスパイです。将来の特命に備えた冬眠中の諜報員《スリーパー》であり、秘密工作員《スプーク》。二つの顔を持つ男。まあ、驚くことでもないと思いますが、二つの精神を持つ男でもあります。漫画本かホラー映画に出てくる、人から理解されない突然変異体というわけではありません。といっても、人々は私のことをそのように扱ってきたのですけど。私はただ、どんなものでも両面から見られるだけなのです。(*The Sympathizer* 1/七)

すでに多くの批評家が指摘してきたように、小説冒頭のこの一節はラルフ・エリソンが描く『見えない人間』の語り手を彷彿させる。アフリカ系文学が示す抵抗の姿勢に一目置くウェンが、ベトナム系文学との親近性を示そうとしていることは明らかだ。一方、この小説は戦後ベトナムで軍事クーデターを目論む旧南ベトナム軍の残党と行動をともにし、ラオスの山岳地帯からベトナムに再潜入したあげく、二重スパイのかどで拘束された語り手が、再教育キャンプで記す懺悔《ざんげ》の書でもある。つまり小説の母体となる語り手の「告白」は、「ベトナム人が尋問者たる別のベトナム人」に向けて書いたものであり、「白人読者ではなく、ベトナム人読者を念頭に小説を書きたかった」というウェンの意図を反映する。

わたしが小説でやりたかったことは、ベトナムの人々を暗黙の読者にすることでした。だから小説では、ベトナム人がベトナム人読者に向けて語っているのです。これはアメリカにおけるマイノリティ文学のあり方とは異なります。(“Author Viet Thanh Nguyen Discusses” par. 92)。

マイノリティ作家が一般的なアメリカ人読者、すなわち白人読者に向けて民族固有の文化・歴史・伝統を紹介しながら、アメリカ社会での通過儀礼を乗り切り、周囲の人々と和解するという典型的なエスニック文学のあり方を問い直す。『シンパサイザー』とは、アメリカにおける文壇のあり方そのものを批判する作品なのだ。

実際、『シンパサイザー』の語り手が置かれた特殊な状況は、ベトナム系作家としてのウェンの文化的立ち位置を反映する。これはウェン本人が、あるいは彼の家族がベトコンのスパイだったという意味ではない。(11) ベトナム系には自伝的要素を脚色しながら執筆する作家が多くいるが、『シンパサイザー』はウェンの自伝的要素を含む作品とは言いがたい。また、ウェン自身そうしたことは述べていない。むしろウェンは自らが「アジア系アメリカ作家」であり、作品が「アジア系アメリカ」という「カテゴリー」に属することを認めながらも、それが唯一のアイデンティティではないと主張する（"No Excuses" par. 9）。固定化しないアイデンティティとそれによる可変的な人格形成。これを示すために、ウェンは語り手がベトナムの指導者に向けて「告白」を記す際に、「自己」に対する意識や認識を刻々と変化させていく様子を段階的に示している。

その第一段階は、テクスト内における積極的な自己主体の構築。ウェンの語り手は、自らの物語を語ることで、テクストの主人公として「自己」を形成する。この段階での語り手は、自らの物語として捕らえられた自分が犯した罪の何たるかを認識していない。共産党指導者たる人民委員にとっては、「自己」というアイデンティティそのものが所有や占有を意味するブルジョワ的概念であり、「自己」の存在を無条件に信じること自体が過ちである。このことを理解できない語り手は、意図せずして共産主義イデオロギーを裏切っている。それでも自らを統一ベトナムのスパイであると信じる語り手は、「自己」誤認の状態にある。

やがて語り手は、「心で起きていることを書き、生きる」ことを「贅沢《ぜいたく》」と見なすようになる（*The Sympathizer* 299/三九七）。再教育が一定の成果を上げている証拠だ。それでも彼が書く「告白」は、人民委員を満足させることができない。なぜなら、語り手はこの段階でもはっきりと「自己」の存在を意識しているからだ。よって、繰り返しテクストの「書き直し」を要求される（296/三九三）。そして、きつい拷問《ごうもん》を受けた結果、ようやくテクスト上の「自己」を第三者として客観視し始める。やがて彼の「人格」は「わたし」（"I"）から「わたしたち」（"we"）へとずれてゆく（361/四七七）。

この「わたしたち」へのずれ、あるいは分裂を巡っては、批評家がすでにさまざまな議論を繰り広げている。なかでもキャロライン・ローディは、「ウェンのスパイは、〔中略〕周囲を傍観《ぼうかん》する特権的な『わたし』という〔主体的〕立場から突き落とされると、自己分裂のあげく祖国を失った難民として、絶望そのものを示す『わたしたち』という集合的立場へ移行する」と述べる。（Rody 402）。つまり難民とは分裂した「自己」であり、自らの主体性を維持できない打ちひしがれた存在なのだ。ウェンの語り手が辿るこの自己分裂のプロセスは、ベトナム系難民が置かれた不安定な状況と、それに起因する彼らのアイデンティティのあり方を示す。

小説出版後のインタビューで、ウェンは難民のアイデンティティ構築の問題と課題について、以下のように論じている。

> マイノリティの言説を通じてポストコロニアル研究に従事するわたしたちにとって、「アイデンティティ」は理論的実践のモデルであり、政治的実践のモデルでもあります。〔中略〕ただ、アイデンティティには明らかに限界があります。だから、アイデンティティに関する諸問題に取り組み、その限界を調べることで、革命へとつながる政治学や美学を創造するのが、わたしの仕事なのです。『シンパサイザー』では、さまざまな形のアイデンティティを経験しながらも、それを定めることができない語り手を主人公にしました。混血で両義的な思想背景をもつ主人公を登場させることが、この試みには欠かせませんでした。語り手のアイデンティティは、既存のどのアイデンティティにも属しません。そのために陥る不安定な状況を示そうと、彼を「不義の子」と呼んだのです。もちろん多くの小説では、つねに何らかの形で社会に適応できない

人々が描かれています。とくにアイデンティティについて書かれた小説では、それがテーマになります。だから、既存のアイデンティティを利用する可能性を排除すれば、アイデンティティの固定化という危険を防ぐことができます。アイデンティティの固定化という問題は、アイデンティティ・ポリティクスにおいてはよく見られる現象です。一度アイデンティティが固定化されてしまうと、アイデンティティがもつべき革新的な変化の可能性は消えてしまいます。そして、アイデンティティは権力と共犯関係に陥ります。たとえば「移民」というモデルは、当の移民がアメリカ人になることで、アイデンティティを固定化させてしまう危険を孕《はら》んでいます。難民が市民になれば、「難民」というモデルにも同じことが起きます。ただ、難民であることは、「不義の子」であることにより近く、おそらくはそれ以上に酷い経験です。「不義の子」のように、難民は既存のカテゴリーに混乱を招き、その存在を脅かします。危険な状況を生み出すことで、「不義の子」も難民も革新的な未来へと社会を導いていくことができるのです。(LeMahieu et al 450–51)

ここでウェンが論じているのは、彼自らが社会の少数派であるがゆえのアイデンティティへのこだわりと、そのこだわりをどのように表現するのか、あるいは表現することができるのかという問題意識だ。このような意識を念頭に置けば、『シンパサイザー』において繰り返しマルクスが参照され、「自己表象」の問題が問われるのは自然な成り行きだろう。[12] 次の引用は『シンパサイザー』第九章、サイゴン陥落にあたりアメリカに渡った語り手が、かつての上司である将軍とともに地元選出の下院議員クラーク・ゲーブルの事務所を訪れた際のこと。将軍が議員に向けて口にした台詞だ。

マルクスが言った言葉は何でしたかな？　と将軍は考え込むように顎《あご》を撫でながら言いました。私がメモしたマルクスの言葉を引用しようとしているのです。ああ、そうだ。「彼らは代表者をだせない。彼らは誰かに代表《リプリゼント》（「表現［表象］する」の意味もある）されなければならない」。それって、ここで起きていることではないですかね？　マルクスは農民たちのことを言ってるんですが、我々のことを言っているのも同然です。我々には代表者が出せません。ハリウッドが我々を表現《リプリゼント》［表象］します。だとすれば、我々はよりよく表現［表象］されるように最善を尽くさなければなりません。（*The Sympathizer* 139/一八八）

アメリカでは選挙権もなければ被選挙権もない難民が、地元住民を代表する議員に代表権の話をするという皮肉。しかも議員は、「一九六二年から六四年にかけて」アメリカ陸軍特殊部隊「グリーンベレーとしてヴェトナムで戦った帰還兵」であり、難民の「オレンジ群の選挙区への移住を歓迎してきた人物である（113/一五三―五四）。ここで将軍が引用するマルクスの『ルイ・ボナパルトのブリュメール一八日』（一八五二）では、一八四八年の革命で主役を演じたフランスのプロレタリアートが議会での代表権を獲得できなかったことから、一八五一年の革命の結果、時代が第二帝政へと逆戻りしたことが批判的に論じられている。それに近い問題を抱えていたのが、難民生活開始当初のベトナム系住民で、政治的代表権をもたなかった彼らは、地元選出の白人政治家に自らの運命を託さざるを得なかった。ちなみに英語では、「政治的代表権」と「表象」は同じ"representation"という単語で表されるが、これは単なる偶然ではない。言葉が事物や事象に代わってそれを間接的に表現するのと同様に、議会政治においては市民が代表者を選ぶことで、間接的に意見を述べ政治に参加する。この「表象」の問題を「政治的代表権」の問題に絡めて描くことで、ベトナム系難民がアメリカ社会で置かれた弱者としての立ち場を表現するのがウェンの戦略である。

この「表象」と「政治的代表権」に関する問題は、小説の中核的エピソードである映画『ザ・ハムレット——村』の制作を巡る、語り手と「監督」の論争を通じてより詳しく描かれる。『ザ・ハムレット』は、ウェンが第二のトラウマの原因と非難した『地獄の黙示録』のパロディであり、制作者の「監督」はコッポラの分身だ。また、この映画は小説に組み込まれた小物語、すなわちポストモダニズム理論でいう入れ子構造として機能し、作品の主要テーマを凝縮して表わす。このエピソードのハイライトを成す第一一章では、映画に登場するベトナム人の「表象」について批判的な提言を繰り返す語り手が、ロケ地フィリピンで「監督」が仕掛けたと思われる爆破事故により危うく一命を失いかける。続く第一二章では、ようやく酷い怪我から回復しアメリカへの帰路についた語り手が、誰が誰を「表現」するのかという表象主体の問題について、内省的に思いを巡らす。

そして帰国の旅のあいだじゅう、私は表現［表象］の問題について考えていました。生産手段を持たないと早まった死につながりかねませんが、表現［表象］手段を持たないこともある種の死です。というのも、もし私たちが他人によって表現［表象］されるなら、彼らはラミネート加工された記憶の床から私たちの死を洗い流すかもしれないではないですか？（187/二五〇）

さらに小説が終盤に入る第一七章では、ついに完成した映画を見る語り手が、そこに表象された紋切り型のベトナム人の姿に絶望し、自らの無力さを改めて認識する。

映画とそれが表現するものを覆すこと。つまりは、私たちに関する誤った表現［表象］を覆すこと。それに私は失敗したのです。（278/三七一）

難民という社会的弱者は、同時に文化的弱者でもある。このことは、約九割の読者がヨーロッパ系白人から構成されるアメリカ文壇におけるエスニック系作家の立場にもあてはまる。しかし、ベトナム系作家が直面する表象の問題は、単に白人読者中心の文壇との関係だけによって生じるのではない。難民社会内部における政治意識や社会通念も、ベトナム系文化・文学のあり方に影響をおよぼしてきたことは否定できない。ここで確認しておくべきことは、戦争をきっかけに欧米諸国へ脱越したベトナム人の多くが、南ベトナム出身者だったことだ。彼らはフランスやアメリカの帝国主義的な侵略や、その後の無責任な軍事的撤退および経済支援の突然の停止に憤りを感じてはいるものの、共産主義ならびにその体制に対しては、それ以上に否定的な感情をもつ。実際、難民生活が始まって間もない一九八〇年代から一九九〇年代にかけて、旧南ベトナムの軍人や政府関係者の間では、アメリカ軍による再度のベトナム空爆と南ベトナムの再建を望む声が強かった。こうした人々が政治家へのロビー活動を展開し、多くのベトナム系が暮らすカリフォルニア州ロサンゼルス周辺では、南ベトナムの亡命政府を標榜《ひょうぼう》する自由ベトナム臨時政府などが組織されるほど強い反共感情があった。一九九五年に米越国交が正常化され、さらに今世紀に入りベトナム系社会の中心的役割が、反共姿勢の強い難民一世からリベラルな一・五世や二世に移り、若い世代の政治参画が進むと、不穏な政治活動は沈静化した。しかし、一時はベトナム本国への潜入やテロ活動が極右組織により計画されたばかりでなく、その一部が実際に行なわれたことは前章でも触れたとおりである(13)。

ベトナム系難民が形成する保守的な社会、および文化風土のなかで、脱越者のなかに潜んで生活していた元ベトコンや北ベトナム出身者の立場は、当初よりきわめて危ういものだった。ウェンの語り手のようにスパイとしてアメリカへ渡った北ベトナム関係者もいたようだが、その多くはサイゴン陥落後に身分を隠して脱越した。とりわけ元ベトコンにはそうした場合が多かった。というのも、彼らは南ベトナムから見ればもちろん裏切り者だが、北から見ても戦争協力者とはいえ、敵国の営む資本主義陣営で暮らしてきた信用ならない人物だったからだ。統一後のベトナムでは、南ベトナム出身の支配者階級や富裕層とともに政治犯として再教育キャンプへ送られる元ベトコンが多くいた。皮肉な話だが、ベトコンにとっても南ベトナムの崩壊は敗戦同様の出来事だった。究極の選択として脱越を決意したベトコンが、やがて北側の協力者だったことを知られると、場合によっては死の制裁を受けることすらあった(14)。同時に強い反共主義から猜疑《さいぎ》心渦巻く難民社会では、あらぬ嫌疑をかけられ生命を失う者もいた。『シンパサイザー』では、語り手らによる少佐の暗殺(99–102/一三六—四〇)やソニーというジャーナリストの殺害(265/三五四)が、それに相当する。次の引用は第一六章から、ソニーの殺害を決意した語り手の独白だ。

ヴェトコンのテロリスト、ヴェトコンの同調者《シンパサイザー》、ヴェトコンの協力者、もしかしたらヴェトコン、たぶんヴェトコン、腹にヴェトコンを抱えたやつ、ヴェトコンになろうかと考えているやつ、みんながこいつはヴェトコンだと考えているやつ、父親か母親がヴェトコンで、だから訓練中のヴェトコンのやつ。(257/三四三)

ヴェトコンをすべて殺すのが問題なのは、さらにいっそうヴェトコンが現れてくるからです。私たちの精神の壁に押し寄せ、私たちの魂の床下で荒い息遣いをし、目に見えないところで次々に繁殖していきます。(258/三四三)

加えて、ベトコンであるにしろないにしろ、断固とした反共産主義者でなければ——あるいは仮にそうだったとしても——脱越者の帰属や忠誠心がどこにあるのかという問題は、つねに人々を悩ませてきた。政治的な帰属、地理的な帰属、文化的な帰属、人種・民族的な帰属。ウェンの語り手自らがベトコンのスパイでありながらも、大佐の命令に従いベトコンの嫌疑者を殺害し、さらにはベトナム潜入の際には二重スパイとして拘束されるという筋書きは、単に史実としてあり得ただけではなく、ベトナム系ならば誰もが直面しうる帰属意識の危うさを表わす。

さらにこの問題を表現、すなわち表象する言説そのものが、どこに帰属するのかというメタレベルの問題も存在する。文章の書き手であるというだけで、その言説の主体であると必ずしも断言できないことは、すでにアメリカ文壇におけるエスニック系作家の立場を通じて論じてきた。語る主体が意図する意味と、社会の多数派を形成する読む主体が受け入れる意味とでは、語る主体が政治・文化的少数派である場合には一致しない。これは自由資本主義社会であろうと社会・共産主義社会であろうと同じことだ。前者における一見自由な政治・文化的風土においても、後者における全体主義的な風土においても、社会のなかで生きていくには、支配的イデオロギーを再生産し、体制強化に貢献することが期待、さらには強制される。

それゆえに、語る主体や書く主体が自律的であるというのは、ある種の幻想に過ぎない。むしろ社会の多数派である読み手の側が集合的かつ支配的に機能する可能性の方が高い。再教育キャンプに収容された語り手が「告白」執筆を通じて問うのは、この点にほかならない。

> あのときの傷のひりひりした痛みをいまだに感じつつ、この告白を書きながら、私はこう考えずにはいられません。私は自分の表現［表象］手段を持っているのだろうか、それとも私の聴罪司祭であるあなたが持っているのだろうか。（187／二五〇）

書き手と読み手の間に介在するさまざまなギャップをどこまで埋めることができるのか、あるいはできないのかということは、『シンパサイザー』執筆にあたりウェンが意識した大きなテーマだったはずだ。小説後半、かつての盟友であり人民委員になったマンの指導の下、収容所で自らの「告白」[15]を書写する語り手は、その書き手、すなわちかつての自分に共感と哀れみ《シンパシー》の感情を抱くようになる。

私の人生が目の前で展開していきます。数ヶ月かけて告白を写していくあいだ、よだれがそのページをよごしました。次第に私の額の傷も癒え、自分の言葉を吸収していくうちに、私はこうしたページに描かれた男に同情を感じるようになりました。諜報《インテリジェンス》部員でありながら、疑わしい知性《インテリジェンス》の持ち主。彼は愚か者なのか、自分の不利になるくらい賢いのか？　彼は歴史の正しい側を選んだのか、間違った側を選んだのか？　そしてこうした質問を、私たちはみな自分自身に問うべきではないのか？　それとも、こんなに関心を払うべき者は私だけなのか？
（357/四七一）

この書き手である「わたし」と読み手である「わたし」の間に介在するギャップと、そのギャップゆえに成立する二人の「わたし」の間に存在する共犯関係の物語。作者であるウェンは、それを表現する小説のタイトルに「シンパサイザー」（"sympathizer"）という言葉を選んだ。その意味を辞書で引けば、「支持者」、「共鳴者」、「同調者」という日本語訳が並ぶ。用法例としては、第四章で仕事先の大学秘書、日系人女性のソフィア・モリに、自らが「左翼の同調者」であることを告げたいと語り手が感じる場面があるが、この際の原文 "a sympathizer with the Left" がそれにあたる（60/八四）。つまりこの小説のタイトルが英語読者に与える印象は、左翼、すなわち共産主義同調者によるスパイ活動の物語ということになる。さらに例を加えれば、ベトコンの嫌疑をかけられたソニーの暗殺を命じられた語り手が、任務の執行に躊躇する場面がある。その際、「人に同情しすぎる」（"too sympathetic"）のが欠点だと将軍に指摘される語り手は、まさに共産主義同調者といえる（223/二九七）。

一方、小説後半で再教育キャンプに捕らえられた語り手は、これまで「人に同情しすぎ」たがゆえに、自分自身はもちろんのこと他人をも無条件に信じ、自分や他者の複雑な人格を表現できると過信してきたことに気づく。[16]

> 二つの精神を持つ男が自分を表現《リプリゼント》［表象］できるだなんて、どうして思えたのでしょう。まして、あの手に負えない同国人たちを含む、ほかの人たちも表現《リプリゼント》［表象］できるだなんて。最終的に、彼らの代表《リプリゼンタティブ》たちがどう主張しようと、彼らは絶対に表現［表象］不可能な存在なのです。（358/四七二）

ここで語り手がベトナムの同胞もまた「表現［表象］不可能」であると論じるのは、難民ならば誰しもが「二つの精神」に苛《さいな》まれているという認識があるからだろう。ガヤトリ・C・スピヴァクが論じた、社会的抑圧によって自ら声を上げることを決して許されない「サバルタン」の存在を彷彿させるのが、ウェンが語り手を通じて描く「難民」だ。

よって、言説空間には本来居場所がない「難民」の存在を脱越という暗闇のなかで示すのが、この小説におけるウェンの到達点になる。それは、語り手という主体が一人称単数の「わたし」から一人称複数の「わたしたち」へと移行する瞬間であり、祖国を二重に追われた語り手が、自らの言説を「私たちの証言」として未来に伝え残す決意を固める瞬間でもある。

これ［原稿］は私たちの──遺言とまでは言えなくても──証言です。こうした言葉以外、何も人に残していくものはありません。私たちを表現《リプレゼント》［表象］しようとしたすべての人々に対抗し、私たち自身を表現《リプレゼント》［表象］しようとした最高の試み。明日になれば、私たちは海に逃れた何万人もの人々の群れに加わります。革命を逃れた難民たちです。（364/四八一）

さらに『PMLA』誌での特集で、ウェンは作品を振り返りこう述べる。「行き先を失ったがゆえに、先人たちがかつて生きた場所を自らの居場所として発見することができたのです」（"Dislocation Is My Location" 432）。このときウェンの意識には、「戦後ベトナム」の歴史のなかで名を残すことなく散っていった多くの難民の姿が見えていたに違いない。

## 三　文学史におけるベトナム系アメリカ文学の立ち位置とウェンの戦略

では、ウェンが二重スパイの語り手を通じて、アメリカの文壇で多数を占めるヨーロッパ系白人読者に届けようとした「難民」の声は、果たして受け入れられたのだろうか。

ピューリッツァー賞受賞以前の『シンパサイザー』の売り上げは二万部ほどで、すでにヒット作ではあったが、受賞が決まると一層部数を重ね、実に一〇万部を超えるベストセラーになった（cf. Streitfeld par. 27）。大手インターネット通販米国アマゾンでの売り上げランキングを分析したアリシア・アダムチクによれば、ピューリッツァー賞受賞が発表された二〇一六年四月一八日午後三時に出版部門全体で二万七五八七位だった『シンパサイザー』の売り上げは、翌一九日午前九時には八八位に上昇し、スパイ小説部門では一位に昇りつめた（cf. Adamczyk）。

結果としてピューリッツァー賞受賞の追い風も手伝い、非白人層に向けた作品を書くというウェンの挑戦は、いわゆるエスニック系文学の枠組みを広げ、白人読者の視線をこれまでにない地平へと延伸させた。二〇二〇年七月一〇日時点で、米国アマゾンでは二二〇〇に迫る読者レビューが掲載されているが、その半数以上が五つ星の評価であり、多くはウェンがこの小説を書くにあたり対象とすることを避けた白人読者による書き込みだ。本章冒頭で引用したオーガストが述べるように、「ウェンのピューリッツァー賞受賞は、ベトナム系アメリカ文学の読まれ方を根本的に変えることになった」(17)（August 60）。その影響は大きく、マイクロソフト社の創業者として有名なビル・ゲイツは、二〇一七年に読んだ本のなかで最も感銘を受けた五冊に、この『シンパサイザー』とベトナム系グラフィックノベル作家ティ・ブイ（一九七五―）の『最善を尽くす』（二〇一七）を挙げたほどだ。

一方、『シンパサイザー』は「難民」文学、もしくはエスニック文学として、主流文学とは違う、という姿勢を示すだけの作品ではない。エリソンの『見えない人間』にはじまり、T・S・エリオットの『荒地』(一九二二)やフィリップ・ロス(一九三三—二〇一八)の『ポートノイの不満』(一九六九)、トニ・モリソン(一九三一—二〇一九)の『ビラヴド』(一九八七)、それにハーマン・メルヴィル(一八一九—九一)の『白鯨』(一八五一)など、アメリカ文学史に残る古典的作品への言及が多く含まれる。もちろんアジア系文学への言及にも余念はなく、一九六〇年代後半から始まったアジア系アメリカ運動の文化的産物であるフランク・チン(一九四〇—)の『アイイー! アジア系アメリカ作家作品集』(一九七四)やベトナム系アメリカ文学・批評の先駆者トリン・ミンハの映画『姓はヴェト、名はナム』なども俎上《そじょう》にのる。同時に、コッポラの『地獄の黙示録』や、フランク・シナトラ(一九一五—九八)の娘ナンシー(一九四〇—)のカバーで知られる、アメリカのロック歌手シェール(一九四六—)のヒット曲「バン・バン」(一九六六)など、時代に即した大衆文化への言及にも怠りはない。白人読者層を対象にしたか否かはさておき、文化・文学の研究者として出発したウェンがアメリカ文学史の伝統を念頭に、この作品を執筆したことは明らかである。(18)

なかでも、アメリカ文学史における「抵抗の文学」の祖といえるアフリカ系アメリカ文学には、格別の敬意を払う。アジア系アメリカ文学が『シンパサイザー』の直接的な起源であるならば、エリソンやモリソンらによるアフリカ系アメリカ文学の諸作品と『シンパサイザー』の間には見えない親近性が存在する。(19)

『シンパサイザー』にはベトナム系を除けば、マイノリティの人物はほとんど登場しませんが、〔中略〕アフリカ系アメリカ人の存在は作中つねに意識されています（〔中略〕登場人物の一人アメリカ中央情報局CIAのスパイ、クロードが一六分の一黒人だというくだりは、いわゆるワンドロップ・ルールへの言及です。また、『見えない人間』の白いペンキに落ちた黒インクを意識しています[20]）。

（"Dislocation Is My Location" 431）

また、多くの批評家の関心を集める小説後半の「わたしたち」という一人称複数の語りへの転換について、ウェンは次のように解説する。

小説の最後に出てくる「わたしたち」という表現は、〔中略〕集合的に革命と連帯を示しています。現代アメリカ文学の作品では、それとなく意識されながらも往々にして見逃されてきた点です。正直にと言うべきか、皮肉にもと言うべきか、あるいはそんな望みがあるわけもなくと言うべきか、〔小説執筆中〕アメリカ文学史に残るような優れた作品を書いているという意識はありませんでした。〔中略〕アメリカ的なリアリズム小説を現代ヨーロッパ文学風にアレンジして、ベトナム系難民という総体に当てはめてみようとは思いました。わたしの本がアメリカ文学の一部であるとするならば、それは白人作家だけではなく、アフリカ系やアジア系の作家を想起させるように仕向けているからでしょう。もっとも白人作家に関していえば、わたし自身は多くの白人作家を読んできましたが、彼らはわたしのような非白人作家を知る必要もなかったわ

けです。（432）

ここで「わたしたち」という言葉を通じて白人文学への対抗姿勢が、アジア系とアフリカ系の連帯を通じて改めて強調されている点は重要だ。同時に、「アメリカ的なリアリズム小説」を「現代ヨーロッパ文学風」に表現したかったというところに、ウェンの個性とこだわりを感じる。具体的には聖アウグスティヌスに辿る「告白」という文学伝統を意識してのことと思われるが、『シンパサイザー』の語り手にはスパイであるという設定を超えた知性《インテリジェンス》が感じられる。この語り手を含む登場人物の役作りについては、ハオ・ファンの解釈が興味深い。

> 『シンパサイザー』を読むにあたっては、若い小説家としてのアジア系知識人の肖像を意識することができるし、またそうすべきだろう。小説に登場する人物たちは、［ウェンの最初の批評書］『人種と抵抗』［二〇〇二］で定義されている［アジア系］知識人のグループに属し、研究者、芸術家、政治的リーダーが含まれる。また、登場人物たちの言動は、知識階級のアジア系アメリカ人が公的な場で占める地位や彼らが取る行動が、周囲の環境によって規定ないし意図されていること、さらには教育的訓練の結果であることを示そうとするウェンの目的を確認するための試金石《しきんせき》となっている。（Hao Phan 128）

もちろんこうした人物設定は、現実の難民の姿とは異なるものになりかねず、小説のリアリズムを損なう危険を伴う。しかしその一方で、ウェンの問題意識は、ベトナム戦争直後の難民社会を描きつつも、アジア系アメリカ社会がいまだに直面する諸問題を問い直すきっかけにもなる。つまり『シンパサイザー』とは、アメリカの人種社会で培われたアジア系アメリカの心象風景が、白人社会の要請によって決定づけられてきたことを指摘すると同時に反省し、アジア系知識人のあり方そのものを問う作品なのである。

その意味では、批評家ヨギタ・ゴヤールが論じるように、ウェンはベトナムとアメリカという対立軸に示される「第三世界の無力な犠牲者と第一世界の勇敢な救済者という対立的な語り」に、安易な解決策を求めようとはしていない（Goyal 379）。むしろウェンは、その対象がアメリカの歴史であろうとベトナムの歴史であろうと、主流派であろうと少数派であろうと、白人読者であろうとエスニック系読者であろうと、単一的な解釈や都合の良い一般化に反対しているのであり、一方的な解釈やそれによって導かれる結果に警告を発している。[21] こうした姿勢は、「矛盾することもある複数の声」を提供するのがエスニック系作家の使命だと考えるウェンの倫理観を反映する（August 65）。つまり『シンパサイザー』とは、自らの言動をつねに客観視することでアイデンティティの固定化を防ぎ、社会における権力構造の普遍化を防ぐと同時に、アイデンティティや組織の流動性を保つことの重要性を訴える小説なのだ。このことにより――おそらく意図せずして、しかし結果として――ウェンは、『シンパサイザー』がアメリカ文学史に名を連ねるべき作品であることを示したのである。

# 第二部　映像芸術

# 第三章　越境する「ベトナム」
## ——ヴェト・レ、太平洋横断的ヒップポップとクイアな難民表象

押し寄せる難民の時代。二〇一一年に始まったシリアでの内戦は、これまでにない数の難民を産み出し、その状況は現在も続く。国連の援助やヨーロッパ各国による受け入れなど積極的な支援はあったものの、近隣各国では複雑な住民感情が軋轢《あつれき》を生んでいる。トルコ中央銀行の研究員ユサフ・ケナン・バジルは、難民流入による労働者数の増大が、トルコ人労働者の雇用を奪わずとも賃金レベルの引き下げにつながっていることを指摘（cf. Bagir）。人々の感情を刺激する報道もあり、難民を取り巻く状況は決して好ましいものではない（cf.「「歓迎されざる客」となった難民」、「「殺される」襲撃者の影に脅えるシリア人」）。

ここに自らの過去を見るベトナム系難民は少なくない(1)。本章で取り上げる一・五世代映像芸術家ヴェト・レもその一人だ。カリフォルニア・カレッジ・オブ・アーツで教鞭を執り、現代的な映像

芸術の制作に取り組むレは、東越戦争をきっかけに脱越したボート難民としての過去をもつ。タイの難民キャンプを経て、レがアメリカに来たのは一九八〇年のこと。父はすでに留学生としてアメリカで生活していたため、母に連れられての脱越とキャンプ生活だった。この時、真っ暗な深夜のサイゴンで母と乗ったいかだ船の記憶にその後も苛まれ続けたことを、近著『帰還する約束』でこう記す。(2)

二〇代の頃、プールで泳ぎはじめると、必ず途中で止まってコースロープにしがみついた。気は取り乱し、呼吸が苦しくなる。今にも溺れそうだった。三歳の時に母とサイゴンから乗った深夜のいかだ船の記憶が甦《よみがえ》る。パニックが鎮《しず》まると、また泳ぎ出す。(3)(Việt Lê, *Return Engagements* 7)

あまりに悲惨な体験は、それを経験する者の心や身体に深い傷、すなわちトラウマを負わせる。それは意識に上ることもあれば、無意識のうちに人の心を苛むこともある。サイゴンからの逃避行から一転、レはタイでのキャンプ生活については何も憶えていないと言うが、記憶の空白はトラウマがないという意味ではない。なぜならレが言うように、「トラウマは予期せずして甦る」。そして、「その後の人生に見えない影を落とす」。

身体には身体の論理があり、記憶がある。トラウマはその後の人生に見えない影を落とす。危険な海からの逃避行とプールで泳ぐ行為の間には、見えない線がある。それが自分という人間を形作る。このままベトナムに残れば死ぬかもしれないと恐れた母がわたしを海に連れ出し、国を離れようという時に直面した溺れそうな感覚を、うまく表現することはできない。その後の人生航路は、身体的なものであり、精神的なものでもあった。わたしにできることは、そうした経験をなぞることだけ。言葉や論理では言い表せない。この経験をなぞる行為には、空白が付きものだ。その痕を探すにしても、別の言葉に翻訳しようとするにしても、あるいはその場に戻ろうとするにしても、空白を避けることはできない。(7)

この言葉にならないトラウマが身体や心に残す傷痕をなぞり、作品制作に取り組むのが、レをはじめとする一・五世代ベトナム系作家・芸術家だ。(4) ただ、多くの難民芸術家がアメリカ国内での活動を優先するのに対し、レの場合には難民トラウマの「クイアな探求」をテーマに太平洋を再横断し、率先して祖国ベトナムを含む東南アジアの国々に赴き制作にあたる("Memoirs of A Superfan" par. 8)。本章では、カンボジア、ベトナム、タイと自らの出自に関連深い国々で、現地芸術家の協力を得てレが撮影したビデオ連作《ラブ・バン!》を例に、難民にとってのトラウマ表象を論じる。

## 一　太平洋横断的ヒップポップ——「ラブ・バン!」

本論に入る前に、まずはレの生い立ちについて触れておく。一九七六年サイゴン生まれのレが、脱越したのは一九七九年の三歳の時。母に連れられボート難民として、まずはタイの難民キャンプへ向かった。すでに記したように、サイゴンからいかだ船に乗ったときの記憶を除き、レは当時のことをほとんど憶えていない。脱越後最初の記憶は、タイを出国しアメリカへ渡る際に乗った飛行機内のことだという。この記憶の空白は幼さゆえか、それとも無意識の抑圧によるものなのか。ともあれアメリカでは、すでに現地で留学生活を送っていた父が身元引受人となり、家族はカリフォルニアの難民キャンプで再会する。その後、多くのベトナム系が暮らすオレンジ郡で生活を始めたレの家族だったが、難民当初の生活は厳しく、学校から帰ると母の内職を手伝う日々が続いた。学年を遅らせて就学した学校では慣れない英語に苦労し、補習を受けながら言葉のハンディを克服した。

エスニシティとセクシュアリティの問題に悩み始めたのは、中学に進学して間もない頃。当時すでに多くのアジア系が暮らすカリフォルニアは多様性に富み、学校では難民支援も行なわれていた。とはいえ、レの名前を正しく発音できる教員は数少なく、クラスメートのいじめもあった。一方、家庭に目を向ければ、父とは疎遠な関係にあったという。転機となったのは、大学院に進学してから。死の病に苦しむ父の姿に、レは看病に取り組むと同時に、大切な家族の姿を写真に収めた。当時、誰もが絶賛したというカリフォルニア州立大学アーバイン校に提出されたレの修士論文には、家族写真が多く含まれる。今ではビデオ制作に軸足を置くレだが、その出発点は写真だった。すでにこの頃から、クイアな表象がレの作品を特徴づけている。(5)

その後、前章で論じたヴィエト・タン・ウェンの研究指導を受け、南カリフォルニア大学でエスニック・スタディーズの博士号を取得したレは、芸術家としてのみならず研究者としても活躍。その多岐にわたる活動は、公式ホームページ（<vietle.net/home.html>）で確認できる。芸術家としては写真、映像のみならず詩作にも取り組み、キュレーターとしては拠点とするアメリカ西海岸からベトナム、韓国といった東南アジアの国々でも展示などを企画・演出する。また、研究者としては『チャーリーは波乗りをしない』（二〇〇五）や学術誌『ビジュアル・アンソロポロジー』の特集「さまざまなモダニティ」の編集に携わる。初の単著『帰還する約束』の出版も控える。レの活動すべてについて詳しく論じることは到底無理だが、その特徴をあえてキーワード化すればクイアとポップ、そしてアバンギャルド。これらが太平洋横断的な文脈のなかで表現される。そして、このような特徴を最も明確に示すのが、ビデオ三部作《ラブ・バン！》だ。

《ラブ・バン！》は「ラブ・バン！」**【口絵1】**、「エクリプス（日食）」（二〇一六）、「ハートブレーク！」（二〇一六）の三本の作品から成る連作。ベトナムをはじめとする東南アジアを舞台に、当地の芸術家やパフォーマーを集めて制作されたミュージックビデオである。シリーズ一作目の「ラブ・バン！」は、ユーチューブで簡単に視聴できるので、ぜひ本論を読むにあたって参考にしていただきたい（“LOVE BANG! VIET LE’s SEXperimental MV” <www.youtube.com/watch?v=6OSgRuFnbgM>）。また、「エクリプス」と「ハートブレーク！」も一部ではあるが、ユーチューブで視聴可能だ。こちらもご覧いただくと、レという芸術家のクイアな特徴がよりはっきりわかるだろう（“eclipse excerpt” <www.youtube.com/watch?v=OUvX3ySs3GI>; “heartbreak! teaser” < www.youtube.com/watch?v=-NEc5vx0iqw >）。

これらのビデオ作品から、非ベトナム系視聴者が受ける印象はさまざまに違いない。レがベトナム系難民であることと、これらの映像表現がいかに関係しうるのか戸惑うこともあろうし、クイアな表現やアジア的なポップさ、あるいはアバンギャルドな演出に関心をもつ向きもいるだろう。自らが同性愛者であることを公言するレが制作するビデオに登場するパフォーマーの多くは男性で、「ラブ・バン！」冒頭でベトナムの伝統衣装アオザイを着て水鉄砲を片手に踊る三人のダンサーはトランスジェンダーだ。また「エクリプス」には、ベトナムでは有名なトランスジェンダーの活動家フォンが登場。タイを舞台にする「ハートブレーク！」では、バンコクの歓楽街を彩るゲイバー「ハートビート・クラブ」が撮影に使われた。このようにクイアな表現やポップさ、あるいはアバンギャルドな抽象性が目を引く作品だが、レの本意は「難民のトラウマ」を伝えることにあるという（Personal Interview 3 Jul. 2019）。その意図をシリーズ第一作から順番に追っていく。

第一作「ラブ・バン！」はカンボジアのプノンペンで撮影され、二〇一二年にユーチューブ上で公開された作品だ。エスニック・スタディーズで博士号を取得した直後の作品でもある。二〇〇一年カリフォルニア州立大学アーバイン校で美術学修士を修めた頃から芸術家として活動していたレにとって、博士号取得は単なる通過点だったのかもしれない。一方、博士学位を得ることでカリフォルニア・カレッジ・オブ・アーツの教職に就くなど、研究者としての基盤を築いたレが、それを契機に活動の幅を広げたことは間違いない。また、「ラブ・バン！」の制作にあたっては、ロサンゼルス市が提供する国際文化交流芸術基金から五〇〇〇ドルの支援を受けるなど、公的資金の活用をもって自らの芸術活動を支える現代芸術家ならではの側面も見せる。

ロサンゼルス市に提出されたその企画書を読めば、作品の詳細が綿密に記されている。プノンペン、ホーチミンシティ、ロサンゼルスという性格が異なる三都市を起点に、ベトナム戦争を契機に起きたさまざまな事象を、「トラウマ、記憶、そしてモダニティ」という三つのテーマから表現するのが、「ラブ・バン！」という作品だ。冒頭のトランスジェンダー三人によるダンスには、戦時中のベトナムでは検閲によって禁じられていた失恋を詠《うた》う歌謡曲「ゴールデンミュージック」を使用することが、すでに提案されている[6]（“Proposal” 1）。

出来上がった作品では、アメリカのロック歌手シェールが一九六六年にリリースしたヒット曲「バン・バン」が冒頭で流れる。ただし、その音源はベトナム人歌手カイン・リー（一九四五―）のカバー曲で、ベトナム語とフランス語の歌詞はオリジナルの翻訳ではない。このベトナム版「バン・バン」について、レは言う。「曲のテーマはラブストーリーだ。大人になった二人は戦争を経験する。これは隠喩だ。二人が別れれば、それは関係の死を意味する。でも、それが戦争のせいだとすれば、本当の死を暗示する」（Personal Interview 3 Jul. 2019）。

また、「ラブ・バン！」ではイギリスのロックバンド、フリートウッド・マック（一九六七―）の名曲「リアノン」（一九七五）も使われる。スティービー・ニックス（一九四八―）の歌唱で知られるこの曲のサブタイトルは、「一体勝つことなどあろうか」。ウェールズの魔女リアノンのことを歌った曲とはいえ、かつて終わることのない戦争を戦った祖国を思うレが、この曲の使用に込めた隠れた意図を感じざるを得ない。

この「リアノン」をサンプリングしたヒップホップ風の曲が始まると、場面は「クラシックナイト」というプノンペンの男性用ナイトクラブに切り替わる。さらに、ビデオグラファーのチーン・ロンの協力を得て選んだという、プノンペンにある寺院の敷地内に建つモダニズム風の建築物へカメラは移動する。ビデオ後半では、市外の田園地帯が舞台に。以上の場面で登場するトランスジェンダーたちが身にまとう衣装やダンスの振り付けには、地元プノンペンのデザイナーや芸術家の協力を求めたという。また、レ自身もカメオ出演する。「自分のビデオにはすべて出ることにしている」というレは、ナイトクラブのオーナーとして名脇役振りを発揮している（Personal Interview 3 Jul. 2019）。時間にすれば五分余りのビデオだが、太平洋横断的にさまざまなコラボレーションがあって制作されたのが「ラブ・バン！」という作品だ。

ところで、「バン・バン」同様「リアノン」でも、レはオリジナル曲の歌詞を使用せず、自ら新たな歌詞に書き換えている。既存の作品を援用するアダプテーションという手法にこだわるのがレという芸術家の特徴だが、それはコピーのようでいてコピーではない。コピーしつつも自らの意図でオリジナルをしっかり脚色する。ここではプノンペンを拠点に活動する音楽プロデューサー、ピーナッツのスタジオでラップ調にサンプリングした曲に、レがカンボジアのラッパーRJとともにカンボジア語で書き下ろした歌詞を、カンボジア人歌手ダラーが歌う。レが「ヒップポップ」と呼ぶこのカバー曲も「ラブソング」だ。「カンボジアに住むベトナム人労働者に恋したカンボジアのラッパー」の悲恋がテーマである（"love bang! SEXperimental Music Video!" pars. 3, 6）。つまり前述の「ゴールデンミュージックの構造によく似ている」（Personal Interview 3 Jul. 2019）。アダプテーションを通じて、戦争当時の雰囲気を「ヒップポップ」に再現するのがレの目的だ。

映像に注目してみれば、最も印象的なのが作品冒頭でベトナムの国民色「黄」と「赤」の派手なアオザイを着て、水鉄砲を振り回すトランスジェンダーの三人だろう。[7] レもこの点は意識し、三人のスティル画像を抽出し「チャーリーズ・エンジェル」【カバー表／図5】というタイトルで、個別の作品として公開している（<vietle.net/lovebang.html>）。そのタイトルから容易にわかるように、この作品は一九七〇年代アメリカABCテレビで放映され、日本にも輸入された人気ドラマ『チャーリーズ・エンジェル』（一九七六―八一）のパロディだが、加えて「チャーリー」という名前はベトコンを指す隠語でもある。つまり、トランスジェンダー三人組がベトコンの協力者である可能性をポップなパロディとして示すのが、レの意図なのだ。[8]

【図5】ヴェト・レ「チャーリーズ・エンジェル」(2012–13)

ここで少し話を脱線すると、戦時中アメリカ人兵士が本国から取り寄せたサーフボードで波乗りを楽しんだのが、南ベトナムの海岸リゾート地ダナンにあった通称チャイナビーチだ。正式にはノンヌォックビーチと呼ばれる浜辺で、アメリカ兵はサーフィンを楽しんだ。二〇一七年にはカリフォルニア州オーシャンシティにあるカリフォルニア・サーフミュージアムで、当時を回顧する展示『チャイナビーチ』が催された。展示の様子は今でもミュージアムウェブサイトで閲覧できる（<surfmuseum.org/archive-exhibit/china-beach-surfers-the-vietnam-war-and-the-healing-power-of-wave-riding/>）。ちなみに、同年マイク・コットンとデイヴ・バーンズ制作によるドキュメンタリー映画『バック・トゥ・チャイナビーチ』もリリースされている。

その波乗りを意識して、イギリスの社会派パンクバンドのザ・クラッシュ（一九七六―八六）が一九八〇年にリリースした四枚目のアルバム『サンディニスタ！』に収録された一曲が「チャーリーは波乗りをしない」。一九八〇年代には社会的なメッセージを含む曲が人気を失うなか、東南アジアでの欧米覇権主義を批判的に歌った。そして、レが二〇〇五年にバンクーバー現代アジア芸術国際センターで企画したエキシビションのタイトルも、『チャーリーは波乗りをしない』。ザ・クラッシュの曲を意識していたことは間違いない。隠喩に次ぐ隠喩で作品の幅を広げ、さまざまなメッセージを編み出していくのがレの手法だ。

作品映像に話を戻せば、「ラブ・バン！」では大きな角を頭に付けて登場する男性ダンサーがいる。カンボジアの芸術家クゥワイ・サムナン（一九八二―）だ。戦後生まれのサムナンは、二〇一五年東京六本木の小山登美夫ギャラリーで個展『Enjoy My Sand』を開いた国際派で、欧米でも知られた存在。パフォーマーとしてのみならず、映像やインスタレーション作品も手がける。「ラブ・バン！」で使用する髪で編まれた角は、サムナンのシンボルマークの装飾で、他の作品でも使用されている。人間一人ひとりがもつ「可能性」や「共同体」が抱える問題、さらに「環境」に強い関心を寄せながら制作に取り組むサムナンは、ベトナム戦争やその後に続く東越戦争、さらに中越戦争といった侵略戦争に起因するポスト植民地的《コロニアル》な世界観をレと分かち合う(9)（"Artist Statement" par. 2）。

事実、「ラブ・バン！」制作にあたりレが意図したのは、太平洋横断的なヒップホップやクイアな表現だけではない。作品ではベトナム戦争に起因する歴史の記憶と、それによるトラウマがつねに意識されている。

> この作品を撮るにあたり意識したのは、歴史と戦争のトラウマについて語ること、つまり、東南アジアの戦争のことだ。そこにはベトナム戦争も含まれる。また、リチャード・ニクソンが行なった「秘密の戦争」のことでもある。カンボジアとラオスもその対象だった。ニクソンはカンボジア全土とラオスの一部を爆撃した。これを「秘密の戦争」と呼ぶ。なぜならアメリカでは当時、戦争は不人気だった。人々は戦争に反対していた。［中略］だから、爆撃は秘密だった。ラオスのジャール平原を空爆したのは、共産主義の拡大を懸念していたからだ。こうした歴史や戦争のことを表現したかった。同時に現在の状況にも結びつけたかった。とくに異なる民族の間で起きている新たな現象に。（Personal Interview 3 Jul. 2019）

戦争末期、ベトナムからアメリカ軍の撤退を急いだニクソン政権が、ベトナムの隣国ラオス、カンボジアの山岳地帯を経由する北ベトナム軍の侵入経路、いわゆるホーチミンルートを遮断するために、北ベトナムの主要軍事施設のみならず、ラオス、カンボジアの一部も空爆したことは、今では知られた事実である。当時、アメリカはこの作戦を秘密裏に進め、南北ベトナムに、南ベトナム臨時革命政府を加えたパリ和平協定にこぎ着けた。ただし、この和平を望んでいたのは一日も早いベトナムからの撤退を望むアメリカだけで、南北統一を悲願とする北ベトナムはもちろんのこと、アメリカの撤退がいずれ起きるであろう北による南の侵略、さらには統一を意味することをすでに憂慮していた南ベトナム政府にとっても最悪の選択だった(10)。

レがこの「ラブ・バン！」で、カンボジアとベトナムの関係にこだわる理由は、サイゴンが陥落しベトナムが社会主義国として統一された後の政治状況に起因する。すなわち、レが脱越するきっかけになった東越戦争のことだ。ベトナム統一から二年を経た一九七八年四月、ポル・ポト派率いるカンボジア軍はベトナム領内に侵攻すると、多くのベトナム人を虐殺した。そして翌一九七八年一月には、カンボジアによる軍事攻撃が激しさを増し、四月には再度ベトナムの民間人が大量に殺された。その後、五月になるとカンボジア内部でポル・ポトへの反乱が勃発《ぼっぱつ》。政権側による大規模な粛正《しゅくせい》がそれに続くと、ベトナム領内に多くのカンボジア人が難民として流入した。この状況を受けてベトナムは、一九七九年一月にプノンペンへ侵攻。ポル・ポト派を追い詰めるとカンボジアに駐留し続けた。つまり、ベトナムはポル・ポト派による民族浄化を阻止することを口実に、アメリカとの戦争終結から五年も経ずして、東南アジアにおける覇権を目論んだのだ。

この点について、レは次のように語る。

だから、ポル・ポト後のカンボジアでは、ベトナムは侵略者と見なされた。［中略］カンボジアでは、約二万人が殺される大虐殺があった。それで一九七九年、ベトナム軍がポル・ポト派を阻止するためにカンボジアに入った。ただ、ベトナムは長居しすぎた。ベトナムが次々と土地や領土を奪っていくことを、人々は恐れた。それ以外にもいろいろあった。だから、今でもベトナムとカンボジアの間には民族的な緊張があるし、争いも続く。たとえば、フン・センが勝った二〇一八年の選挙でも、反ベトナム人感情は強かった。国境が近いから、今でも多くのベトナム人がカンボジア国内に住んでいる。ヘイトクライムも少なくない。(Personal Interview 3 Jul. 2019)

こうした歴史的背景を意識すれば、「ラブ・バン!」におけるレとカンボジア人スタッフの共同作業がもつ意味は、自ずと明らかだ。一方で、これまで論じてきた太平洋横断的な「ヒップポップ」の表象については、より多くの視聴者を得るための「戦略」だとレは打ち明ける。作品冒頭で踊るトランスジェンダー三人がもつ銃がプラスチック製なのも、そうした仕掛けのひとつだという。この作品がもつ歴史的含意を考慮すれば、本物の銃を用いる方法もあったのではという筆者の問いに、レは次のように答えた。

確かに本物の銃を使うこともできた。でも、プラスチックというのが大切なんだ。KポップとかVポップ[ベトナムのポップカルチャー]は、ソフトパワーとして機能する。本物の政治や本物の戦争の根底にあるのはいつだってソフトパワーとしての文化だ。[中略]だからソフトな戦略には関心があるし、ソフトパワーという意味ではおもちゃの鉄砲の方が効果的だ。本物の戦争を模倣しながら、現実の暴力に働きかけていくのがその目的だ。(Personal Interview 3 Jul. 2019)

これも先に触れたアダプテーションのひとつということか。本物をポップに模倣《アダプト》することで、より多くの視聴者の関心を引きつける。シリアからの難民増加が国際社会で大きな問題になっていることに気を配りつつ、自らの芸術の大衆性についてレは語る。

歴史的に見れば、難民の数は今だかつてないレベルに膨れ上がっている。だからこそ、より多くの人たちに作品を見てもらいたい。芸術や研究に興味がある人たちだけではなく、音楽ビデオを見るような若い人たちにも見て欲しい。おもちゃの鉄砲に惹きつけられる若者なら、きっと別のことにも興味をもつだろう。僕にはすごく意味のあることだ。だから、意図的に音楽ビデオというメディアを使ってきたし、曲にはそういった意味が込められている。僕自身何よりも、アジア圏のポップミュージックに興味がある。(Personal Interview 3 Jul. 2019)

芸術性と大衆性の両立は、レに限らず、またベトナム系芸術家に限らず、現代芸術家なら誰もが直面する課題だ。レの努力にもかかわらず、ユーチューブでの「ラブ・バン!」視聴回数は五千回程度であり、コメント数はわずかに二件(二〇二〇年五月一七日現在)。ベトナムやカンボジアの若者からの支持は皆無だ。この点も踏まえてであろうか。《ラブ・バン！》シリーズの第二作「エクリプス」は、むしろアバンギャルドな側面を強くアピールする、よりプロフェッショナルな作風を特徴とする。

## 二　見えない太陽の不気味さ――「エクリプス」

「ラブ・バン！」がポップなアプローチでより多くの視聴者を得ようと目論んだ作品だったのに対し、シリーズ第二作の「エクリプス」は、映像的にも音楽的にもアバンギャルドな表現を基調とするよりクイアな作品だ。ベトナム戦争終結四〇年を記念して、ベトナムの首都ハノイで撮影したという「エクリプス」のテーマは、「精神的、および性的な危機」だとレは説明する。前作に比べ「性的な表現」が多いのは、そのためだという（Personal Interview 3 Jul. 2019）【図6】。

「ラブ・バン！」同様「エクリプス」でも目を引くのは、トランスジェンダーの存在だ。そのなかの一人チャン・フォン・タオは、ベトナムでは有名なトランスジェンダーの活動家だ。ベトナム中央部の小さな町に六人兄弟の末っ子として生まれたフォンは、少年時代から性のあり方に悩んでいた。ハノイの大学に進学すると、同じような悩みを抱える仲間に出会い、その後数年を経て性転換に至った。このフォンの生き方を描いたドキュメンタリー映画『フォンを見つけて』が、制作・公開されたのは二〇一五年のこと。フォンとフランス人映画監督スワン・デビュース（一九七七―）により共同制作された作品は、フランスのジャン・ルーシュ国際映画祭でグランプリを受賞するなど注目を集めた。そのフォンを中心人物の一人として収めるのが「エクリプス」だ。

【図6】ヴェト・レ「エクリプス」(2016)

フォン以外にも、「エクリプス」にはハノイ在住の芸術家が制作に加わった。まず、レとともに作品の撮影・指揮を務めるのは、アメリカ人写真家ジェイミー・マックストン＝グラハムだ。彼が初めてベトナムを訪れたのは一九九〇年のこと。ティアナ・アレキサンドラの呼称で知られるベトナム系アメリカ人女優ティ・タイン・ガー（一九五六―）が自己プロデュースするドキュメンタリー映画『ハリウッドからハノイへ』（一九九二）の撮影に協力するためだった[11]。

また、作品のプロデュースを担当すると同時に、自ら印象的な踊りを披露するのは、グエン・ズイ・タインというベトナム人ダンサーだ。ヒップホップの出身で、金属製のマウスピースを付けて登場する。マウスピースはレのお気に入りの演出のひとつで、「ラブ・バン！」でも同様の装飾を付けたトランスジェンダーが出演していた。シリーズ第三作の「ハートブレーク！」でも、作品冒頭で男性三人がマウスピースを付けて登場。それぞれカンボジア語、フランス語、ベトナム語で「わたしは難民です」と告げる（ちなみに三人目のベトナム難民はレによるカメオ出演）。

「自由という概念」とは対照的な「拘束されること、あるいは隷属状態《れいぞく》」にも強い関心をもつレ。彼がこのマウスピースによる演出を考案した背景には、中世ヨーロッパでおしゃべりな女たちを黙らせるために使われた「お仕置き用のくつわ」（"scold's bridle"）と呼ばれる拘束器具と、アフリカで捕らえた奴隷に強制的に食事を取らせるために使用した拷問器具の存在がある。(12) 言葉を奪われ、食べることを強要されるのは、人間としての尊厳を失うことに等しい。作品は「支配することと言葉を奪うこと」や「公然と行なわれる暴力」に対する、レの批判姿勢を示すものだ（"Memoirs of A Superfan" par. 11）。

一方、「エクリプス」では、レは自らに重要な役柄《キャラクター》を与えている。それは植木鉢がいくつも置かれたタイル張りのテラスで、全裸のまま地面を這《は》うように悶《もだ》えるクイアな役回りだ。その後に続く室内場面で、レにそっくりな姿で登場するのは、戦後ハノイ生まれの前衛芸術家グエン・フォン・リン（一九八五―）。レの作品に女性が登場するのは珍しいが、グエンが演じるのはレの双子役の男性だ（3:39）。つまり、リンはトランスジェンダー的にレの生き写し、いわゆるダブルを演じる。この点について、レはこう述べる。

どちらの役も僕自身だ。どちらも同じ幽霊だ。ひとつの人格の異なる側面をそれぞれが表わしている。／実はすでに閉鎖され、もう使われていないゲストハウスが［ハノイの］ドイツ大使館の近くにある。まるでお化け屋敷みたいなものだ。映像担当のジェイミー・マックストン＝グラハムが、それを撮影に使おうと言い出した。この二人は異なる性格を表わしてはいるけれ

ど、その場所で彷徨《さまよ》い続ける幽霊だ。（Personal Interview 3 Jul. 2019）

難民として日常では意識していないトラウマが甦ってくる瞬間を、幽霊のように彷徨うもう一人の自分を通して表現しようというのが、グエンを起用するレの目論みだ。彼女の女性性《フェミニニティ》がレのクイアな一面を鏡のように映し出す[13]。

そして、「エクリプス」で使われるのは、より前衛的かつ民族的な音楽。地元音楽家ゴク・ダイの作詞・作曲による。ダイ・ラム・リンという三人組の前衛バンドで活動していたダイは、ベトナム戦争に従軍した元北軍兵士でもある。バンドは二〇〇九年にフランス文化センターの援助を得てデビューアルバムを完成させるが、性的含意が強い歌詞とあまりに前衛的なサウンドが、すぐさまベトナム政府の検閲対象になった。レはこのバンドの存在を、アメリカの民族音楽研究者バーリー・ノートン（一九七一―）制作のドキュメンタリー映画『ハノイ・エクリプス』（二〇一〇）で知り、バンドの中心メンバーだったダイに曲の使用を依頼した[14]（Message to the author 4 Sep. 2019）。その歌詞の一部が作品後半、字幕で流れる。

……離れてはいけない／僕はすべてを放棄する／すべてを忘れる／太陽を忘れる／名前を忘れる／年齢を忘れる／歩んできた道を忘れる（Lê, "Eclipse" 5:20–30）

「欲望と忘却」が歌詞ならびに作品の中心テーマだというレが表現しようとするのは、恋人同士のクイアな関係と、祖国を失いもはやそれを取り戻すことができない難民の精神的危機だ。作品が公開された二〇一六年のアメリカ大統領選の最中に収録されたインタビューで、後に第四五代大統領になるドナルド・トランプ（一九四六—）の台頭を意識して、レはこう語っている。

この作品に描かれる欲望と忘却は、僕らを取り巻く今の状況と関係がある。「アメリカを再び偉大にする」というおなじみの政治的スローガンが意味するのは、僕らはエデンの楽園を失った、もう戻るすべはないということ。忘却とは、歴史が記憶から失われていく証拠でもあるし、その兆候でもある。（"Memoirs of A Superfan" par. 6）

また、この歌詞ならびに作品全体は、仏教的な解脱《げだつ》の精神にも相通じる。くり返し歌われる「忘却」には、自我を捨て去ることで煩悩《ぼんのう》から解放され、真の自由を得ることが含意される。よって忘却と解脱、もしくは喪失と自由、あるいは解放という一見相反する人間の境地が同時に示される。作品に表われるクイアなアイデンティティとは、その過渡的な段階、「中間的」な状況にあたる。

この作品で伝えたかったのは、変化のなかの持続ということ。すべてが変わってしまうわけではない。円を描きながら、持続的に動く。でも、どこにも行き着かない。［中略］過去、現在、未来の間に存在する、見えるか見えないかわからない煉獄《れんごく》のような状況を表わしたかった。（Personal Interview 3 Jul. 2019）

この不安定な状況は、レのような帰越者が抱く両義的な感覚を示す隠喩でもある。レにとってベトナムへ帰るのは、幽霊が住み慣れた家に戻るのと似た感覚であり、その意味において物語の帰結を示すものではない。むしろ戻るたびに気づくのは、本来あるべき場所が示す微妙な変化であり、そこに戻る自分自身の変化である。

難民が繰り返しトラウマの生じた原風景に戻るとしよう。それは家に取り憑《つ》く幽霊と同じだ。幽霊が現われるのは、何かが未解決だからだ。戦争のせいかもしれないし、生き別れた恋人がいるか、もしくは失恋のせいかもしれない。だから幽霊は取り憑く。でも、幽霊が戻ってくるのは、何かを作り出すためではない。むしろ倫理的な理由から幽霊は現われる。だから何度も戻ってくる。トラウマの原風景へと。そして、そのたびに何かが変化する。(Personal Interview 3 Jul. 2019)

脱越者として祖国を離れ難民社会で暮らすベトナム系にとって、帰越することで何かが解決することはない。一九八六年の共産党大会で唱えられたドイモイ政策と呼ばれるベトナムの経済自由化と市場開放、さらには一九九五年の米越国交正常化によって、反共産主義というスローガンが決定的な脱越理由になり得なくなった今、帰越が容易になる一方で、難民はかつての祖国で何とも言いがたい不可思議な気持ちをかき立てられるようだ。これをレはジークムンド・フロイド(一八五六

―一九三九）がいう「不気味なもの」に喩《たと》える。ベトナムとは「よく知っているはずなのに、何となく落ち着かない」場所であり、「気分が安らぐようでいて、不安を感じる」場所だという（Personal Interview 3 Jul. 2019）。昇っているはずの太陽が見えないという「不気味な」状況は、すべての難民に共有される感覚なのだ。

## 三　スキゾな「キャンプ」――「ハートブレーク！」

すでに述べたように、まだ幼かったレが母とともにボート難民として脱越した際、まず辿り着いたのがタイの難民キャンプだった。およそ半年暮らしたというキャンプでの生活をレはほとんど憶えていないというが、シリーズ第三作の「ハートブレーク！」制作の根底にあるのは、キャンプの存在だ。(15) その映像イメージから、この作品のテーマがクイアなセクシュアリティの表象であることは間違いないが、バンコクのクラブシーンはレにとって難民キャンプの隠喩でもあり、同時にいわゆる「キャンプ」の表象にも通じる【口絵2】。

「キャンプ」とは演劇的な批評用語で、伝統的価値観を打破するようなケバケバしさや、模倣を伴う美的表現のこと。同性愛や性倒錯を中心テーマにする。批評家スーザン・ソンタグ（一九三三―二〇〇四）の「キャンプについてのノート」（一九六六）で広まった概念で、一九六〇年代から一九七〇年代にかけて一世を風靡《ふうび》した。LGBTQに注目が集まる現在、その概念に対する批評的評価が再度高まっている。(16)「ハートブレーク！」では、幼かったレが、タイでの難民生活を余儀なくされた場所、すなわち難民「キャンプ」と、自らのクイアなセクシュアリティにおける「キャンプ」な表象が折り重なる。また、作品には東南アジア難民だけではなく東ヨーロッパ難民も登場することから、難民問題が世界的な規模で広がっていることへの懸念が制作背景にある[17]。

映像では、ナイトクラブで「キャンプ」な衣装とマウスピースを身に付けた二人の男が、機械的な振り付けのダンスを繰り返す。自発的な動作には見えず、その様子はあたかも強制されているかのようだ。ここに描かれるのは、難民キャンプという人為的な空間に閉じ込められた囚われの生活。戦争を逃れ自由になりつつも、真の自由を手にしたわけではないキャンプ暮らしの難民は、自由と拘束の中間地帯にいる。クイアな表象に含まれるのは、難民という存在が占める曖昧な立場であり、さらに言えば、資本主義というイデオロギーにより同一化され均一化された社会における、一見自由なようでいて拘束された市民生活なのかもしれない[18]。

市民生活についてもそうだ。自分はアメリカに身分保障されてはいるけれど、帰属する国があっても、良い市民であるためには、あるいは市民として受け入れられるためには、しなければならないことがたくさんある。〔中略〕〔ベトナム系の研究者〕ミミ・ティ・グエンは、『自由という贈り物』〔二〇一二〕という著作でこう指摘する。アメリカやフランスといった帝国は、難民に自由を与える代償に、血の忠誠を要求してきたと。(Personal Interview 3 Jul. 2019)

作品後半で、バンコク芸術文化センター内にある螺旋《らせん》階段に場面が移る。このシーンに、レは字幕で「ダンテの煉獄」というサブタイトルを付けた。「キャンプ」とは煉獄にほかならないというメッセージだ。「ハートブレーク！」において、レはダイ・ラム・リンの曲「いばらの心を織る」を使う。強く鳴り響く低音と、それとは対照的な甲高い金切り声が印象的なこの曲が表わすのは、煉獄を生きる難民が経験するスキゾな精神状況。すなわち、統合的な自己意識を失った難民のクイアな内面だ。

曲自体のテーマは変身だ。でも、いずれは蝶《ちょう》に孵化《ふか》するサナギのことではなく、繭《まゆ》のことを歌っている。タイトルの「いばらの心を織る」とは、とげを作ること、実は帰還することを指す。歌詞には「ひとつの季節よりも長い一日がある」という一節がある。ここが一番感動的な部分で、何度でも聴きたくなる。帰りたくても帰れない、戻りたくても戻れないという煉獄の世界を表わす曲だ。難民や移民の心は、この中間地帯を永遠に彷徨う。だから心は分裂したまま。スキゾな状況を示す。（Personal Interview 3 Jul. 2019）

地政学的な帰還が決して精神的な帰還を意味しないというジレンマが、ベトナム系難民のスキゾな精神状態を特徴づける。レのように実際に難民生活を経験したベトナム系の人々にとって、戻りたいという気持ちは根強い。また、レが刊行準備中の研究書のタイトル『帰還する約束』が示すように、戻ることはある種の「約束」、もしくは「義務」に近い(19)。ただし、実際にベトナムに戻って知るのは、現在のベトナムは彼らがあとにしたベトナムではないということ。結果として彼らは、この過去と現在の間には、もはや回収することのできない大きな亀裂が存在することを理解する。この亀裂が難民の心を切り裂く。彼らにとっての帰還、すなわち英語でいう「リターン」（"return"）は、単純に今来た同じ道を折り返し戻る動作ではなく、別のターンを切る作業、つまりは「リ＝ターン」（"re-turn"）であり、その先に見えるのはこれまで見たことがなかった別の世界である。

この初めて見る別の世界を描き、そこに辿り着くプロセスを作品として表わすのが、ベトナム系難民芸術家の役割ならば、それが所与の社会が求める世界観や歴史と異なるのは、むしろ当然のことだろう。この異なる世界を示すためにレが用いるのが、アジア的なヒップポップであり、クイアなセクシュアリティだ。

作品のテーマのほとんどは、セックスとトラウマだ。戦争とトラウマについて考える機会はあるけれど、セックスやジェンダーについて考えることはあまりない。だから、わざと意図的にクイアな歴史を表現しようと努めている。難民について考える際に、トランスジェンダーや同性愛といったクイアなテーマが連想されることは滅多にない。クイアな歴史を通じて伝えたいのは、トラウマや同化の物語はひとつではないということ。物語の数は山ほどある。（Personal Interview 3 Jul. 2019）

つまりクイアなのは、セクシュアリティのあり方だけではなく、それを通じて表現する過去であり、その過去を通じて難民が語る歴史の一つひとつなのである。

南カリフォルニア大学ではレの指導教授だったウェンが小説『シンパサイザー』で示したように、

難民の歴史は所与の歴史とは異なる。それをレは、クイアな「物語り」として表現する。ただ、その際レにとって重要なのは、性的にクイアであることだけではない。同性愛婚に見られるように、LGBTQを中心にする社会運動を通じて現在進むのは、これまで既存の社会から疎外されてきた人々やライフスタイルが、次々と制度として体制内に取り込まれる現象であり、そうした人々やライフスタイルの標準化だ。その意味では異性愛者であろうと同性愛者であろうと、社会的な成功モデルがあることに変わりはない。また、そのモデルを達成しようとする限りは、社会的な目的や成功の道を歩むことが人生の目標になる。

自らが描き演じるクイアなセクシュアリティを通じてレが試みるのは、この目的ありきの「大きなナラティブ」に疑問を呈することにほかならない。

僕の作品はどれもクイアだ。僕自身クイアだ。でも、異性愛者が描く典型的な成功物語《サクセスストーリー》は、今や同性愛者にも当てはまる。同性愛婚の次に来るのは、家を買って、車を買って、子どもを養子にすること。そうすれば成功を収めたことになる。幸せな生活を送っていることになる。移民だろうと難民だろうと、理想的な市民になる。そこには目的ありきの要求や期待がある。だからこそ、僕はその時間軸や成功物語に向けて疑問の声を上げたい。クイアな空間やクイアな役柄を通じて、これを突破したい。国家の論理についても同じだ。良い市民を育てること。でも、もし自分がそうでなかったらどうなるだろう。難民はそもそも良い市民ではない。[「エクリプス」でレ自身が演じる役柄のように]地面に這いつくばって泥を舐《な》めるのが、難民という

存在だ。（Personal Interview 3 Jul. 2019）

## 四　帰越の倫理

一九九五年の米越国交正常化以降、各国に離散したベトナム系難民がベトナムに一時帰国するケースは、確実に増加している。アメリカから年間五〇万人程度、近年は六〇万人を超える旅行者がベトナムへ渡る[20]。その内訳は不明だが、相当数のベトナム系難民が旧祖国へ帰還していると推測される。そこにはアメリカ生まれの二世も含まれる。戦争による直接的なトラウマをもたない彼らのなかには、ビジネスチャンスを求めてベトナムに戻ることもあるようだ（cf. Ito）。

一方で、生々しい戦争の記憶をもつ一世はもちろんのこと、レのような比較的若い一・五世代にも、戦争トラウマを克服できずにいる難民がいる。また、ドイモイ政策によって経済開放を進める現在のベトナムではあるが、言論や表現の自由はいまだに厳しく制限されており、芸術家にとっての帰越はそう容易《たやす》いものではない。現在ベトナムに拠点を置くベトナム系難民芸術家は、映像芸術家のディン・Q・レ、映画監督のバオ・グエン、フランス生まれのインスタレーション芸術家サンドリン・ロケ（一九七五―）らごく少数である。ヴェト・レのように、ベトナムや他の東南アジア諸国を頻繁に行き来しながら活動を続ける芸術家の数も限られている。芸術家にとって自由な活動が妨げられる環境にあえて身を置く理由は乏しい。実際、インスタレーション芸術家ティファニー・チュン（一九六九―）は、二〇〇〇年にホーチミンシティに拠点を移した後、再度アメリカへ戻って活動を継続している。そこには表現上の理由が働いているようだ。

では、芸術家として帰越するとは、どのような意味をもつのだろうか。難民芸術家として、最も献身的にベトナムに働きかけながら活動しているディン・Q・レについて少し触れよう。彼の作品については次章で詳しく論じるが、ヴェト・レ同様にディン・Q・レも東越戦争をきっかけに脱越した南ベトナム出身者だ。アメリカで芸術家として基盤を整え始めた一九九〇年代、周囲の反対をよそに活動拠点をベトナムに移した。

当時から、そして今でも、政府の検閲によりベトナムでの作品展示を一切禁じられているディン・Q・レだが、彼にとって帰越はベトナム人としてのアイデンティティを確認するためになくてはならないことだったという（cf. Dinh Q. Lê, "The Pilgrimage of Inspiration" par. 2）。レの右腕として働いたオーストラリア人キュレーターのゾーイ・バットによれば、レは帰越を「これまで下した中でも最善の決断だったと確信している」という（バット「ディン・Q・レを位置づける」一二二）。加えて、ホーチミンシティを拠点にしたレは、二〇〇七年にサン・アートというスタジオを開設すると、国外から著名な芸術家や歴史家、批評家らを招聘《しょうへい》し、国際舞台から取り残されていたベトナム人芸術家の育成にあたった。一度は脱越したレにとって、ベトナムとのつながりを回復し、そこに住む人々、とくに将来ある若手芸術家と関わることが、何よりも大切だったのだろう。そこから祖国との新たなつながりを築き、これを未来に導いていくことがレの生き方であり、彼の芸術の根底を流れる思いに違いない[21]。

同様の感覚はヴェト・レにも共有されるのではなかろうか。レが《ラブ・バン！》三部作で、ベトナムだけではなく、カンボジア、タイと自身の過去、およびベトナムとの関係が密接な国々を選んで、現地芸術家やパフォーマーと共同制作にあたるのも、単に戦争の過去を振り返るためだけではない。彼らと新たな関わりを築き、そこから未来へ向けてより意味のある関係構築を目指しているからだろう。その意味では、レの活動は太平洋横断的に新しい難民共同体を創出することでもある。住み慣れたリトルサイゴンを離れ、あえて東南アジアの国々で作品を制作する意味はここにある。そして、そこから生まれる作品では、所与の歴史のなかでこれまで見逃されてきたクイアな「物語り」に新たな光が注がれる。これが太平洋横断的に活動を展開する難民芸術家が求める、帰越することの倫理にほかならない。

# 第四章
## ホーチミンシティから世界へ
## ――ディン・Q・レ、サン・アート、二一世紀の世界地図

第三章で論じたヴェト・レの活動に見られるように、戦争直後の一九八〇年代とは異なり、ベトナム系難民が帰越することは今や難しいことではない。また、その頻度《ひんど》や回数も確実に増えている。目的も別れた家族との再会や観光だけではなく、新しいビジネスチャンスの発掘など多岐にわたる。実際、若い起業家にとって、ホーチミンシティを中心とするベトナム経済は魅力的なマーケットだろう。市の中央部を歩いてみれば、有名ブランド店や高級ホテルが建ち並ぶ。道行く車の数はまだ少ない。モペットと呼ばれるバイクが市民の移動手段だが、二〇二一年の開設を目指した地下鉄の敷設も進行中である。中国の経済躍進の例もあることから、社会主義国家経済への偏見はもはやないだろうが、現地に行けばその勢いに圧倒されること請け合いだ。

こうした絶え間ない経済発展の一方で、いまだに滞っているのが表現の自由や言論の解放である。

関連するのは教育であり文化・芸術だ。とりわけ芸術への規制は強く、教育・文化・情報の各政府部局が検閲を含むさまざまな手段を用いて、行きすぎた表現を取り締まる。海外に離散したベトナム系作家・芸術家からは真剣に帰越を望む声もあるが、国際的な評価をすでに確立し、作品発表の場を国外にもたなければ、難しい決断を迫られることになる。よって、第三章で論じたように、実際に帰越して芸術活動を続ける難民芸術家の数はごく少数だ。本章では、そのなかで最も精力的かつ献身的にベトナムで活動を続ける映像芸術家ディン・Q・レを取り上げ、ベトナムへの帰還が彼の芸術活動においてどのような意味や効果を与えてきたかを論じる。

## 一　ベトナムへの帰還

ディン・Q・レといえば、今や世界的に活躍するアジア系芸術家として知られた存在だ。『プロジェクト93』と題する展示をニューヨーク近代美術館で催したのは二〇一〇年のこと。ベトナムの民間人が二〇〇〇年代初頭に造ったヘリコプターを館内に持ち込み、農村を取材したビデオを三チャンネルから成る巨大スクリーンに映し出す作品《農民とヘリコプター》（二〇〇六）が、人々の目を引きつけた。今日、多くの映像作品で知られるレではあるが、意外にもこれが最初のビデオ作品だった。また、二〇一五年には東京の森美術館で、大規模個展『明日への記憶』が開かれた。カリフォルニア州立大学サンタバーバラ校在学時の習作《ベトナム戦争のポスター》から新作ビデオ《人生は演じること》（二〇一五）まで、彼の半生を彩る作品を一気に公開する展示は、世界的な成功を収めたレのアジアへの凱旋《がいせん》を印象づけた。

そのレがアメリカの難民社会を飛び出し現在拠点とするのが、旧南ベトナムの首都サイゴン、現ホーチミンシティだ。「序」でも触れたが、南ベトナムでもカンボジアに近い海の町ハーティエン出身のレと彼の家族が、ポル・ポト派による軍事侵攻を逃れて脱越したのは一九七八年のこと。当時まだ一〇歳だったレは、アメリカで教育を受け、一九九〇年代初頭にはプロの芸術家として本格的な活動をスタートした。一方、まだ帰越者の少なかったこの時期に、レは脱越以来初めてとなる里帰りを一九九三年に果たしている。二〇一五年、アメリカの美術評論家モイラ・ロスに宛てた電子メールで、レはそのときの様子を振り返っている。

一九九三年、私は奨学金を得て［中略］ベトナムへ向かいました。ベトナム戦争で北ベトナム政府のために働いた、ベトナム人フォトジャーナリストによる戦争写真を探すのが目的でした（ロス　一三三）

その後、アメリカとベトナムの間を数年にわたり行き来したレは、ついにホーチミンシティに本拠を移す決断に至る。一九九七年のことだ。当時のレは、新進気鋭の芸術家としてアメリカ国内で積極的に活動を展開。そのため、レの決断は周囲に驚きと半ば失望をもって迎えられた。というのも、ベトナムへの帰還はアメリカでの活動基盤を失いかねないばかりか、当時、そして現在も変わらないベトナムの言論規制が、芸術家としてのレの活動を葬り去ってしまうのではないかと危惧されたのだ。ロスに宛てた別の電子メールでレ自らが言うように、その頃までには「アメリカの暮らしがすっかり身についた」状況だった（一三四）。

それでもレは帰越した。ベトナムには「どこか深いところで引き寄せられるものがあった」というレは、それを「人生で最良の決断だった」と後に明かす。そして、ベトナムはホーチミンシティに自宅兼スタジオを構えた。それは若くして祖国を捨てざるを得なかった脱越芸術家レにとって、どうしても必要な自分探しのプロセスだったに違いない。その時のことを、「ベトナム人としての自分がもつ記憶や人生のバックグラウンドを見極めるため」だったと、レは述べている（Dinh Q. Lê, "The Pilgrimage of Inspiration" par. 2）。一〇歳で脱越し、その後はアメリカで育ったレにとって、祖国の記憶はほとんどなかった。ゆえに彼が悩んだのは、自分のどこまでが生来《せいらい》のベトナム人で、どこからがアメリカでの難民生活でつくられた人格なのかということ。また、どこまでが彼自身が本当に憶えているベトナムの生活や文化で、どこからがハリウッド映画をはじめとするアメリカのメディアによって刷り込まれたイメージなのかということ。こうした問題を解決するためにも、ベトナムへの帰還はレにとって必然だった。

ともあれ、一九九七年にアメリカの難民社会をあとにしたレは、再度太平洋を横断。旧南ベトナムの首都で創作活動に励む一方、今ではすっかり有名になった彼のコレクションを成す古美術品やベトナム戦争時の絵画、それにポストカードの収集を始めた[1]（ロス 一三四）。ベトナム国内では政府機関による厳しい検閲の下、作品公開の機会には恵まれないレだが、環境の変化に加え、古物商でのカードや写真収集が、彼の創作に良い効果をもたらした。二〇〇〇年以降、収集したカードや写真を利用し、次々と新しい作品を制作・発表したレは、一気に世界へ羽ばたくことになる[2]。

その一例が、ベトナムに戻った翌年の一九九八年に制作された《モット・コイ・ディー・ヴェー》（一九九八）だ。ベトナムの古物商で買い集めた一五〇〇枚もの古い写真やポストカードをキルト状に糸で紡ぎ合わせた、実に開放的な作品だ。写真とポストカードは戦禍を逃れて、あるいは戦後社会主義政権による圧政を逃れて脱越した人々がやむなく手放したもので、レはそれらの裏面に自らテクストを書き込みながら作品として仕上げた。そのテクストとは、ベトナム女性の悲恋と悲劇を詠った古典『キエウ伝』や、ベトナム系難民とのインタビューをアメリカの人類学者ジェームス・フリーマン（一九三六―）が編纂した『悲しみの心』（一九八九）、それに戦時中アメリカ兵が母国に残る家族に向けて書き送った手紙から拾ったメッセージだ（cf. "Couc Trao Do Giua/Of Memory and History" 9）。作品のタイトルは、レが聴いていたベトナムの大衆歌から取ったもので、「故郷への帰り道を探すために、残りの人生を生きる」という意味をもつ。

レが古い写真やポストカードを作品制作に利用した例は、ほかにもある。二〇一一年オーストラリアでの個展に向けた作品《抹消》（二〇一一）では、座礁《ざしょう》し海岸に打ち上げられた実物大の難破船の周囲を、大量の写真やポストカードで埋め尽くすという大技を演じている。作品を見る者は好きな写真を拾い上げ、コンピュータでスキャンする。そこから生まれる電子アーカイブが、新たなコミュニティをつくるという算段だ。

そもそもレが多くの写真やポストカードを買い集めた理由は、彼の家族が脱越時にベトナムに残した写真を見つけることができるのではないかという淡い期待からだった（cf. "Cuoc Trao" 9）。その思いは叶わなかったようだが、時に重さにして四キロ、五キロと大量の写真やポストカードを買い集めたレは、それを作品制作に利用した（cf. "Mot Coi Di Ve"）。
完成した《モット・コイ・ディー・ヴェー》は、二〇〇〇年春アメリカのクレアモントにあるポモナ大学美術館で開かれた個展『ディン・Q・レ――真の旅は戻ること』（二〇〇〇）で一回のみ展示された。個展が終わり、カリフォルニアにあるレの作品倉庫に移された後、なぜか跡形もなく消失した。二〇〇五年、ニューヨークでの個展『ミレニアムにはベトナムへ――ディン・Q・レの作品世界』（二〇〇五）の出展準備に取りかかっていたレは、初めて紛失の事実に気づく。慌ててベトナムのアトリエに戻り、《モット・コイ・ディー・ヴェーⅡ》（二〇〇五）の制作に取りかかると、わずか数週間でこれを完成させた（cf. Roth, "The Obdurate History of *Mot Coi Di Ve*" 31–32）。なんともいわく付きの作品ではあるが、《モット・コイ・ディー・ヴェー》がレ躍進のきっかけになったこと、またこの作品の制作には彼の帰越が大きく影響していることは事実だ。二〇〇〇年代初頭、数々の個展をアメリカで開いたレは、一流芸術家の仲間入りを果たす。

## 二　ホーチミンシティと世界を結ぶ

ホーチミンシティに拠点を定めてレが取り組んだ仕事は、自らの作品制作だけではなかった。第三章でも触れたが、帰越にあたりレが心していたもうひとつの目的は、当時世界からすっかり取り残されていたベトナム人芸術家の育成だった。

一九九〇年代から二〇〇〇年代初頭にかけて、ベトナムの芸術家を取り囲む環境はきわめて深刻で、政府による厳しい検閲は、ベトナムの芸術を一種の鎖国状態にしていた。現代芸術《コンテンポラリーアート》に興味をもつ芸術家がいなかったわけではない。しかし、技術のある芸術家は、誰しもが生活のために政府保護の下、産業支援のプロパガンダ作品をつくることに従事していた。ホーチミンシティでは政府機関の市芸術協会が、地元芸術家を支援すると同時に作品制作を検閲下に置き、とても前衛的な芸術を試すような状況にはなかった。

そこでレが目論んだのは、非営利のスタジオを運営すること。アメリカでの活動から次第に世界を舞台に活動範囲を広げていたレは、自らの立場を最大限に利用し、若手を中心とする地元芸術家に現代芸術の価値と制作技術を伝える仕組みをつくろうと画策した。そして、レが目を向けたのは、ロックフェラー財団とフルブライト・プログラムだった。どちらも名だたるアメリカの文化支援団体であり、世界展開もすでに実践している組織だ。レはこうした組織の資金援助を得て、まずは図書館を運営し、ベトナム国外の情報を地元芸術家に提供しようと試みた。これにロックフェラー財団が快く応じ、三万五〇〇〇ドルの資金提供を申し出た。ただ、これにはひとつ問題があった。ロックフェラー財団の資金を受け取るには、ベトナム国内に非営利の受け取り機関を用意しなければならなかった。そこでベトナム政府に受領機関の新設を働きかけたレだったが、政府はこれを承認しなかった。その理由は、外国からの不適切な情報が、ベトナム国民を腐敗させる危険があるから。やむなくレは、すでにベトナムに事務所を構えるフルブライト・プログラムに助けを求めた。しかし、これも政府により承認されず、結局ロックフェラー財団の資金提供は実現しないままに終わる。

計画が振り出しに戻ったところで、レは今や第二の故郷ともいえるアメリカ西海岸へ戻ると資金集めを再開。これに以前からレの作品展示や販売に協力してきた、サンタモニカのショシャーナ・

ウェイン・ギャラリーをはじめとする芸術仲間が応じた。彼らは、レが設立を模索していた非営利団体をつくるために協力する。こうして当時ロサンゼルス現代美術館のディレクターだったジェレミー・ストリックやニューヨーク・アジア協会のメリッサ・チュー、それにキュレーターとして世界的に活躍するキャサリン・ドゥ・ゼハーらが参加し、非営利団体ベトナム芸術基金がロサンゼルスに設立された。二〇〇五年のことだ。

当初から不適切な情報の流入を懸念し、レの要請に非協力的だったベトナム政府も、ベトナム芸術基金の活動には文句をつけることができなかった。というのも、組織はアメリカを拠点とし、資金はアメリカで集められる。そして、この資金を運営しつつ、アメリカをはじめとする西側諸国で活躍する芸術家、歴史家、キュレーターら美術関係者をベトナムに派遣して現地の若手芸術家育成にあたるプログラムを展開するのが、ベトナム芸術基金の活動だった(cf. Personal Interview. 25 Dec. 2015)。

こうしてレの着想で始まったベトナムの若手芸術家育成プログラムは一年余り継続した後、二〇〇七年ホーチミンシティ中心部にサン・アートというアートスタジオを設立することで結実する。サン・アートの「サン」とは、ベトナム語で「プラットフォーム」、すなわち基盤を意味する。地元芸術家に活動基盤を提供しようというレの思いが込められた名前だ。ただし、サン・アートの開設は、ベトナム政府が検閲の手を緩めたということでは決してなかった。一九九〇年代を通じて帰越者たちは、「軽蔑《けいべつ》と羨望《せんぼう》」の眼差しの下に「裏切り」者と見なされてきたと、レは語る("The Pilgrimage" par. 3)。つまりは「外国人」扱いだったのだ(3)。

二一世紀に入り、帰越者を見る目は劇的に変化し、政府も科学技術に関する知識や実績をもつ越僑、すなわちヴェトキューの帰還を奨励するが、難民芸術家の帰越に消極的な態度であることに変わりはない。今日でも「ベトナム政府は、レたち関係者がベトナムの若者を欧米思想で堕落させようとしている」と見なしていると、レは訴える（par. 12）。事実、レがベトナム国内で作品展示の機会を得たことは、これまで一度たりともない。また、地元芸術家の展覧会も、政府の検閲対象であることに変わりない。その一例として、二〇一一年にサン・アートで催されたベトナム人画家グエン・タイ・トゥアン（一九六五―）の個展『不在という充実』について述べたい。

かつてグエン王朝の都として栄えたベトナム中部都市フエの芸術学校で学んだグエンは、ベルギーの画家ルネ・マグリッド（一八九八―一九六七）を彷彿とさせるシュルレアリスム的な画風を特徴とする個性派だ。学校で習うプロパガンダ芸術には辟易《へきえき》としていたようで、政治権力に対する人間存在のあり方に興味をもって制作に取り組んできたという（cf. "Nguyen Thai Tuan"）。一九九〇年代にベトナム国内で頭角を現わすと、二〇〇七年にシドニーのグループ展で海外デビュー。そして、二〇〇九年にはサン・アートで初の個展を開くに至る。同年には上海、香港でも出展。国内外で注目を集める存在になった。

そのグエンの転機となったのは、二〇一一年サン・アートで開かれた二度目の個展『不在という充実』。当時この個展を運営したゾーイ・バットによれば、グエンの目的は社会主義によるベトナム統一が実現した一九七五年以前とそれ以後の国の姿を、対照的に描き示すこと。しかし、その試みはベトナム文化・スポーツ・観光省の目にとまり、一九七五年以前もしくはそれ以降のどちらかを描く作品のみを展示するという条件で、個展の開催は許可された。つまりグエンの作品の半分は、検閲対象になった。そこでこの規制をすり抜けようとグエンとサン・アートが行なったのは、作品の半分をギャラリーに展示し、残りの半分を「倉庫」に保管すること。ただし、ギャラリーに隣接する倉庫に来場者が迷い込むことを妨げなかった。当局はすぐにこの戦略を見抜き、サン・アートに罰金を科すと、個展情報をホームページから削除するよう命じた。ベトナム政府が体制批判に通じる可能性がある言論や芸術表現をいかに嫌い、検閲を課しているかを示す出来事だった(cf. Butt, "Red Tape and Digital Talismans")。バットによれば、現在サン・アートのホームページ・サーバーはアメリカに移動しており、当時の展示作品を含め個展の様子をウェブ上("Fullness of Absence")で見ることができる(cf. Butt, Message to the author)。

こうした困難を経ながらも、サン・アートはその後もホーチミンシティでスタジオ運営を継続する。二〇一二年から二〇一五年にかけては、海外から著名講師を招聘し、短期間のうちに将来ある若手に現代芸術のエッセンスを教え込むプログラム「サン・アート・ラボラトリー」を提供。また、二〇一八年には市中心部に新しいギャラリースペースを開き、海外芸術家と地元芸術家の交流をより一層促進する。レの試みは、厳しい検閲下で閉ざされてきたベトナムの芸術現場をゆっくりと、しかし確実に世界へ向けて広げていく。

## 三　ホーチミンシティから世界へ

レ自身の活動に話を戻そう。ベトナムに帰還し、より積極的に作品制作に取り組むレは、二〇〇〇年代に入る頃にはニューヨーク、西海岸を中心に個展を開くようになる。すでに一九九〇年代を通じ、アメリカ国内では多くのグループ展に出展していたレだが、個展開催の回数は限られたものだった。また、ベトナムとアメリカの間を行き来した一九九三年から一九九七年の間は、そうした余裕もなかったのか一度も個展を開いていない。それがホーチミンシティに居を構えた途端、一九九八年以降は世界的な芸術家に相応《ふさわ》しい活動を展開する。主要な個展開催だけでも、二〇〇〇年からの一〇年間で二七回に上る。そこには二〇一〇年のニューヨーク近代美術館での『プロジェクト93』も含まれる。

作品にも恵まれた。「序」で紹介した《ロシアンルーレット》に見られる複合芸術を特徴とする作品を次々と編み出していった。この「編み出す」という表現は実に適切で、レはこの技術を「フォト・ウィービング」と呼ぶ。サンタバーバラでの学生時代に考案したというこの手法は、幼い頃に叔母から学んだベトナム伝統のゴザ編みをヒントにしたものだという。大学生の時には「アイデンティティの問題でもがいていた」レは、「アメリカに住むベトナム人として私はどこにいるのだろう」という疑問から、「ふたつの世界」の存在とその「組み合わせ」に興味を抱いた。そこから思いついたのが「フォト・ウィービング」という制作技術で、「アイデンティティと文化の編み合わせについて、またそれらがいかに編み合わされているのかについて、何らかの作品を作ろう」と思案した結果だったという。

とにかく「編む」という言葉が頭から離れなくて、文字通りふたつの世界を編み込むことから

始めたのです。（レ「ディン・Q・レへのインタビュー」三〇）

「ふたつの世界を編み込む」とは、ベトナム系の置かれた状況を端的に表わす言葉だ。興味深いのは「フォト・ウィービング」を用いた一連の作品で、レがハリウッド映画のスティル画像を「編み込む」ことに固執している点だ。この点について、東京での個展開催を担当したキュレーター荒木夏実とのインタビューで、レは次のように述べている。

ハリウッド映画に描かれるのは、ベトナムにおけるアメリカ人の姿ばかりです。ベトナム人も登場しますが、ほとんど小道具みたいなもので、私たちはジャングルに潜む影であり、言葉を発しない売春婦や農民なのです。私たちはリアルな人物であった試しがありません。そこで、ハリウッド映画から画面を選び、バラバラにして、それらの映画がとりこぼしているように思えたイメージを、私の編み合わせの技術を使って掛け合わせていきました。（三〇）

しかしながら、こうやって編み出されるレの作品においても、戦時中のベトナム人の姿や、彼らの生き様を示す物語が直接描かれるわけではない。その意味では、レは何も物語らないし、レの作品に「物語り」の主体たる難民は不在だ。それでも「フォト・ウィービング」によって、わたしたち作品を見る者が絶え間なく思い起こすのは、映画では抹消されてしまったベトナム人の存在であり、今日まで決して語られることのなかった彼らの物語が、誰かの記憶のなかにいまだ残っているかもしれないという可能性である。一見きらびやかなレの作品が表わすのは、そうした戦争の残像、もしくは影そのものだ。ヴィエト・タン・ウェンが論じるように、レの目的は、「アメリカ人だけではなく、アジア系アメリカ人の記憶から失われてしまったベトナム戦争の死者や行方不明者の存在を救い出す」ことにある（Viet Thanh Nguyen, "Speak of the Dead, Speak of Viet Nam" 23）。「フォト・ウィービング」の手法で制作された作品には、《消えない記憶》、《ベトナムからハリウッドまで》といったレの主要作品が含まれる。これらの作品によって彼は世界に名だたる芸術家として、その地位を確固たるものにした。

そのレがアジアへの凱旋を果たしたのが、二〇一五年。森美術館で開いた個展『明日への記憶』だ。本章冒頭で触れたように、そこでは彼の半生を彩る作品が一気に公開され、日本の美術愛好家だけではなく海外からの旅行者も多く集客した。ベトナムでの作品展示がほぼ不可能なことを考慮に入れれば、レにとって東京での個展は事実上の地元開催に等しい。そして、この個展のためにレが新たに制作したのが、ビデオ作品《人生は演じること》だった。

これまでレの作品といえば、必ずや「ベトナム戦争」がテーマだったが、この作品では中浦洋一という日本人バーテンダーを被写体とする。このバーテンダーの日常を追いつつ、日本社会では日頃あまり取り上げられることのない第二次世界大戦やベトナム戦争への情動を浮かび上がらせようというのがレの目的だ。その内容は、キュレーターの荒木が「人々の反感を買うのでは」と当初不安にならざるを得なかったもの（Qin par. 6）。というのも、作品ではあたかもコスプレのごとくさまざまな軍服に着替える中浦が映し出されるばかりでなく、独特な戦争史観が語られるからである

【口絵4】。作品後半、バーテンダー姿の中浦は言う。「日本が負けたからベトナムは勝てたと思う。それは戦争っていうものを正しく理解してたから勝てた」(レ『明日への記憶』一一九)。

この企画は、かねてから靖国神社がもつ政治的意味合いに興味をもち、神社を訪れる軍服姿の人々の存在に関心をもっていたレの発案で始まった。そして、繰り返し靖国を訪れるなか二〇一四年の終戦記念日、軍服姿の人々が多く集まる神社でレは中浦と出会った。そのときの中浦の様子を、レはこう語る。

旧日本軍の軍服を身につけながらも、どこかシャイで、少し上の空であるように見えました。自分が何をしているのか確信できていないような。そこに興味を持ち、会話が始まったわけです。(「ディン・Q・レへのインタビュー」三三一)

そこでわかったことは、中浦が富士山麓《さんろく》でアメリカ軍や南ベトナム軍、あるいはベトコン兵の軍服に身を包み、歴史的戦闘を再現するイベントクラブで活動するメンバーの一人だということ。これに興味をもったレは、早速クラブに活動の撮影許可を求めたがこれは叶わず、代わりに単独でビデオ作品に出演することを承諾した中浦の姿を、カメラに収めることにした。これが東京で初公開された《人生は演じること》である。

作品は三部構成で、北ベトナム軍の軍服を着た中浦が、富士山麓と思われるフィールドで戦闘シーンを模倣するのが第一部。中浦のアパートに移った次の場面では、アメリカ軍と旧日本軍の軍服に着替えた中浦が、カメラの前でポーズを取る。そして、最後の場面は勤め先のバーでベトナムの軍服を着た中浦が、日本語に訳されたベトナムの流行歌をカラオケで熱唱する。『明日への記憶』ではビデオ上映に加え、中浦が作品内で着ていた軍服も展示された(4)。

中浦の姿はレに、改めてベトナム戦争の意味を考える機会を与えたようだ。とくにレが関心をもったのは、一連のプロセスを通じて中浦が繰り返すある種の「構造」のこと。「中浦さんは走り、語り、そして理解しようとする。でも、最後はバーに戻って、カラオケでベトナムの曲を歌う」(Personal Interview. 25 Dec. 2015)。

普段はバーのマネージャーをしている四〇歳の中浦さんは、軍服を着ることや戦闘を再演することに魅了されています。そして、第二次世界大戦における日本の役割や、日本兵の気持ちを理解するためのひとつの方法として、ベトナム戦争や他のさまざまな戦争を再演するわけです。日本に辿り着くために。とても興味深いことですが、気持ちは理解できる気もします。全く異なるやり方ではありますが、ベトナムに辿り着くために、私も自分の作品を通してとても長い旅をしてきました。ベトナム戦争を多角的に再解釈する作品を制作してきた私にとって、戦争が終わって四〇年経ったいま、日本のある場所でベトナム戦争が独自に解釈されていることは、とても魅力的でした。(「ディン・Q・レへのインタビュー」三二)

振り返って見れば、ベトナム戦争を必ずやトピックにするとはいえ、レは作品制作において、それを自らの手で直接描き物語ることは、一度たりともしなかった。サンタバーバラ時代の習作《ベトナム戦争のポスター》にしろ、世界をあっと言わせた「フォト・ウィービング」の作品にしろ、借りてきた画像・映像を独自の解釈で編集し、再表現することに徹してきたのがレである。つまり、レの作品は模倣と再表現を特徴とし、内容のオリジナル性よりも提示の仕方、すなわち再表現のユニークさで勝負してきた。(5)

ところが《人生は演じること》では、題材そのものがユニークであり、その提示の仕方はむしろ一般的だ。被写体である中浦が模倣と再表現に徹している。しかも、その対象は日本が経験した戦争にとどまらず、ベトナム戦争にまでおよぶのだから、作品には多くの含意があるだろう。ちなみに、《人生は演じること》は日本の終戦から七〇年目、ベトナム戦争終結からは四〇年の節目にあたる年に公開された。中浦が語る戦争解釈にはさまざまな意見もあろうが、《人生は演じること》が描く日本におけるベトナム戦争の姿は、ベトナムの過去がより多様な形で人々の心に影響を与えてきた可能性を示唆する。ただし、荒木が論じるように、「心をざわつかせるような政治的問題に近づきながらも、レは何かを批評したり持論を主張したりするそぶりを見せない」。

「浮かび上がってくることがらを提示」するだけである。他者の言葉を載せたフィクションを通して、ある時と場所に漂う問題を可視化する試みは、批評以上に強いインパクトをもつ。(荒木 一二一—一二三)

自ら語らぬことで歴史を語る。見せることの奥義を通じ、レは人々の視線をそこには描かれていない難民の歴史物語へと導こうとする。

## 四　二一世紀の世界地図

日本人バーテンダーを主人公にした《人生は演じること》の制作を契機に、レはベトナムからさらに先の世界を見据えた芸術表現を模索しているようだ。『明日への記憶』を取材したエイミ・キンが指摘するように、今やレはベトナムを飛び出し、日本からさらに南太平洋上の島々にまで視線を向ける。その目的は「別の争い」を表現すること。「天然資源と領土の奪い合い」がそのテーマだ(Qin par. 17)。二〇一六年イギリス、バーミンガムのイコン・ギャラリーで初公開されたビデオ作品《コロニー》では、ペルー沖に浮かぶチンチャ諸島を舞台に、そこで働く労働者の姿から島の過去と現在が交錯する(6)【口絵5】。

実はこれらの島々は、かつて南太平洋上の重要な戦略拠点だった。一九世紀半ばにヨーロッパ列強の一角を占めていたスペインが、旧植民地のペルーと覇権を争った場所でもある。原因は、海鳥の群れが落とす糞《ふん》や死骸の化石から生じるグアノと呼ばれる天然資源。その主成分たるニトロゲンは、肥料や火薬の生産には欠かせないものだった。主な産地は南米やオセアニアで、とりわけ雨が少ないチンチャ諸島では、含有されるニトロゲンが洗い流されることなく、良質のグアノが大量に採取できた。当時、農作物の収穫を効率的に増やす肥料を求める声が、アメリカをはじめヨーロッパ諸国で高まっていたことから、資源獲得競争が激化。ペルー政府はチンチャ諸島をはじめとするグアノの産地を国家管理とし、その輸出に積極的に取り組んだ。多い時期にはチンチャ諸島の資源が、国家収入の六〇％を占めていたという（cf. Tucker 1431）。

この重要な天然資源の獲得に加えてさまざまな思惑も絡んだ。その結果、チンチャ諸島を舞台にスペインとペルーの間で戦争が勃発。チンチャ諸島戦争と呼ばれる。一八六四年から二年余り続いたこの戦争では、ペルーが築いた南アメリカ諸国連合を相手に、大国スペインが屈した。豊かな天然資源をもつ島々を巡る戦争は、旧植民地側の勝利に終わったのだ。

アメリカもかつては、グアノという希少な天然資源を巡る争いに参加した。南北戦争以前の連邦議会が、一八五六年に制定したグアノ島法による。この連邦法は、いかなる国の主権もおよばない島にグアノが資源としてある場合、合衆国がその島の領有を主張できるというもの。当時、農業用肥料として注目を集めていたグアノの需給が逼迫《ひっぱく》。投機対象にもなりつつあったことから、これを緩和する目的で議会が取った措置《そち》である。この法に則《のっと》りカリブ海や太平洋上の島々に、グアノを求めるアメリカの起業家らが次々と繰り出すことになった。その後、過剰な資源採取の影響もあり、一九世紀末までにグアノは枯渇《こかつ》。化学肥料の開発が進み普及したことから、島々への関心は薄れた。かつては二〇〇もの島の主権をグアノ島法の下に主張したアメリカだったが、現在ではわずか九島が残るのみだ[7]（cf. Johnston）。

一方で、一九世紀から二〇世紀にかけての帝国主義の時代、グアノという天然資源の獲得が、西欧列強の領土拡張の口実に使われていたことは否定しがたい。その証拠に、グアノ島法の下にアメリカが主権を求めた島々で、実際に採取が行なわれた島は一割にも満たなかった（cf. Uekötter 8）。

また、チンチャ諸島戦争は、旧宗主国スペインが旧植民地ペルーに仕掛けた南太平洋を舞台にする覇権争いにほかならない。レはそこにベトナム戦争の影を見ていた。さらに、レがチンチャ諸島に目を向けたのは、そこで強制労働を強いられた、当時クーリー(苦力)と呼ばれた中国人を中心とする移民労働者の存在があったからだ。

ペルーにおけるグアノ採取は、暗黒の歴史の一部だ。黒人奴隷を用いて始まったグアノ採取は、一九世紀半ばには太平洋上の島々や中国から誘拐してきた労働者により継続された。一八五五年までに、ペルーの首都西部に位置する港町カヤオに連れてこられた中国系移民労働者は一〇万人を超えるとされるが、チンチャ諸島ではおよそ一万人が採取現場で強制労働にあてられた。手作業でグアノを収集する労働環境は酷く、鳥糞の埃《ほこり》を吸い込むことから、健康被害に苦しむ労働者が多かった。また、厳しいノルマを課せられたあげくに、自殺する者も後を絶たなかったという(cf. Freeman 140–41; Uekötter 5)。

その後、資源の枯渇や化学肥料の開発・普及によりグアノへの関心は失われ、島々から労働者の姿は消えた。しかし、今世紀に入り化学肥料の値段が高騰《こうとう》するとともにオーガニック食材への関心が高まるなか、この伝統的な天然肥料の材料に再び注目が集まっている。そして、再度グアノにビジネスチャンスを見るペルー政府の管理下で、チンチャ諸島ではかつてのごとく労働者が手作業で働く。持続的な資源採取に取り組む政府指導の下、鳥の生息環境に影響がないように、動力源をもつ機材の使用は禁じられているからだ。よって労働環境はかつてと変わらず、健康被害も予想される(cf. Romero)。

そのチンチャ諸島を舞台にする《コロニー》では、ドローンに搭載された三つのカメラが、それぞれ異なる視点から島の営みを映し出す。まずひとつ目のカメラは、いわゆる「バードアイ」として空飛ぶ鳥のように島を見下ろす。二番目のカメラは、かつて中国人労働者が居住していたという建物の内部を、幽霊のごとく彷徨い探索する。「過去が取り憑いている」と、レが語る今や廃墟と化した建物を映すこの映像には、中国人労働者をイメージした影がアニメ動画として投影される。島の暗い歴史を甦らせようとするレの目論みだ。そして、現在の島の状況を伝える最後の映像では、そこで働く労働者が主役。つるはしとシャベルを使って掘り出した鳥糞を袋に詰める作業はかつてと何ら変わりなく、まるで「過去へと送りかえされたかのような印象」を見る者に与える（Dinh Q. Lê, "The Colony" 10:25–11:34）。

作品の展示にあたっては、会場に設置された巨大なスクリーンにチンチャ諸島の映像が投影される。また、床には小型モニターが設置され、南シナ海を舞台にするふたつの異なる映像が流される。ひとつは同海域で操業するベトナム漁船に体当たりする中国船の映像。かねてより南シナ海は、中国と同海域に接し国土が広がるベトナムやフィリピンの間で領海を巡る緊張が生じていたが、二〇一四年に中国船舶がベトナム漁船と衝突し、沈没させるという事故が起きた。レが用いるのは、その時の映像だ。そして、ふたつ目のモニターには、同時期に南シナ海で人口島を建設する中国の動きを空から監視したアメリカ空軍が撮った映像が使われた。そこには領海権のみならず領空権も主張する中国当局と、国際法を盾にそれを否定するアメリカ軍の無線を通じた駆け引きが収録される。これらの映像はレのオリジナルではなく、いずれも「ネット上」から拾ったものだ（Lê, "The

Toll of Human Desire" 26)。

この一見何ら関連性がない異なる映像の組み合わせは意図的だ。より顕著で目立つのは、チンチャ諸島を舞台にするグアノ採取の現場を映すオリジナル映像だが、作品の作り手であるレのバックグラウンドを考慮すれば、むしろ注目すべきは二一世紀に入り南シナ海を舞台に起きている、新たな大国主義のぶつかり合いを映すコピー映像なのかもしれない。事実、作品のこけら落としとなったバーミンガムでの展示・上映にあたり、レは「このビデオを見る人は一九世紀へ戻って、そこから現在の中国の行動には先例があったことに気づいて欲しい」と述べている(27)。その意味では《人生は演じること》と同様に、《コロニー》はベトナムを描いていないのではなく、より広い視点からベトナムを映し出そうとするレの新たな試みと見なすべきだろう。ただし、英『ガーディアン』紙のエイドリアン・サールは、ふたつの異なる物語を合成するレの試みは「決して成功とはいえず」、より一層「焦点を絞るべき」だったと批判する(Searle pars. 10,13)。それでもレが言うように、どちらも「権力争い」の物語であることに違いはない("The Toll of Human Desire" 25)。そして、グアノを巡る一九世紀の覇権主義と、ベトナム漁船沈没に象徴される南シナ海の大国間のぶつかり合いは、むしろ互いを映す鏡像として有効に作用する。

一方で、この作品を見る者として気になるのが、現在のベトナムとアメリカ、そして中国とのもつれた関係だ。かつてベトナム戦争時には、南ベトナムの同盟国であるアメリカに対し、中国は北ベトナムを支援。明らかに米中は対立関係にあった。しかし、ニクソンがアメリカ軍のベトナム撤退を視野に南北和平を模索した戦争末期には、この対立の構図が崩れ、密かに関係を強化する米中と、それぞれ孤立する南北ベトナムという状況に変化していった。それというのも米ソ冷戦の時代、同じ共産主義国家として北ベトナムを支援しながらも、中国とソビエト連邦は敵対関係にあり、冷戦構造という単純なイデオロギー対立では大国間の関係は説明できなくなっていた。中国にすればアメリカとの関係改善で、対ソビエト政策を有利に進められるという思惑があったのだろう。また、アメリカにしてもベトナムから円滑に撤退するためには、北ベトナムの軍事力を低下させることがより重要であり、北を支援する中国から譲歩を引き出す必要があった。このような米中の思惑から、戦争当事国である南北ベトナムは、次第に取り残されていった。

それから四〇年ほどの歳月が流れ、社会主義国として国際社会に復帰したベトナム。アメリカとの関係修復も進み、経済成長が著《いちじる》しい。こうした状況において再度起きているのが、長いベトナム史のなかで、たびたびベトナムに侵攻してきた中国による領海侵犯の問題である。かつて南北統一を目指した北ベトナムは、中ソ支援の下にアメリカと同盟を結ぶ南ベトナムを相手に戦争を続けたが、今や中国の覇権から領海を守るために、アメリカに頼らざるを得ない状況になっている。換言すれば、同じ共産主義国家でありながら、中国がかつてソ連と対立しアメリカと手を握ったように、現在ベトナムは中国と対立しアメリカと手を握る。この複雑な「権力争い」をどのように理解すべきなのか。「植民地《コロニー》」と題されたレの作品は問いかける。ベトナム戦争とは無関連な映像から成る《コロニー》ではあるが、それを見るものが意識せざるを得ないのは、やはり過去の戦争のことだ。そして、権力と権力がぶつかり合う一方で、人々は不当に搾取《さくしゅ》され、時に生命の危険にすらさらされる。ペルーの小島で撮影されたレの作品は、そこには描かれていない戦争と難民の姿を無言で物語る。

ところで、南シナ海での中国と近隣諸国の覇権争いを視野に入れるベトナムの芸術家は、レだけではない。世界地図上の国家間の線引きに疑問を抱き、二〇一三年から継続的に作品《タイム・ブーメラン》の制作に取り組むのは、ホーチミンシティを拠点に活動するウダム・チャン・グエン（一九七一—）だ。ベトナム中部高原地帯に位置するコンツム出身のグエンは、アメリカへの留学経験をもつ国際派でもある。いわゆる難民芸術家ではないが、一〇年にもおよぶアメリカ生活を通じて培った新感覚のインスタレーション芸術は欧米でも評価され、日本で作品を公開したこともある。(8)

そのグエンが二〇一九年アメリカでも最大規模のベトナム系コミュニティ、リトルサイゴンを擁するカリフォルニア州オレンジ郡で、大規模なインスタレーション作品《タイムブーメラン（カリフォルニア版）——南シナ海から次の死の星へ》を公開した。すでに述べたように、この作品は二〇一三年からグエンが制作に取り組む作品で、世界中の海に自らの指を象《かたど》ったブロンズ製のフィギュアを沈めるという初期計画を立て、すでにその一部をスウェーデンやオーストラリアで敢行している。今回オレンジカウンティ美術館で行なわれた展示は、作品が第二段階に入ったことを示すもので、これまでの経過を数台のモニターを使ってビデオ上映したのに加え、数多く作られた石膏《せっこう》の世界地図や、ブロンズ製の手、そこから切り落とされた指などが、広い会場のあちこちに展示された。

グエンによれば、この地球規模の作品の出発点には、南シナ海で人口島を建設し、覇権を強める近年の中国の不穏な動きがあったという。架空の島を造り領土や領海を拡大する大国の姿勢から、「所有する」ことに「恣意的《しい》」な意図を感じたグエンは、子どもの頃に「手の指を大きく広げて物差しのように使った」経験を思い出したという。そこから、あたかも世界すべてを所有するがごとく五つの大陸に隣接する海に、自らの指を象ったフィギュアを一本一本沈めるという、壮大でいて実に陳腐な作品制作が始まった（"Orange County Museum of Art" par. 8）。カリフォルニアでの作品展示にあたっては、一般展示に先立ち美術関係者や招待客が集い、グエンがあらかじめ用意した石膏の世界地図が次々と破壊され、国家主義により線引かれた世界地図の正当性に疑問が付された。壊された地図はそのまま会場に残されると、一般開催では展示品の一部になった(9)。

このように独特の視点から世界地図を読み直し、そこで見つけた世界の姿を大胆な形で表現するグエン。二〇一四年に来日した際のインタビューでは、次のようにベトナムについて語っている。

いちどベトナムを離れたことで、新鮮な目でベトナムを見ることができました。ベトナムは急速な経済発展と引き換えに、その代償を払ってきたと言えます。たとえば最近、グローバル企業が汚染物質を海に流したニュースがありました。このような変化はふだん生活をするなかで目には見えません。魚が死んだり、人が癌《がん》にかかりやすくなったりすることが明るみに出て、初めて可視化されるものです。

来たことがある方はわかると思いますが、ホーチミンの道路はマスクをつけてバイクに乗る人たちであふれています。彼らのマスクがカラフルで視覚的に面白いという見方もできるのですが、その背後には排気ガスによる〝大気汚染〟などの社会問題が潜んでいる。最近は紫外線が強いため、〝謎めいた騎士〟のように全身を覆ったバイク乗りが、街中を走っているんです。（「アクティビストではなくアーティストとして」pars. 6, 7）

ベトナムで生まれ育ちながらもアメリカで生活し芸術を学んだことが、こうしたユニークな視点をグエンにもたらしたのだろう。第三章で取り上げたヴェト・レにしろ、本章でここまで論じてきたディン・Q・レにしろ、相異なるふたつの世界を移動することで独自の芸術的視点を育んできたことは間違いない。移民や難民でなくとも、移動する視点をもつ機会と、それによって得られた経験を研ぎ澄まされた感性でありのままに表現する勇気をもつことが、現代芸術に貢献するひとつの条件なのかもしれない。ベトナムから難民としてアメリカへ渡り、さらにヴェトキューとして帰越し活躍するディン・Q・レと、ベトナム人としてアメリカに留学し、帰郷して芸術活動を続けるウダム・チャン・グエンが、似たような問題意識の下に作品制作に取り組んでいることは興味深い。

一方、ベトナムへ行くことが戻ることではなく、故郷を離れることになる若い難民世代もいる。次章で扱う新進気鋭のグラフィックノベル作家GB・トランは、その一人だ。アメリカ生まれのトランにとって、そもそもベトナムとは旅せずには辿りつくことができない異国である。越境することが二世作家にインスピレーションを与えることに変わりはないものの、その意味は一・五世代芸術家が得るものとは異なる。次章では、トランが描くグラフィックノベル『ヴェトナメリカ』から、ベトナムへ赴くことで二世難民が再構築する家族の過去と、それにもとづく家族との有機的なつながりについて論じる。

# 第三部　グラフィックノベル

# 第五章　新たな絆、新たな地平、二世が描くベトナム系アメリカ
## ——GB・トラン『ヴェトナメリカ』

ここまで、ラン・カオ、ヴィエト・タン・ウェン、ヴェト・レ、さらにディン・Q・レと一・五世代に属す作家・芸術家を例に、ベトナム系アメリカ文化・文学の展開を論じてきた。振り返ってみれば、初期ベトナム系アメリカ文学の登場からすでに四半世紀。その間、若く活力のあるこの文化・文学には、新たな担い手が次々と登場してきた。なかでも二〇〇〇年代以降目を引くのが、難民二世の台頭だ。

その代表格は、すでに「序」で触れたエイミ・ファンだろう。ファンはリトルサイゴンで生きる若い難民の日常を描く短編集『会わぬ定めのわたしたち』（二〇〇五）で作家デビューを果たすと、米仏異なるふたつの国々へ脱越し異なる人生を歩んだ難民大家族に焦点を当てた『チェリー・トゥルンの再教育』で、より多角的かつ広角的な視点からベトナム系の生き方を表現した。また、絵画

の世界では二〇〇二年の個展『魂の絵』で活動を本格化させたトリン・マイが、大叔母が残した古い家族写真を起点に、失われつつある家族の歴史をキャンバスに描く。難民二世にとって、ベトナムとは決して実態を伴わない見えない祖国だが、むしろそうであるからこそ気づくベトナムの姿を感じているようだ。

ここに加わったのが、一九七六年サウスカロライナ生まれのグラフィックノベル作家GB・トランだ。数年の歳月をかけて仕上げたという『ヴェトナメリカ』は、全国ネットのABCニュースで取り上げられるなど、出版と同時に注目を集めた。その手法は、両親のホロコースト体験を描いたアート・スピーゲルマンの『マウス』を彷彿させるもので、二〇一一年『ライブラリー・ジャーナル・レビュー』誌が選ぶグラフィックノベル十傑に選ばれている（cf. Cornog and Raiteri）。本章ではポスト戦争世代のトランが描くベトナム系アメリカ文化における家族の歴史と、そこに見られるベトナム系コミュニティの新たな展開について論じる。

## 一　二世が創るベトナム系アメリカ

本論に入る前に、『ヴェトナメリカ』ならぬベトナム系アメリカの現状を改めて確認しておこう。一九八〇年の調査では二六万一〇〇〇人だったベトナム系アメリカ人口は、その後急速に増加し、一九九〇年には六一万四〇〇〇人、二〇〇〇年には一一二万二〇〇〇人、そして二〇一〇年には一五四万八〇〇〇人を数えるに至った。二〇〇〇年代に入り、人口増加は落ち着いてきてはいるものの、二〇一七年の調査では二一〇万人を超えるベトナム系住民がアメリカで暮らす（cf.

“Vietnamese Americans”)。これはアメリカの移民人口のおよそ三%に相当し、アジア系では中国系、インド系、フィリピン系に次ぐ第四の規模にあたる[1](cf. Alperin and Batalova; Zong and Batalova)。

その背景には、ベトナム戦争終結前後から脱越者が急増したことに加え、国連難民高等弁務官事務所(UNHCR)による合法出国計画が一九七九年に始まり、アメリカに親族がいるベトナム人にとって、移住が比較的容易になった点が挙げられる。また、一九八九年から五年にわたり続いた人道支援計画により、およそ七万人ともいわれるアメリカに身寄りをもつ政治犯の出国が許された。さらに、一九八九年には戦時中アメリカ兵がベトナム人女性との間にもうけた子どもたち、通称アメラジアンを中心とする戦争孤児を受け入れるアメラジアン計画が施行《しこう》され、孤児本人だけでなくその親族もアメリカへの移住を許可された。これにより二万三〇〇〇人の戦争孤児と六万七〇〇〇人の親族が入国したという[2](cf. Johnson par. 3)。アメリカが戦後積極的に受け入れた難民には、自らの半生を語る『望まれざる者』(二〇〇二)で文壇デビューを果たした作家キエン・グエン(一九六七―)も含まれる。グエンは合法出国計画の下、アメリカ人の父とベトナム人の母の間に生まれたアメラジアンとして、一九八五年にベトナムを出国した[3]。

一方で、増える難民の受け入れに疲弊した欧米アジア諸国は、一九八九年に包括行動計画を策定し、難民規制に乗り出した。これにより新たな脱越者の難民認定は打ち切られ、一九九六年にはすべての難民キャンプが閉鎖された。以降アメリカでは、国内に身寄りがある場合を除き、ベトナムからの移民・難民の受け入れを終了した。加えて、二〇〇〇年代初頭の対テロ戦争は、アメリカの移民・難民受け入れ政策そのものを厳格化した。また、二〇一七年に誕生したトランプ政権は、難民保護政策の大幅な見直しを打ち出し、これまで政治的保護の立場から控えてきた犯罪歴をもつベトナム難民の強制送還を開始した。[4]

このような状況にもかかわらず、現在も拡大を続けるのがベトナム系コミュニティだ。その様子は直近のデータにも示される。たとえば、二〇一〇年から二〇一七年までの人口増加率は、かつてに比べ鈍化したとはいえ八％を超える。今でも急拡大を続けるインド系（四六・六％）や中国系（三五・六％）に比べるとかなり見劣りする数字だが、若年層が比較的多いことや他のアジア系移民・難民と比べ帰化率が高いなどの特徴をもつことから、今後も持続的成長が見込まれる（cf. Zong and Batalova; 吉田）。また、難民当初は高かった貧困率も改善しつつあり、今やモデルマイノリティの一角を担う様相を示すのがベトナム系難民である。[5]

もっとも、難民社会には少なからず課題も残る。たとえば、青少年犯罪に関わるベトナム系アメリカ人が多いことも否定できない事実で、大きな社会問題と化している[6]（cf. Cramer）。また、難民当初に比べれば積極化しつつある政治参画にしても、二〇一六年の大統領選挙では全米平均投票率が六一・四％であったのに対し、ベトナム系では四六％と半数を下回る。この数字は中国系の四一％を上回り、韓国系と同等ではあるが、六〇％を超える日系やインド系、また五〇％のフィリピン系を下回る（cf. File, Ramakrishnan）。政治参画が閉ざされていた難民当初に比べれば、連邦レベルで活躍するベトナム系の政治家が現われるなど状況は好転しているものの、より一層の参画意識が必要であることは間違いない。[7]

こうした背景には、英語に堪能ではない難民の存在があると推察される。一世を中心に英語能力が十分ではないベトナム系住民は今も相当数おり、大手シンクタンクのピュー・リサーチ・センターの調査では、ベトナム系全体のほぼ半数が英語力に劣るという結果がある（cf. "Vietnamese in the U.S."）。結果として、吉田美津が述べるように、「アメリカ文化になじめない親とアメリカ的価値を吸収しつつある子ども」がひとつ屋根の下で暮らす状況が相も変わらず続く（吉田　二二四）。ベトナム系家族の結びつきは比較的強く、祖父母に加え叔父や叔母を含む伝統的な家族観を堅持するとは言われるものの（Bankston III pars. 58–61）、若い世代ではこうした意識が失われつつあるのが実情だ。

## 二　二世にとってのベトナムとその歴史

『ヴェトナメリカ』は、ベトナム系難民が置かれるこのような社会状況を背景に、トラン一家のより複雑な家庭環境を描く作品だ。GBの父チー・フーは、ベトナム生まれの難民一世。ベトナムの独立を目指すホー・チ・ミンに共鳴し、ベトナム独立同盟会（通称ベトミン）の一員として日本、フランスの植民地支配に抵抗した政治犯フー・ギエップを父に、母レ・ニとの間に二人目の子どもとして生まれた。しかし、ギエップはチーが幼い頃から政治活動を優先。家庭を顧みることもなく、やがて二人の子どもと妻をあとに行方をくらます。残されたレ・ニはとあるフランス人大佐と関係をもち、新たに男児を授かるも、大佐は当時、南ベトナムでたびたび起きていた反政府デモに巻き込まれ、命を落とす。

結果として子どもたちはレ・ニに育てられ、チーの姉はフランスへ留学。成人したチーはフランス語の教師として生計を立て、ベトナムでフランス人女性と結婚すると、リサとマニーの男女二児に恵まれる。しかし、政治犯の父をかくまっているとの嫌疑から軍事警察に拘束されるなど、やがて家庭生活は行き詰まり妻との関係は破綻《はたん》した。その後、赴任先の南ベトナム南部の港町ブンタウで、教え子のズン・チュン・チャンと、先妻との間に生まれた子どもたちを連れて再婚。娘ヴィに恵まれた。一九七五年、サイゴン陥落にあたっては、母レ・ニを伴い、間一髪脱越に成功。アメリカでの難民生活が始まった。『ヴェトナメリカ』では、当時まだ生まれていなかった主人公GBが、家族の脱越を振り返る。

父と母は、家族を守るためにベトナムから逃げた。そうしなければ、父はキャンプで強制労働に就き、母は働くのを拒んで貧困にあえぎ、兄と姉は物乞いになっていただろう。(GB Tran 96–97)

脱越の翌年、新たな生活を象徴するかのように、新天地アメリカでGBが生まれた。しかし、異なる出自と異なる価値観を抱える家族は、事あるごとに衝突を繰り返す。やがて過去の習慣に固執する両親と祖母はアリゾナで暮らし、アメリカ生活に順応した子どもたちは東へ西へと離散する。その間に横たわるのは「大きなジェネレーションギャップ」と、それに伴う文化の違いだった。その様子をGBはこう語る。

父も母も、アメリカで子どもたちを待ち受けている運命など、想像もつかなかったのだと思う。誰もが別々に成長し、あちこちに散っていった。一緒に暮らすのは、とてもじゃないけれど無理だった。(97)

難民家族が置かれる状況、あるいは環境はさまざまで、脱越にあたり夫婦や兄弟、あるいは親子が死に別れることもあれば、生き別れになることもあった。むしろ親子揃ってアメリカに来る家族の方が珍しく、その意味ではGBの家庭は恵まれていた。

ところで、難民はアメリカ入国当初、カリフォルニア州サンディエゴに近い海兵隊基地キャンプ・ペンドルトンに設けられた施設に収容された。そして、生活を助ける支援者が見つかるまでは、キャンプから出ることを許されなかった。多くの家族は難民キャンプで数ヶ月を過ごす間に、キリスト教慈善団体などの支援を得て、社会生活をスタートさせた。『ヴェトナメリカ』では、キャンプ生活の場面は割愛されているが、支援者が見つかりサウスカロライナへ移動するGB家族の希望に満ちた表情や当初の生活ぶりが、断片的に描かれている(8)(cf. 226–29)。

実のところ、アメリカ政府内には難民の受け入れについて慎重な意見が多かった。政府関係者が恐れたのは、難民のなかに共産主義者やテロリストが混じっている危険だった。というのも、多くの難民が監視もないまま自由に、さらに集団で生活することになれば、諜報活動などいかなることにも従事できる。そのため政府は、難民家族には必ず支援者をつけ、さらに難民が集団で暮らすことがないよう全米各地に分散させることを目論んだ。

もっとも生活が軌道にのれば、支援の手は打ち切られ、難民は次第に自由な生活を始める。当初は東海岸からフロリダ、テキサス、さらにミネソタなど中西部や西海岸へ広く離散させられた難民だったが、徐々に特定の地域に集中し、彼らならではの小コミュニティを形成した。そのなかでベトナム系がとくに好んで移住したのは、カリフォルニアとバージニアだった。カリフォルニアを選ぶ主たる理由は、祖国南ベトナムに似た温暖な気候からだった。また、当初収容されたキャンプ・ペンドルトンに近かったことも、心理的に安心感を与えたようだ。一方、長期にわたる戦争を経験した難民には、政府機関が集中する首都ワシントンDCに近いバージニアが、他のどの場所よりも安全だという半ば迷信めいた理由から、定住先として選んだ場合もあったらしい(9)。

話を戻せば、キャンプ生活を終え、サウスカロライナで新生活を始めたトラン家に生まれたのがGBだった。ただ、この奇妙な頭文字の名前は、両親が授けた名前ではない。GBとは本人が後につけた呼称で、「世代を超えて受け継がれる貴重な宝」というベトナム語「ザーバオ」("Gia-Bao")が彼の本名だ。学校の先生ですら正しく発音できないこの名前に不満を感じたGBが、名前を頭文字に省略、そして変更した(99)。必死の思いで脱越した両親が新天地アメリカで授かったGBは、文字どおり「世代を超えて受け継がれる貴重な宝」だったはずだ。それが生活の便宜上、あっさり何の意味もないアルファベット記号に置き換えられた。長い時間をかけて徐々にアメリカ社会に同化した日系、中国系ら先輩アジア系移民に比べ、ベトナム系難民は急速な同化を迫られた結果、概してより深刻なジェネレーションギャップの問題に直面する。

だから、GBが描く複雑な家庭環境もとくに珍しいものではない。世代による家族内の断絶は、ある種日常的とすらいえる。なかでもGB本人の姿を通じて表わされる難民二世の伝統文化への無関心な姿は、どの家庭でも見られること。そんな一例が、両親の最初のベトナム帰りに関するエピソードだ。母の強い勧めにもかかわらず、GBは残り少ない高校生活を犠牲にはできないと旅に同行しない。しかし、実際には家でテレビゲームに興じるだけで、学校や勉強に身が入る訳でもない(cf. 181, 203)。やがて両親はベトナムから帰国。父は高校の卒業祝いに『ベトナム戦争』という歴史書を贈るが、GBはその本を開くこともなく段ボール箱に放り込む。

両親の最初の帰越は一九九四年のこと。脱越からほぼ二〇年後のことだった。/〔中略〕/二人にとってのベトナムは、もはや物語や薄れゆく記憶のなかにしか存在しないと、両親が悟ったのはその時だった/アメリカ生まれの自分には、父と母のベトナムでの生活など想像もつかなかった。/習慣や共通の歴史は、一世代で失われた。(204–05)

GBがこうした態度を示すのには、理由がないわけでもない。高校時代を振り返り、「家族の過去については、何も知らなかった」とGBは言う。「基本的な事実すら教えようとしない家族の姿勢」は、「何事にも無関心で鈍感」だった自分の態度と同様に「責められてしかるべき」というのがGBの意見だ(98)。家族の過去すら共有できないときに、アメリカ生まれの二世にとってはもはや存在しない南ベトナムの歴史を理解することなど、ただあり得ないことだった。

そんなGBが、母方の祖母ティ・モットの葬式に出席するために、ベトナム行きを決意したのは二〇〇六年のこと。ニューヨークに引っ越し、新生活の準備を進めるGBが、古い段ボール箱に歴史書『ベトナム戦争』を見つけたのは偶然のことだった。その本に父が書き写した孔子の言葉「歴史なき人は根のない木である」という一節に心動かされ、ついにベトナムを訪れる決心をする。これが作品の最終ページにあたる（276–77）。『ヴェトナメリカ』とは、両親のベトナムでの生活や脱越経験、およびトラン一家のアメリカ生活を描く作品だが、その背景には難民二世の伝統文化への無関心な態度がある。この無関心な態度が変化していく様子を遡り描くのが、作品の目的だ。

興味深いのは、GBのベトナム行きのきっかけとなった孔子の言葉の出典だ。実は、作中トランはこの言葉の出処を明らかにしていない。一方、筆者自らが行なった文献調査では、孔子の言葉に同じものは確認できなかった。この点については、アジア系批評家キャロリン・キョン・ホンとキャサリン・H・グエンも、出典を突き止めることができなかったと報告している。ただし、ホンはジャマイカ生まれの民族主義者マーカス・ガーベイ（一八八七―一九四〇）とバルバドス生まれのアフリカ系歴史家チャールズ・サイファート（一八七一―一九四九）が、この引用の出典である可能性を示唆する。ちなみにガーベイは、「自らの歴史、起源、そして文化を知らない人々は、根のない木のようなものである」という言葉を残している。サイファートは、『黒人、もしくはエチオピア人による芸術への貢献』（一九三八）という著作で、「自らの歴史を知らない人種は根のない木のようなものである」と記す。そこでホンは、GBの父チーがいずれかの言葉を孔子のものとして誤引用したのを、トランが確かめることもなく引き継いだのではないかと推測する（Hong 17）。一方、グエンは似たような意味をもつベトナムのことわざを辿っているが、出典を突き止めるには至っていない（cf. Catherine H. Nguyen 216 n. 6）。

父チーはもちろんのことトラン自身が、この引用の信憑《しんぴょう》性についてどれほど意識的だったのか、あるいは気にも留めなかったのかは定かでない。ただ、ホンはこの誤引用が、「国境横断的、かつ羊皮紙《パリンプセスト》のごとく縦横無尽に変化変貌」するトラン作品の特徴を示すものと、むしろ好意的に受け止めている（Hong 17）。すでに繰り返し述べてきたことだが、ベトナム系難民の関心は、「実際に起きたことよりも、何をいかに思い出すのか」という点にある。過去の戦争や共産主義政権の圧政に苦しみ第三国へと離散したベトナム系難民にとって、歴史とは公文書で裏付けられた史実とイコールではない。過去は「物語り」として再構築されてしかるべきものであり、私的な経験にもとづく個人の記憶と、集合的な難民社会の記憶が交差するなかで紡ぎ出されるものである。よってベトナム系難民にとっての歴史とは、現実と虚構の間に生じる中間的な存在となる。この中間性ゆえにトラン親子の孔子の言葉を巡る誤引用の可能性も、それが真実であるか否かという視点からではなく、この言葉が難民一人ひとりと、彼らが構成する家族や社会をいかに結びつけてきたのかという観点から理解されるべきだろう。

そこで、ベトナム系難民固有の歴史観から改めて『ヴェトナメリカ』を紐解くならば、トラン家の歴史物語は一九七五年四月二五日、サイゴンから出国する家族の姿を描く場面と、GBと両親を乗せた旅客機がベトナムに到着する場面が、左右見開きのページを効果的に使い分けながら始まる。そして、何の前置きもないままに、チーが息子へ贈った歴史書に書いた言葉「歴史なき人は根のない木である」（Tran 8）が示され、ベトナムのとある寺院を訪れるGB親子を描く場面へと移る。

かつて仏陀《ぶっだ》が瞑想した菩提樹《ぼだいじゅ》の根をインドから移植し建立したという寺院に、三ヶ月前に死んだ母方の祖母ティ・モットを弔うために、一族はベトナム中から駆けつけた(11)【口絵6】。この寺には「二五〇〇年の時」を経てなお「世代を超えて」多くの信徒が集い、菩提樹の下で「啓発」を求め瞑想に耽《ふけ》るのだと、チーはGBに向けて諭す。しかし、子は父の言葉にまったく関心を示さない(10)(9)。

続く場面では、父方の祖父フー・ギエップが眠るベトナムの人民軍墓地を訪れるトラン父子が描かれる。「五〇年にもわたり連絡を取らなかった」父親のことなど、「あまりよくわかっていない」だろうと訝しむGBに、チーは「アメリカ的な短絡な視点」からではベトナムの家族のことはわからないと戒める(13)。祖先を敬う伝統的なベトナムの価値観が所々で示されるものの、GBの理解は遠くおよばない。しかし、そのGBもベトナムでの親族との出会いを通じて、少しずつ家族や祖国の歴史に関心を示すようになる。その象徴が仏陀の菩提樹だ。大木が人と人とを、家族と家族とを結びつける有機的な存在であることを描くのは、GBであるところのトランなのだから(62)。

この家族=木のイメージは、ベトナム系の芸術ではしばしば目にするものだ。トラン同様ベトナム系二世の画家トリン・マイは、「ベトナム系としてのルーツを掘り起こす」ために、二〇一一年に《家族の木》と題する連作を発表した。「大叔母が死んだのが家族を描くきっかけ」だったというトリン。ベトナム系であることをつねに意識し、ベトナムの過去や日常を思い起こすのが、二世芸術家の責任だと考える(Fokos 12:30–40)。家族や祖先が経験した出来事を、作品として表現するのはそのためだ。「家族の歴史を記録するにあたっては、人生を一変させるような重大事件と等しく、日常的な出来事を大切に描くように努めている」というトリンの言葉は、『ヴェトナメリカ』で見られるGBの言動とはあまりに対照的だ（Trinh Mai, "Family Tree"）。

同世代の間でも価値観や意識の違いが認められるときに、異なる世代間でさらに大きな違いが生じるのは何ら不思議なことではない。その世代間の認識の違いから生まれるさまざまな価値観の相違を描き、新たなベトナム系アメリカの家族史を記すことこそ、『ヴェトナメリカ』執筆を通じてトランが自らに課したテーマである。

## 三　モザイクとしての歴史物語——個人の記憶から難民の記憶へ

『ヴェトナメリカ』では、ベトナムからアメリカへ移り住む両親の歩みと家族の歴史が、遡及的にフラッシュバックとして描かれる。その物語を切り出す母ズンの最初の言葉は、戦争を知らないGBら戦後世代にとっては衝撃的だ。

あなた位の年の頃、お父さんが何をしていたか知っているかしら？／お父さんは……いいえ、わたしたちはベトナムから逃げ出した。（Tran 3）

背景となるのは、黒ずんだ赤色の空を飛ぶアメリカ軍輸送機と、すっかり荒れ果てた戦争末期のサイゴン市街。ページをめくるとすし詰めの機内で身を寄せ合うチー家族の姿が描かれ、母の言葉が続く。

一九七五年四月二五日の夕方、アメリカへ向かう輸送機にわたしたち家族は、詰め込まれるようにして乗り込んだ。／同じ日の夜遅く、ベトコンはサイゴンの空港を爆破した。その前に離陸した最後の数機のうちの一機だった。／三〇年前のことよ。(4)

一方、見開きの反対側のページには、今やすっかり様変わりしたホーチミンシティに着陸する、民間機内のGB親子の姿が描かれる。機内では、ヘッドフォンを着用したままいびきをかいて眠りこける父が、GBの隣に座る。母は言う。

「あのときのお父さんが、あなたと同い年だったなんて。可笑しいと思わない。」(5)

そして、着陸前の機内アナウンスが告げる。

「本日はわたくしどものフライトをご利用下さり、誠にありがとうございました。ベトナムへようこそ。」(5)

このようにして始まる『ヴェトナメリカ』の語りは決して複雑ではないが、それでも母ズンの語りを軸に展開される場面と、GBの視点から描かれる場面が適宜使い分けられ、過去と現在が対照的に示される。母の語りでは、ベトナムでの出来事を中心にGB誕生以前の家族の歴史が描かれ、GB視点の物語は、父が回想する過去の出来事を含みつつも、大部分はトラン自身の経験にもとづく。また、いずれの場面でも母の言葉は筆記体調の字体で綴られ、父チーの言葉はブロック体調の大文字で刻印される。それ以外の話者の言葉は、GBの語りを含め、どれも小文字混じりのブロック体で書かれていることから、いかなる場面でも父と母の言葉だけはすぐに識別できるように物語は組み立てられている。字体の使いわけは通常の小説でもしばしば行なわれるものの、グラフィックノベルとしての視覚的効果を最大限に生かしたものだ。

事実、この効果は絶大で、チーやズンの姿が描かれていないコマや場面でも、字体によって誰が語っているのかが即座にわかる。父、母、子と世代も違えば家族内での役回りも違う三者の視点を場面ごとに識別できるがゆえに、難民家族のなかに存在する世界観の違いが容易に読み取れる。換言すれば、脱越とそれに続く難民生活のなかで、共通の歴史認識をもたない、あるいはもち得ない家族が、それぞれの視点から過去を断片的に物語ることで、新たな歴史物語を創ろうというのが『ヴェトナメリカ』だ。この点について、トランは出版直後のインタビューで、次のように語っている。

家族の歴史を調べるという点で、まるでパズルのように物語を組み立てなければなりませんでした。まずは時系列に沿って物語を並べ、どの出来事をクライマックスに使うべきかを決めました。次に語りを逆構成するようにして、ふたつの異なるあらすじを用いて、自然にクライマックスへ向かうようにしました。わたし自身家族の歴史を紐解くことに、とても困惑していました。だから、そのプロセスを再現したいという気持ちが、どこかにあったのだと思います。
（Hogan par. 13）

歴史の再解釈は今や多くの人々によって取り組まれる課題のひとつだが、頼るべき共通の歴史認識を祖国とともに失ったベトナム系難民は、これを一から始めなければならない。とりわけGBのようにアメリカで生まれ育った難民二世にとっては、「ベトナム」という過去は実態を伴わない。したがって、アメリカにおける「現在」と、ベトナムという「過去」を結びつける作業は必然性を欠き、恣意的にならざるを得ない。できれば避けて済ませたい厄介な作業でもある。トリン・マイのように意識的にこの問題に取り組む芸術家もいるが、多くの難民二世にとってベトナムとは、仮にその歴史や文化を語ろうとしても、その方法に定型を見いだせない。それゆえ着手しづらいことになる。

こうした点を踏まえ、ヴィエト・タン・ウェンはベトナム系難民にとっての「二次的記憶」の重要性を強調し、次のように述べる。

アメリカへの移住当初、難民の多くが手にしたのは中古品だったのだから、わたしたちの記憶がすでに他人によって使い古されたものだったとしても、十分理にかなったことである。（Viet Thanh Nguyen, "Impossible to Forget, Difficult to Remember" 19）

皮肉がかった言い回しではあるが、ウェンはベトナム、あるいはベトナム戦争の記憶が、祖国の喪失とともに検証不可能なものになってしまったことを認識し、記憶の浅い難民が抱えるジレンマを指摘する。二世だけではなく幼い頃に脱越した一・五世代難民にとっても、「ベトナム」とは捉えがたい記憶の断片に過ぎない。

ただし、この記憶の劣化に続く歴史の喪失といった危機を、難民は負の連鎖とは受け止めなかった。これをむしろ出発点と捉え、新たに共有すべき歴史の再構築に未来という可能性を見いだした。ここにベトナム系難民の強さとしたたかさがある。『ロサンゼルス・タイムズ』紙書評において、デヴィッド・ウリンは『ヴェトナメリカ』を批判し、「物語の結末はひどく曖昧」で、それぞれのエピソードは「記憶としての固有性に欠けるばかりか、神話としての広がりもない」と指摘する（Ulin par. 9）。だが、ウリンが『ヴェトナメリカ』の欠点とする点を逆手に取れば、「どこで記憶が終わり、どこから神話がはじまるのか」曖昧でわからないからこそ、トランの語り口にはベトナム系としての個性が表われる（par. 1）。つまりサイゴン陥落に続く脱越が原因で、「国家の歴史」という「神話」レベルの物語を失ったベトナム系難民にとって、ベトナムという国の過去は、もはや誰もが自己同一視できる神話化された「歴史」ではない。また、個人の記憶から成る脱越の物語は、一人ひとりの経験が異なるがゆえに、すべて共有されるわけではない。だから、「記憶」でもなければ「神話」でもないとウリンが批判する物語の「曖昧」さは、難民が置かれた不可避の二重性《ダブルバインド》を示す。

そこで、トランは両親の記憶を家族の歴史として再構築するなかで、他のベトナム系家族はもちろんのこと、それ以外のアジア系家族、あるいはアジア系ではない移民・難民家族にも共有されうる近似値的な「家族」の歴史物語を描きだそうと努めた。『ヴェトナメリカ』では、移民・難民家族なら誰もが共有しうる問題、すなわち言語もしくは文化的適応の問題、ジェネレーションギャップ、祖国への複雑な思いがテーマとして取り上げられる。作中、それはスクラブルという言語ゲームに集約される。

一九三八年に原型が考案されたというスクラブルは、一九四八年にアメリカで発売されたボードゲームだ。アルファベットのコマから単語を作り出すことで得点を競う言葉遊びで、クロスワードパズルの要素を多分に含む。一九八四年にはＮＢＣ放送が昼のゲーム番組として取り上げたことから人気を博し、現在では世界大会が開かれるほど多くの国々で普及する。トランが思春期を過ごした一九八〇年代は、ちょうどテレビ放送が始まった時期で、言語習得を兼ねて多くの難民家族がこのゲームに興じた。

『ヴェトナメリカ』でこのゲームが描かれるのは、トラン家族が抱えるジェネレーションギャップを地図上に色分けした後、父方の祖母レ・ニが死の病に伏す直前の回想場面だ。ここで明らかになるのは、レ・ニと異母姉のリサと三人でこのゲームを楽しむＧＢが、家族の経験した脱越をまったく理解していないこと（Tran 98）。続く見開きの反対側のページでは、幼い頃から繰り返し母と意見衝突してきたＧＢの姿が示される。その次に来るのがこの言葉遊び。盤上《ばんじょう》に読める単語は「文化［CULTURE］」と「脅かされる［THREATENING］」の二語だ（99）。ページをめくると、レ・ニが入院するアリゾナへ向かう旅客機内で、リサとＧＢがスクラブルで遊ぶ。前のページではコマが小さく読めなかった「異質な［FOREIGN］」という単語が読み取れる（100）。ゲーム中に二人が交わす会話は、父の離婚と再婚のこと。それから、父の難しい気性のこと。しかし、会話を続けるうちにわかるのは、リサとGBの間にも横たわるジェネレーションギャップの存在。フランス人の母を持つ一・五世代難民リサとマニーが経てきた辛い人生は、アメリカ生まれのGBには想像もつかない。

盤上の単語は、数ページ後の見開きの場面で、難民家族の生活風景を背景に繰り返される（108–09）【口絵7】。キリスト教慈善団体、救世軍《サルベーションアーミー》のリサイクルショップで、家族のために服を選ぶ母。母が持ち帰ったミニーマウスのTシャツを着て登校した矢先、その少女用キャラクターをからかわれるGB。家族三世代が窮屈《きゅうくつ》そうに寝込む狭い部屋。父と祖母の意見衝突。社会福祉で配られる食料支給クーポン券。スーパーマーケットやファミリーレストランで働き日銭を稼ぐ母。箸《はし》を手にベトナム料理をつつく父と、それとは対照的にハンバーガーに食らいつくアメリカ生まれのGBとヴィ。肩を露出した派手なパーティドレスに得意げなヴィとそれを強く戒める父。そのキーワードは「脅かされる文化」と「異質な文化」の衝突。ゲーム盤の脇には置き場のなくなった「家［“HOME”］」という単語が放り出される。ここで描かれる家族の日常は、トラン家固有の出来事ではあるものの、ほかの移民・難民家族にも共有されうるものばかりだ。

このように「記憶」と「神話」、もしくは個人の経験と神話化された国家の歴史の中間に位置する「物語り」として、「ベトナム」という難民がもはや回収することのできない過去を、他者にも共有可能な「家族」の歴史物語として昇華したのが『ヴェトナメリカ』だ。この「記憶」と「歴史」の中間地帯という位置づけは、『ヴェトナメリカ』の表紙デザインからも読み取れる。批評家ジェード・ヒルドが指摘するように、本体にかけられた表紙カバーは、アメリカ国旗とベトナム国旗を融合するかのようなデザインから成る。星条旗はベトナムの国民色である黄と赤で彩られ、アメリカ市民権を得るにあたり宣誓するトラン親子やベトナムを飛び交う戦闘機、さらにはベトナムに里帰りしたGB親子の姿が描かれる。ベトナムの南北対立と社会主義化、あるいは脱越とアメリカ帰化といった、かつてリオタールが『ポストモダンの条件』(一九七九)で批判的に論じた「大きな物語」が意識される一方、「小さな物語」としてトラン家族の物語、すなわち多くの移民・難民家族が共感しうる家族の歴史が表わされる。[11]

一方、カバー下の本体の装丁には、GBの父チーの肖像が描かれる。その右半面はベトナム時代の若き父の顔であり、左半面はアメリカでの年老いた父の顔である。ふたつの顔はジグソーパズル化されており、未完のピースが散乱する。ここから『ヴェトナメリカ』が、チーの過去から成る物語であることを、そして、父のアイデンティティが、パズルのように複雑な断片として分化・分散している様子が見てとれる。さらに断片化された父の肖像を補完するかのように、表紙内側のページ見開きには、トラン家の家系図が描かれる。父個人のアイデンティティが脱越という過去によって断片化され、父の過去と現在が、さらには未来が分断される一方で、トラン家族の歴史は作中描かれる仏陀の木のように、有機的に生き長らえる。ヒルドが論じるように、「物語」を語り始める前から、トランは自らが「家族」という有機的なつながりの一部であることを示すことで、今にも崩れ落ちそうな難民家族の歴史とアイデンティティをつなぎ止めようとする (Hilde par. 9)。失われた「歴史」を補完する「家族」の肖像を描き、その系譜をつなぎ止めること。それが『ヴェトナメリカ』という作品の役割であり目的なのだ。

## 四　トランスナショナリズムからトランスコミュナリティへ

二八〇頁ほどある『ヴェトナメリカ』のほぼ中間点にあたる一三六頁を開くと、二〇枚ほどの古い家族写真がある。作品の入れ子構造を成す実物の写真は、トラン家が共有すべき「過去」としてベトナム時代の父や母、あるいはまだ幼いリサやマギーの姿を映し出し、失われた祖国での失われた家族の時間を修復する。それはホロコースト研究の第一人者マリアンヌ・ハーシュが論じる二次的記憶、すなわちポストメモリーとして戦後世代のトランら二世に向けて、「現在」から断絶された到達不可能な「過去」を擬似的な神話として示す瞬間だ。

写真が伝えるポストメモリーが喚起するイメージは、「過去」を知らない、あるいは「過去」を忘却しがちな若い難民世代の記憶のなかに、失ってはならない家族の肖像を改めて刻印する。女性学の視点からベトナム文化を論じた批評書『裏切り者の国民』（二〇一二）で、ラン・ドゥオンはアメリカ人記者によって偶然撮られた一枚の家族写真から、自身の脱越体験を振り返る。その写真にはドゥオンの母は写っていない。南ベトナム軍人だった父に連れられ、幼いドゥオンが兄弟とともにベトナムをあとにしたのは一九七五年のこと。北軍が首都サイゴンに迫るなか、軍人の父は「逃げざるを得ない」状況にあった。そのとき、母はただ一人ベトナムに残った。祖国に残る母は、統一ベトナムの新政権から見れば、「愛国的」だった。その母のことを思い起こしながら、ドゥオンは「戦中から戦後にかけて、共産主義者にとっても非共産主義者にとっても、裏切りと忠誠というふたつの言葉が重要な意味をもっていた」と論じる（Duong 1）。戦後のベトナムでは改めて「国を線引く」にあたり、裏切り者か否かが大きな判断基準になっていた（2）。

その後、経済開放をかけ声にドイモイ政策が実施され、ベトナムの戦後復興が軌道に乗り始めた一九九〇年代までには、かつての「裏切り者」の帰還が歓迎されるようになった。観光客として、投資家として、芸術家として帰越するかつての脱越者を、ベトナム政府は「海外家族の一員」として迎え入れた。(12) いわゆるヴェトキューは国の経済を活性化し、文化レベルを引き上げる協力者であり、「トランスナショナルな家族」と認められるようになった（Duong 2）。スティーヴン・ヴァートヴェックが論じるように、今や「トランスナショナリズムは至るところに見られる」現象だが、ベトナム政府にとってトランスナショナルなヴェトキューの存在は、国力を分散させるよりもむしろ本国の利益を高める存在なのである(13)（Vertovec 1）。

こうした状況が、各国に離散したベトナム系の人々にある種の違和感を与えることは間違いない。たとえば、ドゥオンがベトナム人、もしくはベトナム系芸術家の作品分析を通じて、「伝統的なジェンダー、家族、国家意識にメスを入れる」トランス＝ベトナム・フェミニズムを提唱するのも、ベトナムが堅持する国家体制や伝統的価値観に縛られない芸術表現を求めてのことである（Doung 3）。実際、トランをはじめとする若いヴェトキューが抱える問題は、ベトナムという国の再建や再構築とはほど遠いところにある。彼らにとって帰越するとは、家族のルーツを再確認することであり、国家やリトルサイゴンのような難民社会の枠には囚われない、流動的な関係の構築を模索することにある。国境横断的と言えば聞こえは良いが、トランスナショナリズムという概念は、国家制度の存在を前提とする。だから、近代国家の枠組みを批判するものの、結果的にはそれを温存しかねないのがトランスナショナリズムである。これに対しトランら若い難民芸術家が思い描く、有機的な家族のつながりにもとづく脱国家的な人と人との結びつきでは、既存の国家やリトルサイゴンのような難民社会とは異なり、イデオロギーの共有を前提にしない新たな価値観の創出が求められる。

レ・リ・ヘイスリップが言ったように、そもそも多くのベトナム人は戦争を望んでいたわけではなく、イデオロギー闘争を望んでいたわけでもなかった。それが東西冷戦の影響で、北緯一七度線を境に南北ふたつの国家にベトナムが分断されたとき、家族や友人が敵味方に分かれた。『ヴェトナメリカ』では、父方の祖父フー・ギエップがホー・チ・ミンの愛国主義に共鳴し、ベトミンに参加。「フランス軍を追い払い、国を統一する」ために闘う姿が描かれる。一方、母方の祖母チー・モットら村人たちは、「危険を避けて」暮らすなかで、日々の糧を得るためにパンを焼いて売った。その様子をGBの母ズンはこう語る。

> チー・モットは政治とは無縁の人だった。母の関心は、わたしたち家族と村人たちを食べさせることだけ。フランス軍とベトミンのどちらに味方するかなど、考えてもいなかった。(Tran 3)
>
> だから、チー・モットは敵味方の分け隔てなくパンを売る。
>
> 立場を選ぶのは個人だけ。家族は選ばない。(33, 35)

自らの政治的信念を第一に家庭生活を犠牲にするフー・ギエップと、銃後の家族を守るために敵味方関係なく商売をするチー・モットのたくましい姿が織りなす対照的な世界観。一方は個人の理想を追求し、他方は何よりも家族の生活を重んじる。これを描くトランは政治闘争よりも家族を思う祖母チー・モットに感情移入し、母ズンの気持ちを代弁する。

戦時中の家族は、ただ生き延びるために行動する。(45)

モーリーン・シェイは、このチー・モットからズンへ、そしてズンからGBへと母系でつなぐ家族の生き方を、「政治的忠誠心に従って市民を選別しようとする不可避の衝動」への批判的姿勢と見なす(Shay 433)。イデオロギー対立を超えたところに家族の姿を求めるトランにとっては、これが「家族」を表わす「物語り」のルーツとなる。

ところで、トランが『ヴェトナメリカ』で理想とする家族像から連想されるのは、社会学者ジョン・ブラウン・チャイルズが提唱するトランスコミュナリティという新たな価値観にもとづく共同体のあり方、もしくはその内部における人と人との関係ではないだろうか。チャイルズが「二一世紀型の共同体」と呼ぶトランスコミュナリティとは、「各々が独自の歴史、意見、課題をもち自律的に展開する組織や機関・機構を結びつける建設的、発展的相互関係」から生じる共同体のことだ。そこでは「共通の目的をもった人々が行なう協調作業」が、社会生活の基盤になる。かつて一世を風靡した多文化主義にも通じそうなチャイルズの主張だが、トランスコミュナリティが従来の混合《メルティングポット》型の多文化主義的共同体と違うのは、異なる人種・民族グループの間に見られる相違を意識し認識し残しつつも、互いの関係を積極的に、むしろより強く結ぶ「橋渡し」の役割を目指す点にある。つまりトランスコミュナリティとは、「個々人のつながり」や「共同作業」を通じて生み出されるきわめて流動的な共同体、もしくは共同関係のことを指す(14)(Childs 10–11)。

たとえば、かつてアメリカ政府は撤退を余儀なくされたベトナム戦争の犠牲者を弔い、帰還した退役兵の名誉回復と社会復帰を目的に、首都ワシントンDCにベトナム戦没者慰霊碑を建立した。戦死した兵士やその遺族の思いを、首都ワシントンDCに築いた黒い記念碑としてモニュメント化することで、個人の記憶を政治的に昇華し、国家の歴史の一部として組み込む出来事だった。同様に、ユダヤ系移民・難民は第二次世界大戦の凄惨《せいさん》な出来事を、ホロコースト記念博物館としてアメリカ国民に向けて発信し、ユダヤ人大虐殺という過去を歴史の一部として、共有化することに成功した。しかし、マリタ・スタークンが指摘するように、戦没者慰霊碑のような政治的モニュメントは、国民に広く共有される「文化的記憶」を創出するものの、「表象することが困難な他の記憶を遮断」する(Sturken 8/二八)。つまり大規模な政治的プロジェクトには、一般化作用に伴う捨象行為が付きものだ。その結果、何らかの価値観を基準に、社会をこちら側と向こう側の相対立する異なる領域に分断してしまう。

ベトナム戦争を経てベトナム社会主義共和国が成立し、南ベトナム国民の脱越に続きリトルサイゴンという難民社会が形成されるといった一連の出来事は、すべて共産主義という政治的イデオロギーを軸に進行してきた。第一章で触れたハイテック事件やヘリテージフラッグの問題は、まさにベトナム共産主義政権に対し難民社会が示した反共姿勢の表明であったし、これに対する世代間の温度差がリトルサイゴンを二分しかねないことにも触れた。一方で、アメリカ的価値観を従前のものとして受け入れ育った二世ら若い世代は、政治的イデオロギーが生み出す諸問題にそれほど多くの意味を見いだしていない。もちろん、ヴィエト・タン・ウェンらが論じるように、難民社会に見られる反共思想は軽視すべきではないし、また世代を問わずベトナム系ならば避けて通るべき問題でもないだろう。ただ、この問題にあまり固執すれば、コミュニティの健全な発展を妨げることにもなりかねない。

トランスコミュナリティを基盤にする共同体では、一般化されうることがない個人の経験や記憶が尊ばれる。また、そこではイデオロギー対立が主要な問題として取り上げられることもない。その代わりに、強い政治色を伴う歴史のモニュメント化とは異なる、非イデオロギー的手段や方法が必要とされる。その意味では、『ヴェトナメリカ』に描かれる難民家族の歩みは、大きな歴史のなかの小さな断片に過ぎないが、そこに描かれる日常性ゆえに多くの人々によって語り継がれる可能性をもつ。加えて、トランやトリン・マイら二世芸術家が注目する有機的な家族のつながりには、固定観念に囚われない流動性と、そこから生じる人と人との関係性の創出が期待できる。二一世紀に入り、一・五世代から二世へとバトンが移りつつあるベトナム系文化・文学では、文化や歴史の断片を媒介に、異なる文化や歴史的背景を担う人々を結びつけるトランスコミューナルな「物語り」が注目される。

ところで、ベトナム系の「物語り」をさらに拡張する存在として、フランスのベトナム系作家クレメン・バルーにも注目したい。ベトナム出身の父を持つバルーは、自らの出自を辿りハノイ芸術大学に留学した経験をもつ移民二世だ。帰国後、ベトナム滞在の経験から描いたバンド・デシネ（*bandes dessinées*）と呼ばれるフランス版グラフィックノベル『ハノイの秋』で、二〇〇四年に文壇デビュー。その後、フランスのベトナム系コミュニティを題材に『ヴェトキューの記憶』第一巻『サイゴンを去る』を書くと、二〇一二年アメリカの難民社会を取材した第二巻『リトルサイゴン』を出版した。二〇一八年には英語版『ヴェトキューの記憶』を刊行。本書最終章となる次章では、この新たに登場したベトナム系フランス人作家を取り上げ、彼の目を通して見る米仏のベトナム系コミュニティについて論じる。

# 第六章

## 「リトルサイゴン」を巡る国境横断的ナラティブ
## ――クレメン・バルー『ヴェトキューの記憶』

サイゴン陥落とそれに続く南ベトナム共和国の崩壊は、アメリカのみならずカンボジア、オーストラリア、そして日本といったアジア・オセアニア地域の国々、さらにはヨーロッパ各国へとベトナム難民の流出を招いた。それから四〇年余りを経た現在、ヨーロッパで最も多くの難民を受け入れた旧宗主国フランスでは、ベトナム系移民・難民が新たな文化の創出を試みる。なかでも注目を集めるのは、村上春樹（一九四九―）の『ノルウェイの森』（一九八七）を映画化したことで知られる一・五世代映画監督トラン・アン・ユン、ベトナム戦争を描くバンド・デシネで知られるフィリピン生まれの作家マルセリノ・トゥルン（一九五七―）、フランス国内で数々の文学賞を受賞する二世作家ミン・トラン・ユイ（一九七九―）らである。これに新進気鋭のクレメン・バルーが加わる。(1)

一九七八年生まれのバルーは、フランスではメティと呼ばれる混血のベトナム系二世。彼の父親は一九五〇年代後半、結核で父を亡くしたのをきっかけにベトナムからフランスへ渡った移民だ。フランス到着後、自らも結核を患っていることを知り、フランス南東部に位置する都市グルノーブルにある医療施設で療養生活を送った。病気が治ると仕事を求めてパリへ。そこでバルーの母となるフランス人女性と出会い結婚。長い移民生活の始まりだった。

バルーの代表作『ヴェトキューの記憶』は、この父と夕食の準備をするなかで交わした会話から生まれた。英語でもフランス語でも「ヴェトキュー」と呼ばれるのは、国外に離散したベトナム人、すなわち越僑のこと。バルーは、フランスに住むヴェトキューとの対話を通じて第一巻『サイゴンを去る』を出版した後、アメリカのリトルサイゴンを舞台に、戦争難民の過去と現在を描く続編『リトルサイゴン』を描いた。さらに、ベトナム人女性と台湾人男性の結婚生活を題材に第三巻『台湾人との結婚』を刊行。最初の二冊は二〇一八年に英訳出版された。

英語版『ヴェトキューの記憶』の出版は、現在のベトナム系文化・文学の活況をさらに勢いづけるだろう。とりわけバルーのようなベトナム系フランス人作家の存在を、アメリカを中心とする英語圏読者が知る機会を得たことは意義深い。すでにマーク・マッキニーやジェニファー・ハウエルらベトナム系フランス文化・文学について積極的に論じる英語圏の批評家はいるが、『ヴェトキューの記憶』英訳は、一般読者の関心を高めるきっかけになるだろう。(2) また、第二巻『リトルサイゴン』に見られる国境横断的な歴史物語の継承は、オーラルヒストリー研究の新たな展開として注目される。

本章では、『ヴェトキューの記憶』第一巻で描かれるフランスのベトナム系移民・難民の姿と、第二巻でバルーがフランス的視点から見るアメリカのヴェトキューの物語に焦点を当て議論を進める。

## 一　ベトナム系フランス人作家が描く「ベトナム」の姿

シリーズ第一巻にあたる『サイゴンを去る』は、さまざまな理由からフランスへ移民として、あるいは難民として移り住むことになった一世、もしくは一・五世のベトナム人男性を中心に、彼らの過去と現在を描いたバンド・デシネだ。続く第二巻『リトルサイゴン』では、アメリカ各地に点在するリトルサイゴンを訪れたバルーが、難民女性を主たる対象にして、過酷な脱越の過去を聞き描く。

このように第一巻と第二巻では、フランスとアメリカという地政学的差異と、男性と女性の経験の違いが重要な意味をもつ。また、ハノイに留学したバルーが訪れたホーチミンシティの戦争証跡博物館を描く第一巻冒頭では、ベトナム戦争の負の遺産が半ば教科書的に記される。これに対して、ロサンゼルスのリトルトーキョーにある全米日系人博物館を描く第二巻では、移民の歴史と記憶の継承が主要テーマになる。

重要なのはこれら二作品において、バルーの視点や歴史観に明確な違いが見られることだ。より正確に言えば、『ヴェトキューの記憶』執筆にあたり、バルーの世界観や歴史認識は徐々に変化し、より幅広い視点からベトナム系移民・難民の姿を捉えるようになった。『サイゴンを去る』を例に取れば、この作品は最初から英訳版と同じ形で出版されたのではない。二〇〇六年の初版（全六四頁）刊行から二〇一〇年の第二版（全九六頁）、二〇一七年の第三版（全一六二頁）と段階的にエピソードを増やすなかで、当初ベトナム系一世ないしは一・五世の男性に限られていたバルーの対話相手は、女性や二世も含むようになった（cf. Catherine H. Nguyen 200）。また、第三版では、フランス全体を巻き込む社会問題にも視野を広げている。

たとえば第二版では、第一次インドシナ戦争（一九四六―五四）に敗れフランスが撤退を決めたがゆえに、ベトナムから出国せざるを得なくなった「フランスの市民権をもつ」ベトナム人も描かれている（Baloup, *Leaving Saigon* 98）。およそ数千人規模と言われる戦争難民は、フランスに着くと政府によって設営された「カフィ」という難民キャンプに収容された。[(3)] 今でも一部の人々が住み続ける「カフィ」には、過去を偲《しの》ぶ難民家族が再会を求めて集う。キャンプは「人生の汚点」であり、難民の多くにとっては戻るのは辛いこと。とはいえ、「最後は戻りたい気持ちが勝る」。「カフィ」に連行された難民とその家族の姿を描く『サイゴンを去る』第二版では、二世女性がこう胸の内を明かす。「なぜ祖父がこの場所に来なければならなかったのかを、父がここでどんな生活を送っていたのかを、知りたいのです」（99）。

また、『リトルサイゴン』出版から五年を経て刊行された第三版では、「リン・トー」も物語に含まれる。直訳すれば「労働軍人」を意味する「リン・トー」とは、第二次世界大戦中フランス国内で不足する労働力を補うために、ベトナムから強制的に連れてこられた移民労働者のことだ。当時およそ二万人ものベトナム人がフランスに連行されたと言われるが、バルーが描くように、その事実はフランスのジャーナリスト、ピア・ダウムが『強制移民――フランスに連れて来られたインドシナの労働者』（二〇〇九）で明らかにするまで、一般に知られることはなかった（131）。このダウムの著作がきっかけとなり、過去にフランスが東南アジアで行なった植民地政策が議論されるようになった。それを描くのが、第三版の最終エピソードだ（cf. 154–62）。このように改訂に次ぐ改訂により、幅広い移民・難民の存在が物語の対象になったのは、フランス国内でのベトナム系移民・難民に対する意識が高まってきたことに加え、バルー自身がアメリカでの難民取材を通じて培った経験から、視野を広げたからに違いない。

ところで、ベトナム系アメリカ文化・文学では、多くの難民作家・芸術家が、それぞれの視点からベトナム系難民の過去や記憶を描いてきた。それに対しフランスでは、過去にインドシナで植民地支配があったにもかかわらず、またベトナム戦争の結果アメリカ、オーストラリアに次ぐ一〇万人規模の難民を受け入れたにもかかわらず、ヴェトキューの存在についてはあまり語られてこなかった。その理由はいくつかあるようだ。

第一に、フランスでは多くのベトナム系住民を抱える一方で、戦争難民はベトナム系人口全体の三分の一を超える程度に過ぎない。つまりベトナム系といえばそのほとんどが戦争難民のアメリカとは異なり、ベトナムの旧宗主国だったフランスには、戦争以外の理由で移民してきたベトナム系住人が数多くいる。よってアメリカの難民とは異なり、フランスのベトナム系の間ではサイゴン陥落は必ずしも特別な意味をもたない。もちろん、南ベトナムの喪失が重大な歴史的出来事だったことに変わりはないが、より多くの移民・難民がすでにフランスで生活を送っていたこと、また当時すでにフランスはベトナムでの戦争に直接関与していなかったことなどが、サイゴン陥落の歴史的意味を相対化した。

また、各地に独自のエスニック・コミュニティを形成してきたアメリカの難民とは異なり、フランスでは既存のコミュニティが移民・難民を吸収してきた。ベトナムでは植民地時代を通じフランス語教育が進み、フランス文化も詳しく紹介されたことから、ベトナム系にとってフランス社会に溶け込むことはそれほど難しいことではなかったからだ。「カフィ」のような隔離政策もあれば、多文化主義政策を採らない社会・教育制度が移民・難民への同化圧力を強めてきた面はあるものの、フランスでアメリカのようなエスニック・コミュニティが形成・発展することはなかった。

以上のことから、これまでフランスではベトナム系の存在が大きく取り上げられることもなければ、移民・難民も大きな声を発することはなかった。とはいえ、このことは彼らの祖国への思いが弱いということではない。近年はフランスでも社会・文化的少数派の存在が注目される機会が増えており、移民・難民も各々の主張を行なう傾向にある。それが冒頭で触れたベトナム系作家・芸術家の台頭と活躍に結びつく。ハウエルが指摘するように、戦争やそれに伴う喪失、脱越、越境といったヴェトキューならではの「集団的記憶」について語り伝える機会ができたことで、以前には顧みられなかったベトナム系文化の存在に注目が集まる。一方、この分野の研究はフランスではまだ始まったばかりで、ベトナムをはじめアルジェリアなど旧植民地からの移民・難民の流入によって生じた異文化の伝播《でんぱ》が、伝統的なフランス文化に与えてきた影響について、今後より一層議論されることになるだろう（cf. Howell 27）。

このような現況を踏まえれば、フランス各地に離散したヴェトキューに目を向け、彼らの声に耳を傾け、そこから作品を描くバルーの試みは重要だ。二〇一五年の『ヨーロピアン・コミックアート』誌には、次のようなバルー自身による作品解説がある。

作品タイトルが示すように、ベトナムは自分の創作のなかで繰り返し現われるテーマです。その第一の理由は、自分の両親がフランス、ベトナムの出身だからです。また、自分自身がベトナムを再発見したことも影響しています。ベトナムの歴史と文化に強い関心をもつようになりました。実際のベトナムを知らなくても、わたしのコミックを読めば、その根底にはベトナムと、ベトナム文化への深い思いがあることがわかるでしょう。これは作品ごとに違った形で表わされます。外の世界からベトナムを見る視線を描くのは『ハノイの秋』。フランスとの関係を書いたのが『ツアンの道』［二〇〇四］、『サイゴンを去る』、『ルージュの愛人』［二〇一二］。アメリカとの関係を示すのは『リトルサイゴン』です。これ以外にも重要なテーマはあります。文化の伝播はもちろんのこと、難民の未来についても取り上げています。（Baloup, "Artist's Statement" 56）

一方、バンド・デシネの作家としてバルーに大きな影響を与えたのは、アメリカの大衆文化・文学、とりわけ『バッドマン』シリーズ（一九三九—）をはじめとするコミック芸術《アート》だった。また、一九九二年にピューリッツァー賞（文学部門）を受賞したアート・スピーゲルマンの『マウス』や、マルタ出身のアメリカ人ジャーナリスト、ジョー・サッコ（一九六〇—）が中近東の政治問題を正面から取り上げた『パレスチナ』（一九九六）などのグラフィックノベルから得た刺激もあったという。さらに大友克洋（一九五四—）の『AKIRA』（一九八二—九〇）、フランスやベルギーで活動を展開するメビウス［ジャン・ジロー（一九三八—二〇一二）のペンネーム］というコミック作家の影響もあった。バルーの活躍は、現代における大衆文化の展開が国境横断的、かつ同時多発的であることを示す(4)（cf. “Artist’s Statement” 52–53）。

英訳版『ヴェトキューの記憶』刊行にあたっては、映画『オー、サイゴン』（二〇〇七）で家族の脱越を描いた一・五世代映画監督ドーン・ホアン（一九七二―）が序文を寄せた。

バルーは緊張感をもって記憶のなかのイメージを、インクと絵の具を使って紙の上に焼き付けていった。これを書き残す者がいなければ、いずれ難民の物語は霧散してしまうとの危機感から、バルーは熱にうなされるかのように仕事に取り組んだ。歴史は特権者階級によってつくられる。当事者によって語られることは滅多にない。だから、その場を経験した人々がいなくなれば、ベトナム戦争のことは外国のジャーナリストが書いた古い雑誌記事か、教科書から得られたウィキペディアの情報に取って代わられる。アメリカ軍人を主人公に描くハリウッド映画に置き換わるか、「『ジャズ』、『ベースボール』といったノンフィクションで知られる映像制作者」ケン・バーンズや、この戦争で自分の家族が果たした役割をごまかし続けるケネディ家の末裔《まつえい》が撮るドキュメンタリー映画が代わりを果たすことになる。(5)（Hoang 3）

ホアンの指摘は、ベトナム系アメリカ文化・文学を論じるなかで、何度も聞かされてきた主張だが、裏を返せば同じことを繰り返し抗議せずにはいられないほど、ベトナム系難民の存在は、他者の視線によってステレオタイプ化されてきた。ホアンが述べるのは、『オー、サイゴン』の撮影中、一見教育のありそうなアメリカ人女性が浴びせた心ない言葉のこと。「『ディアハンター』や『フルメタル・ジャケット』、それに『地獄の黙示録』のような戦争映画がすでにあるのに、なぜ今さら別のベトナム映画を撮る必要があるのかしら。もう充分言い尽くされているはずよ」(3)。オリバー・ストーンの『プラトーン』がきっかけで広まったという戦場の主役はアメリカ軍人で、ベトナム人は「脇役」という意識から、多くのアメリカ人がいまだ抜け出していないのが実情だ。

よって『ヴェトキューの記憶』は、フランス人読者にアメリカの戦争難民の存在を伝えるだけではなく、アメリカ人読者を中心とする英語圏読者に、フランスのベトナム系の物語を伝える点で有益な作品である。ここで言う「アメリカ人読者」とは、アメリカ文壇のほぼ九割を占めるとヴィエト・タン・ウェンが指摘する白人読者だけではない。こうした事情に詳しいはずのベトナム系読者も含む。というのも、アメリカの難民が、フランスへ渡った同胞のその後を理解しているとは言い難く、アメリカ生まれの二世にとっては別世界の物語に過ぎないからだ。二世作家エイミ・ファンが、フランスの離散家族の姿を含む『チェリー・トゥルンの再教育』を著したのも、そうした背景があってのことだ。いずれは忘れ去られてしまう難民の過去を思い、記憶の継承を声高に求めることが、ベトナム系社会における喫緊の課題であることは繰り返し述べてきた。

一方、『コミックにおけるフランス帝国主義』(二〇一三)においてマーク・マッキニーが指摘するように、インドシナでの植民地支配復活を描く第二次世界大戦終戦直後のコミックが、フランスで復権した時期があった。一九七〇年代のことだ。その要因はいくつかあるという。ひとつにはフランスの帝国時代への郷愁の念があり、同時に植民地支配の歴史的足取りを再確認する意図があった。(6)また、一九七〇年代後半から一九八〇年代といえば、ベトナム戦争を描く文学・映画作品がアメリカで数多く制作されるようになった時期である。東南アジアの覇権戦争をフランスからアメリカが引き継いだのと同じように、文化においてもアメリカに主導権を奪われるのではないかという危機感が広まった。フランスでは、インドシナという「歴史的かつ架空の領土《テリトリー》をアメリカから奪い返すこと」が、文化的優先課題と見なされた（McKinney 90）。

それから四半世紀以上を経た現在、バルーのような作家の登場は、フランス文学が東南アジアを舞台に再び戦うことができるという意志表示と取れなくもない。しかし、ここでむしろ重要なのは文化的な同化圧力が強いフランス社会で、旧植民地出身の移民・難民がようやく声を上げる機会を得たという点だ。これは移民・難民の積極的なアイデンティティ構築を後押しし、フランス文化のハイブリッド化を促進する。マッキニーはこの点について、次のように指摘する。

長期的視点から、フランスがかつて支配したインドシナの表象を根本的に変える可能性をもつのは、フランスやベルギーで見られる東南アジア系コミック作家の登場だ。植民地支配のイデオロギーに積極的に対抗し、これを修正しようとする作家や、植民地への郷愁の念、あるいはベトナム、カンボジアで実権を握る全体主義的国家体制を批判すべく、対抗記憶《カウンターメモリー》を構築する作家もいる。ベトナム系ではクレメン・バルー、マルセリノ・トゥルン、ヴィンク、カンボジア系ではセラとチアンがこれにあたる。(7)（McKinney 85）

マッキニーが述べるように、バルーら東南アジア系の出自をもつ作家は、旧宗主国フランスの帝国主義を批判すると同時に、欧米社会が掲げる民主主義的視点から、現在旧植民地で政権を担う共産主義体制に厳しい姿勢を示す（cf. 129）。バルーを例に取れば、彼の活躍は伝統的なフランスの価値観を揺るがすと同時に、植民地支配後の東南アジアの政治的価値観も否定し、批評家ジル・トゥオークが「アフロンティア」と呼ぶ文化的緩衝《かんしょう》地帯の形成に貢献する。そこでは移民・難民の「過去」が「文化的記憶」として喚起される一方、どの国の文化にも属さない彼らならではの「混成的《ハイブリッド》なアイデンティティ」が育まれる（Twark 185–86）。『ヴェトキューの記憶』が描くのは、ベトナム系移民・難民が自らの語りによって創り出す文化の緩衝地帯「アフロンティア」である。

## 二 「アフロンティア」としての歴史物語

では、『ヴェトキューの記憶』における文化の中間地帯とはいかなるものだろうか。まずは、第一巻『サイゴンを去る』を例に論じる。

バルーは学生時代ハノイに留学しているが、その際ホーチミンシティにある戦争証跡博物館を訪れている。『サイゴンを去る』は、バルーがそこで見た一枚の報道写真、ニック・ウトの『戦争の恐怖』から始まる。当時、全身に火傷を負いながらも逃げ惑うベトナム人少女の姿は、全世界に向けて戦争の暴力を伝えた(8)。ウトはこの写真で、一九七三年ピューリッツァー賞（ニュース速報写真部門）を受賞した。

この場面に続くのが、今も博物館に展示されるホルマリン漬けにされた胎児の標本など、戦争がもたらした非人道的結果の数々。ハリウッド映画が決して描かなかったベトナムの姿が暴かれる。そして、いささか教科書的ではあるものの、一九世紀フランスの植民地支配から第二次世界大戦時の日本占領を経て、戦後の独立運動からアメリカとの戦争に至るベトナムの近現代史が、第三者的視点から示される。ここまでがプロローグで、その後に始まるのがヴェトキューと呼ばれる移民・難民の物語。まず登場するのが、マルセイユに住むバルーの父親だ。

このように『サイゴンを去る』では、冒頭の数ページでベトナム社会主義共和国がプロパガンダとする戦争史観とハリウッド映画が伝えなかったベトナムの姿、さらにはベトナムの近現代史が矢継ぎ早に示される。これらは、いわゆるアメリカ的な理解とは異なる「ベトナム」の姿を表わすとともに、そのどれもが当事者であるベトナムの人々の経験を顧みていないことが、その後に展開されるヴェトキューの物語との対照性から明らかになる。つまり『サイゴンを去る』とは、これまでの文化・歴史的言説には、市井の人々の日常が反映されてこなかったことを示す作品なのだ。GB・トランとバルーを比較し論じるキャサリン・H・グエンは、グラフィックノベルが示すこのような多様性について、以下のように指摘する。

バルーとトランの作品から言えることは、テクストとイメージから成るグラフィックノベルは、個人の物語を多様な歴史の一部として表現する回想録ということだ。そこでは、単一の経験や固定化した歴史観が絶対視されることはない。グラフィックノベル作家が理解する移民や難民のディアスポラ体験は、彼らがもつ多様性と複数性を認め、ボート難民という彼らに付された

単純なイメージとその歴史を払拭《ふっしょく》する。(Catherine H. Nguyen 182–83)

国家が定める公的な歴史の枠に収まりきらないのが移民・難民の物語だとすれば、それを描くトランやバルーのグラフィックノベルが形作るのは文化的中間、すなわち文化の緩衝地帯たる「アフロンティア」にほかならない。

一方で、トラン同様二世作家のバルーには、移民・難民としての直接的な過去の経験や記憶はない。それゆえ、作品執筆にあたっては他者の記憶に頼らざるを得ない。とくに彼自身が生まれる以前の出来事、たとえばサイゴン陥落以前の親世代の経験については、知りうるすべがない。これは負の要素になり得る点だが、むしろバルーら二世作家・芸術家はこの立場を積極的に利用する。作品制作をきっかけに、作り手である二世と情報提供者である一世が世代を超えて協働し、「個人の歴史の継続的な伝播と継承」が期待されるからである(Nguyen 183)。個々人の経験にもとづく歴史物語を分かち合う姿勢は、現代のオーラルヒストリー研究における基本姿勢であり、歴史の当事者と表現者、さらには研究者が共有する倫理観でもある。このような創作・研究姿勢において重要なのは、歴史の経験者である一世が示す感情、もしくは情動をいかに表現するかである。一世が自らの体験を語る際に示す感情を、聞き手である二世はどのような立場で受け止め描くのだろうか。

決して長くはないグラフィックノベルの伝統では、『マウス』において父の語りから両親のホロコースト体験を描いたスピーゲルマンに倣い、書き手は「証人」の立場を取ることが多い。ここで重要なのは、「証人」の立場はモダニズム文学でいう「カメラアイ」とは異なる点だ。「カメラアイ」

が、理想主義的立場から一切の主観性を排した客観的視点を想定するのならば、グラフィックノベルにおける「証人」の立場は、自らの立場や存在を作品内に描き込むことで、その客観性を担保しない。そのことで、書き手や作り手の存在が当事者の語りに心理的な影響を与えていることをあえて示すためである。また、結果として再現される物語には、聞き手がもつ固有の歴史観も反映される。

こうしたことを理解した上で、歴史の伝播と継承を進めることに意味を見いだすのが、現代のグラフィックノベルであり、オーラルヒストリー研究である。『ヴェトキューの記憶』におけるバルーの聞き手および作者としての役割を、「社会正義、持続性、消費主義、人権」といったメディアによって流布される現代的価値観に影響されることなく、よって「[特定の」判断を下すことなく、証言を記録すること」と論じる批評家もいるが（Howell 30）、この解釈では書き手の存在を「カメラアイ」として非人称化しようとするモダニズム的理想を受け継ぐだけである。また、書き手である作者の特権的立場を、暗に認めてしまうことにもなる。現在のオーラルヒストリー研究では、聞き手も語り手も、さらには読み手も決して透明な存在ではない。「物語り」に参加する誰もが生身の人間であり、それゆえに多かれ少なかれ偏向した世界観や歴史認識をもつことを受け入れなければならない。グラフィックノベルにおける「証人」という立場がもつ意味を正しく理解するには、この点をつねに意識する必要がある。

以上の視点から、二世作家が描くグラフィックノベルやバンド・デシネを読めば、作家自身は直接語るべき過去をもたない、あるいはもち得ないという短所を超えた長所が見えてくる。聞き手、語り手、読み手が共有する時空間で、移民・難民一人ひとりが経てきた苦難の声が発せられると同時に記録され、さらに読み伝えられていく。このプロセスが、文化の緩衝地帯たる「アフロンティア」を形作る。「ディアスポラという個人の経験」を歴史でもなければ架空の物語でもない中間地帯に見いだすことで、所与の歴史が見過ごしてきた個々人の「過去」や経験が、世代や人種・民族を超えて広く共有される可能性を示すのが「証人」の役割だ（Nguyen 184）。

また、「証人」として作家自らが歴史の当事者に接し関わる姿勢を描き込むことで、作品に記録される証言がもつ生々しい感情も再表現できる。グラフィックノベルに描かれる歴史物語が映し出すのは、過去の出来事だけではなく、語り手たる体験者と書き手（記録者）である「証人」が共有する現在の経験でもある。そこには、過去を想起する語り手の複雑な感情も含まれる。そして、その延長線上に作品の読み手がいる。「証人」が語り手の言葉から受け取る感情は、作品を通じてやがて読者に伝わる。歴史を時系列に基づく事実の集積とする伝統的な歴史観とは異なり、グラフィックノベルやオーラルヒストリー研究における歴史とは、人と人との関わりを通じてつねに更新《アップデート》される有機的な「物語り」である。

したがって、グラフィックノベルやバンド・デシネにおいては、史実や語り手の経験もさることながら、それを伝播・継承する行為やプロセスが重視される。この点はバルーの作品を読む上で、理解しておかなければならないことだ。第二巻『リトルサイゴン』で描かれるロサンゼルス全米日系人博物館は、過去の出来事や経験が現代においてどのように理解され、表現されるかを示す時空間として描かれる。アメリカに脱越したベトナム系難民の過去と現在を描く『リトルサイゴン』で、第二次世界大戦中の日系人強制収容に関する資料を展示する博物館に特別な注意が向けられていることは、バルーの歴史観を知る上で重要だ。マエというフィリピン出身の女性キュレーターとの会話から、バルーはこの博物館の成り立ちを知る。

［マエ］「この場所には、元々仏教のお寺があった。でも、強制収容が行なわれることになって、収容者を集める登録所になった。まず、ここへ連れて来られて、それから強制収容所に送られた。」／［バルー］「つまりこの博物館は、特別な記念碑なんだね。それに幽霊。幽霊は強制収容所とは関係があるのだろうか」／［マエ］「幽霊は古いお寺にいた僧侶の霊だと聞いたことがある。」／［マエ］「この博物館には、人形やら何やらいろいろあるわ。死んだ人の魂とともに生きるのは、日本では文化の一部なのよ。」(Baloup, *Little Saigon*, 131)

マエが語る「死んだ人の魂」とともに生きるという感覚は、ベトナムの人々にも共有される感覚だ。ベトナムには「さまよう魂」という言い伝えがあり、祖先の土地を遠く離れ死んだ者は、永遠にこの世を彷徨うと言われる(cf. Karlin 180)。ベトナム戦争では三〇万人以上の犠牲者が出たというが、だからこそこうした言い伝えが現代でも人々の心に強く訴える。『サイゴンを去る』から『リトルサイゴン』へ、フランスからアメリカへとオーラルヒストリー探求の時空間を延伸することで、『ヴェトキューの記憶』はベトナム系一世が経験した過去を伝え残すだけではない。それは作家個人の成長とその足取りを描くバルー自らの「物語り」でもある。

## 三　もうひとつのリトルサイゴン

さて本書冒頭で示したように、現在アメリカ各地には数多くのベトナム系難民社会、いわゆるリトルサイゴンが存在する。カリフォルニア州オレンジ郡にある全米最大規模の地域コミュニティもあれば、ボストン近郊ドーチェスターのフィールズコーナーのように、アジア系を中心に多くのエスニックグループが混在する場所もある。その成り立ちがいかなるものであれ、現在二一〇万人を超えるベトナム系住民を抱えるアメリカにおいて、彼らの存在は社会的にも文化的にももはや軽視できないものだ。

こうした状況において、またベトナム系内部で世代交代が進むなかで、ともすれば忘れられがちな難民の過去や体験をいかに伝え残すかが、喫緊の課題である。この点から見れば、「リトルサイゴン」とは、ベトナム系コミュニティの総称として地政学的な意味をもつだけではなく、難民やその子孫が伝え残そうと努める歴史的な体験を示す国境横断的な記憶の物語を指す代名詞といえよう。実際、『ヴェトキューの記憶』第二巻のタイトル『リトルサイゴン』は、そのように理解すべきものだ。また、第一巻『サイゴンを去る』で描かれるフランスのヴェトキューの物語も、語りとしての「リトルサイゴン」の一部を形成する。

では、国境横断的な記憶の物語として、「リトルサイゴン」の中核を成すものは何なのか。フランス、アメリカをはじめ各国に離散したベトナム系の移民・難民を改めて結びつけるもの。バルーにとってそれは、ベトナムの食文化である。『ヴェトキューの記憶』では、移民・難民の記憶がつねに「食」と強い結びつきをもって描かれる。ベトナム系に限らず、日系や中国系、あるいはイタリア系やヒスパニック系でも、エスニック・コミュニティの特徴のひとつは間違いなく民族固有の食文化だ。地域社会を訪れる人々は、他所では味わうことができない食を求める。バルーが描くアメリカのリトルサイゴンもその例外ではない。「食」がベトナム系ならではの民族的時空間を演出する。

一方で、『サイゴンを去る』で描かれるフランスのベトナム系にとっての「食」文化は、集合的というよりは個々の家庭の食卓に近い。父の過去を辿る第一話は、エビを調理する父にバルーがどこで料理を学んだのかを問いかける場面から始まる【口絵8】。

どこで料理を学んだかって？　親父が料理するのを見ていたんだ。／授業がない時は、家で親父をよく見てた。それで料理が好きになった。／戦争だったろう。親父には仕事がなかった。みんなが物を壊しているときに、建築家［だった父］に用はなかった。だから親父は家で料理ばかりしてた。（*Leaving Saigon* 13–14）

そして、バルーの父は料理をしながら、幼少期の生活へと話をフラッシュバックさせていく。

あの頃のサイゴンは、子どもが遊ぶのには安全な場所じゃなかった。それでもよく遊んだものだ。どこへ行ってもアメリカの軍人がいた。奴らが落とす薬莢《やっきょう》を拾うんだ。強くたたきつけて爆発させると、まるで花火みたいに火が飛び散った。（15）

このようにバルーが描く「食」は、ヴェトキュー一人ひとりが異なる「食」への意識と体験をもつがゆえに、各々の家族の過去を体現し、そこから個々人の歴史物語へとつながっていく。これをジェニファー・ハウエルは、モダニズム文学の巨匠マルセル・プルースト（一八七一―一九二二）が描く『失われた時を求めて』（一九一三―二七）のマルセルの記憶と語りに比較する。

> 食が記憶を呼び覚ます外的な刺激として作用する（外的というのは、戦争や脱越の経験に対してという意味で）。プルーストが描くマドレーヌと、そこから無意識的に喚起される記憶のように、食べ物がバルーの描く登場人物に、過去を改めて経験させる。ただ、プルーストの場合と違うのは、バルーの作品では登場人物が意識的に記憶を辿っていく点だ。食べ物、より正確にはベトナムの食事が、過去と現在を結び祖国と移住先の国を結ぶ。目に見えるというよりは食すことのできるリンクとして、国境横断的な三つ組《トライアド》の頂点に立つ。加えて食との関係を通じて、これまで誰も語ろうとせず意図的に避けてきた記憶に、バルーは接する。そこには性的暴行の被害者が感じる羞恥《しゅうち》心や、再教育キャンプへ送られた人々の政治的主張などが含まれる。（Howell 37–38）

ハウエルが論じるプルーストとバルーの対照性から浮かび上がるのは、以下のことだ。二〇世紀初頭フロイド全盛の時代、無意識なるものに特別な意味を見いだそうとするモダニズム文学においては、記憶の存在が非自発的なもの、すなわち無意識的産物として理想化された。よって、モダニズム文学の語り手には、記憶を想起できる者という、必ずしも誰もがもち得ない文学的特権が与えられた。そこでは記憶を喚起する行為が、ある特殊な能力や偶然の結果起きる特別な現象として描かれた。プルーストの描くマルセルがマドレーヌを口に入れた瞬間、無意識のなかに埋もれていた記憶を喚起し、壮大な物語を語り始めるのは典型的な例だ。

一方、バルーが対話を通じて語り手から引き出すヴェトキューの記憶は、自発的かつ能動的な働きかけの結果得られるものだ。つまり、ヴェトキューはこれを自らの意志で封印もすれば、思い起こしもする。だから『ヴェトキューの記憶』においては、モダニズム文学で記憶の想起者たる語り手に与えられた理想的特権はもはや存在しない。語り手の多くは日常生活を通じて、辛い過去とその記憶を意図的に心の奥底に閉じ込める。この意識的な抑圧の力を解いて、過去へのアクセスを可能ならしめるのが、対話者たるバルーの役割であり、「食」はそのきっかけをつくる。

それにしても、『モンキーブリッジ』で伝統的なベトナムの食文化を描いたラン・カオや、ガートルード・スタインに仕えるベトナム人シェフの物語からモダニズムのパリの食卓を再現した『ブック・オブ・ソルト』のモニク・トゥルンら、いかに多くのベトナム系作家・芸術家が「食」を描いてきたことか。二〇一九年には、カリフォルニア州オレンジ郡にあるリトルサイゴンのブラック・アンブレラ・タトゥー・アート・ギャラリーで、ベトナム系アメリカ文学芸術協会主催の展覧会『食を飾る』が開かれ、ベトナム系二世を中心とする若い世代にとっての「食」と家族の結びつきが、作品として展示された。難民家族にとって「食」がもつ重要性を改めて示すイベントだ。「食」が民族固有の文化を映す重要な要素であることは、決してベトナム系に限ったことではないが、これほど「食」が文化の中心を占めるのは珍しいのではなかろうか。

『ヴェトキューの記憶』第二巻『リトルサイゴン』は、ニューヨークにある小さなベトナム料理店を訪れたバルーが、若い店主アン・スアンからベトナム伝統料理のひとつフォー作りの秘訣を学ぶ場面から始まる【口絵9】。そして、食が進みアメリカに来た目的を語りだすバルーに、スアンがアメリカのベトナム系難民には、まだ戦争が終わっていないと感じている人々が少なからずいることを告げる。

「タブーかどうかはわからない。／ただ微妙で痛ましいトピックだ。見ず知らずの人間に進んで打ち明けるような話じゃない。それも漫画《コミック》を描くためとなれば。」(Baloup, *Little Saigon* 8–9)

門外漢《もんがいかん》はお断りと言わんばかりのスアンの言葉だが、めげることもなくバルーは西海岸へと足を伸ばし、サンフランシスコ、サンノゼ、ロサンゼルスとベトナム系コミュニティが展開する都市へと向かう。そして、多くの難民から過去を聞きだすことに成功する。そうした場面で描かれるのがフォーを主とする「食」であり(5–7, 19, 31, 247–49)、アメリカにおける「食」の集積所フードコートを備えるモールである(30–33, 134–35)。この点は、家庭料理が語りのきっかけだった『サイゴンを去る』とは明らかに異なる。アメリカでは、リトルサイゴンという組織化された時空間がベトナム系の人々を集めるコミュニティとして機能するがゆえに、「食」文化も集合的な単位で機能することが多い。

ところで、バルーが『リトルサイゴン』で描く物語は、すべて一世が語る脱越の過去と難民生活の現在であり、そこに若者が入り込む余地はない。なぜなら「若い世代の間では、記憶が途切れている」からだ。それはある意味「やむを得ない」ことなのかもしれない（248）。しかし、その点をやや否定的に意識するバルーは、旅路の果てに台風カトリーナによる災害被害からまだ復興途上のニューオーリンズに立ち寄る[9]。そして、地元で評判のフォーの店に入ると、難民一世の父から店を受け継いだというカールに出会う。まだ若いカールだが、若い世代のベトナム系を次のように表現する。

「可哀想に、若い連中には帰属意識がないのさ。なんとはなしにすべてが失われていく。わかるだろう。伝統文化はなくなりつつある。でも心配ない。すべてのベトナム系ディアスポラを取り結ぶものがある。」「本当かい。若い世代と高齢者が？　資本主義に溺れる連中と愛国主義者が結びつくのかい？」「ああ、そうだ。誰もが納得するのがベトナムの食事だ。ベトナム料理は世界一だからな。ははは。」（249）

「食」は世代間の差異を超え、文化の違いを乗り越え、人々を結びつける。ベトナムの食文化は、「国境を越え、新たな政治・社会的文脈のなかで、ともに進化・変貌する」とは、『ヴェトキューの記憶』に描かれる「食」を論じたハウエルの言葉だ。「食」は各地に離散し、新しく多様なアイデンティティを獲得したベトナム系の人々を改めて結ぶ「社会的機能」を備える（Howell 36）。バルーがリトルサイゴンでの経験から物語る難民の歴史が、そのことを証明する。

## 四 ベトナム系の夢と語り――「物語り」が創るもうひとつの未来

バルーが『リトルサイゴン』執筆にあたりその舞台としたベトナム系コミュニティについては、本国ベトナムとの関係や各地に点在する小ベトナムならではの地政学的役割を中心に、これまでさまざまな視点から論じられてきた。なかでも興味深いのは、オーストラリアのベトナム系難民家族を対象に行なった現地調査にもとづくマンディ・トマスの論文「越境する」だ。トマスによれば、いわゆるリトルサイゴンは南ヴェトナム出身の人々にとって、ベトナムが社会・共産主義化しなければ「なっていたであろう」仮想的なベトナムの姿を示す。

> リトルサイゴンは、共産主義がなければベトナムがなっていたであろう姿を示す実証実験の結果のようなものだ。少なくともそう信じている人々がいる。この小さな町は、とてもアメリカ的だ。ケバケバしい広告や多くの店。駐車場を埋め尽くす高級車の数々。(Thomas 140)

この全米各地に点在する小ベトナムは、アメリカの大量消費文化のなかで形作られた均一化したコミュニティで、どれもが移民・難民のためのネットワークとして等しく機能する(cf. 159, 160)。

興味深いことに『リトルサイゴン』では、アメリカ最大のベトナム系難民社会、ロサンゼルス近郊オレンジ郡のリトルサイゴンを描く場面で、このトマスの文章がそっくりそのまま引用されている（cf. 140）。このことはフランス出身のバルーが、アメリカ的なリトルサイゴンがもつ均一性を認めている証拠だろう。個々のベトナム系コミュニティがもつ地域性を論じることなく、バルーは難民が語る過去へと意識を集中させる【口絵10】。

聞くに値する多くの物語があった。勇敢な脱越の旅、生存者の物語、家族のドラマ。人々はこうした話をそっと自分だけのものにしてしまい込んできた。（*Little Saigon* 248）

いまだ男たちの視線を集めてやまないサンノゼの中年女性アン。統一ベトナムで女子バレーボールの中心選手として活躍しながらも脱越、現在はオレンジ郡で娘とともに暮らすイェン。サウスカロライナでエビの卸業《おろしぎょう》を営むタムと妻ニコル。彼女たちの記憶は過去へと、そしてベトナムへと遡り、長く複雑な脱越の物語が展開される。すでに『サイゴンを去る』において語られたベトナム系移民・難民の歴史は、リオタールが言う「小さな物語」だった。それは公的な歴史という「大きな物語」に対峙《たいじ》するものとして、個々人の生の声を拾い上げる新たな歴史として示された。これに加えて『リトルサイゴン』では、脱越者の感情がより丁寧に描かれる。バルーが対象にするリトルサイゴンの人々にとって歴史とは、単なる事実や出来事の集積ではなく、感情やより細かな情動も含む「物語り」としての歴史である。

「物語り」としての歴史、あるいは「語りの歴史」において、それを聞く者は歴史の臨場感を得るだけではなく、その多様性と重層性を意識する。脱越者が語る過去が示すさまざまな歴史は、大量消費文化の象徴であるショッピングモールのように均一化された空間として存在するリトルサイゴンとは著しい対照を成す。歴史物語としての「リトルサイゴン」は、フードコートのなかでファストフード化されたエスニックフードとは違う、本来民族文化にあるべき大衆性を備える。第二巻冒頭、アメリカに着いたばかりのバルーに、ベトナム伝統料理フォーの店を営むアン・スアンが訴えたのは、フォーという料理がもつ大衆性と多様性だった。

フォー作りの秘訣を知りたいんだろう。フォーは究極のベトナム料理だ。ベトナムではストリートフードだ。誰もが路肩《ろかた》に座ってフォーを食べる（アン・スアンはブルックリンにある「キッチン《ベップ》」というレストランのオーナーだ）。本当を言えば、そんなに難しい料理じゃない。ただ、スープ作りには時間がかかる。いろんなスパイスを使う。スターアニス、ジンジャー、クローブ、ナツメ、シナモン、それにカルダモン。小さな布袋にすべてのスパイスを入れる。そうすればうまい具合に香りが混じる。それに大きな骨の塊を加えて出汁《だし》を取る。アメリカでもフォーは人気だ。バインミーっていうサンドイッチがあるだろう。あれと一緒でクールな食事なんだ。
(*Little Saigon 5*)

実のところ、バルーの作風に対しては批判もある。すでに紹介したように、『サイゴンを去る』初版においては男性移民・難民のみが対話相手として登場し、女性の存在に目が向けられることはなかった。また、バルーのようにフランスにはベトナム人とフランス人の間に生まれたメティが少なからず存在するにもかかわらず、メティとフランス人の親との関係が取り上げられることもない。バルーの母に話がおよぶ第一巻第一話でも、「それはまったく別の話」という父のひと言であとが続かない（*Leaving Saigon* 22）。フランスとインドシナという旧宗主国と旧植民地の関係を想起させうる両親の関係を取り上げるのが、いまだフランスでは難しいのか。それとも、マッキニーが指摘するように、「個人的な問題」は避けたいという作者の気持ちが強いのか（Mckinney 142）。ベトナム系アメリカ人作家ならば、一度は目を向ける在留兵士と現地人女性の関係にも話はおよばない。

また、『リトルサイゴン』では難民社会の語り手が、アメリカの文化や社会を一様に理想化している点には注意が必要だろう。仲間のベトナム人男性から性的暴行を受けながらも、やっとの思いで脱越に成功したアンは、「夢を追うには自由の国［アメリカ］ほど素晴らしい場所はない」と話を締めくくる（*Little Saigon* 121）。ベトナムで築いたスポーツ選手としての名声を捨て、娘の将来について悩んだあげくに脱越したイェンは、オレンジ郡のリトルサイゴンを「エルドラド」、すなわち「黄金郷」に喩える（171）。バルーが描く「リトルサイゴン」の語りには、ヴィエト・タン・ウェンが警戒する「和解」の特徴が散見される。しかし、「証人」役のバルーは、そのことに気づかない。

それでもバルーの作品により、これまで結びつきが弱かったアメリカのベトナム系とフランスのベトナム系の間に接点が得られた点は、評価されてしかるべきだ。『サイゴンを去る』刊行を受けて、オーレリー・シュバンは「ベトナムの文化遺産に対するヨーロッパ的な先入観を再検証」し、移民・難民が体験した「集団的トラウマを国境横断的な歴史」として改めて記録する作業に、バルーが携わっていることを高く評価した（Chevant 82）。つまりバルーが描く「リトルサイゴン」とは、既存の文化を取り巻く制約を乗り越え、所与のアイデンティティや価値観に囚われることなく新たな文化を創出することができる時空間「アフロンティア」であり、そこで人々は国境横断的な記憶の物語を歴史化する。そのプロセスを通じて、バルーの作品そのものも未来へ向けてつねに進化していく可能性を示す。

事実、『ヴェトキューの記憶』は第一巻、第二巻に続き英語版が出版された後にも続いている。二〇一七年に第三巻『台湾人との結婚』が刊行され、これまでバルーが避けてきたように思われたベトナム人を巡る婚姻関係が取り上げられた。一九九〇年代後半に社会現象として問題視されるようになった、貧しいベトナム人女性と台湾人男性との国際結婚のことだ。統計を見れば、一九九五年に一五〇〇人足らずだったベトナムから台湾への外国人花嫁の数は、二〇〇〇年代初頭には六万人に膨れ上がり、その後も増え続けた結果、現在ベトナム人女性が台湾人男性とつくる世帯は一〇万を超える（cf. Alicia Nguyen）。

その状況は、男性が仲介業者に手数料として数千ドルから一万ドルを支払い、ベトナム人女性と家族は一〇〇〇ドル程度の報酬を受け取る。女性本人は経済的な安定を求めてこの種の結婚に踏み切るというが、人身売買にも近い取引への批判は少なくない。また、婚姻相手の男性の教育程度が低いことや、女性の年齢に比べ男性の年齢が著しく高いこともあり、安定や幸福を手に入れられるとは限らない。夫や台湾人家族と円満な関係を築けなかったベトナム人女性が売春に手を染め、社会問題と化すこともある（cf. Sz-ruei and Kao）。国際社会に復帰してすでに数十年を経たベトナムがいまだに抱える貧困が、新たな女性ヴェトキューを生み出していることに注意の目が向けられる。

『ヴェトキューの記憶』第三巻でバルーが対象とするのは異人種間関係ではない。それでも、ベトナム人女性がアジア人男性との間に抱える性と経済に関する諸問題を取り上げる姿勢は、これまでのバルーにはなかったものだ[10]。作家としてのバルーの成長を感じさせるとともに、戦後四〇年を経てヴェトキューを巡る問題が、なお現在進行中であることに思いを新たにさせられる。

以上、『ヴェトキューの記憶』第一巻では、自らにとって身近なフランスのヴェトキューの過去を描くところから出発したバルーが、第二巻『リトルサイゴン』ではアメリカの戦争難民へと対象を拡大。離散するヴェトキューに目を向け、ベトナム系が経験した脱越と越境の過去を「語りの歴史」として表わした。そして今、台湾に向かうベトナム花嫁の姿を通じ、バルーが描く「物語り」としての「リトルサイゴン」は、さらに成長を続ける。今後も異なる時空間に住まうヴェトキューを有機的に結びつけようと、バルーの旅路は延伸し、彼が描く「語りの歴史」はより一層の深化を続けるに違いない。

## あとがき
# アジア系アメリカ運動とベトナム系難民

本書では、リトルサイゴンを舞台に目覚ましい発展を見せるベトナム系アメリカ文化・文学の現況について、ラン・カオ、ヴィエト・タン・ウェン、ディン・Q・レら一・五世代作家・芸術家が果たしてきた役割を中心に、GB・トランら二世の活躍にも触れ論じてきた。最後にもう一度繰り返せば、この文化・文学の礎を築き、現在もそれを支える一・五世代の役割は主に二点。まずはリトルサイゴンという難民社会において、英語圏文化をよく理解していない一世と、ベトナムの伝統文化を知らない、あるいは知ろうともしないアメリカ生まれの二世の橋渡しを務める役割。もう一点はこの難民社会と外部のアメリカ社会をつなげる役割だ。簡潔に言えば、一・五世代はコミュニケーターの立場にあり、アメリカ文化とベトナム文化の狭間《はざま》に立つ中間世代として、文化の翻訳者の務めを果たしてきた。

一方で、移民文化にしろ難民文化にしろその特徴は、いかに過去の記憶や風習を維持しようと努めても、世代を経るにつれ祖国文化への理解が希薄化し、ジェネレーションギャップが拡大していく点にある。いわゆるエスニック文学の多くは、こうしたテーマを題材に、自らの文化的立ち位置を確認する作業を重ねてきた。また、近年はアジア系社会における異人種間結婚、とくにアジア系女性とヨーロッパ系白人男性との婚姻が増加傾向にあり、人種の融合が進む。アメリカのシンクタンク、ピュー・リサーチ・センターが行なった二〇一四—一五年の調査では、アジア系の一〇人に三人は、異人種間結婚を選択する（cf. Livingston）。その割合が最も高いのは日系人で、二〇〇〇年の統計においてすでに男性の三〇％以上が、女性の場合にはほぼ半数の四八％が異人種間で結婚する（cf. C. N. Le）。そして、この影響は各方面に見られる。(1)

たとえば、アジア系社会で人気の高いイベントに、ビューティ・コンテストがある。近年はその内容から開催の是非について問われることもあるが、エスニック・コミュニティの結束を高めるために、かつてから大切にされてきた催しだ。なかでもロサンゼルスのリトルトーキョーで毎年夏に開かれるニセイ・ウィーク・フェスティバル（二世週日本祭）のクイーン選びには、多くの参加者が集まる。そのエントリー資格を見れば、アメリカ国籍をもつ一九歳以上二五歳未満の未婚女性であることに加え、少なくとも両親の一人が日系人であること、またそのことを証明する公的書類の提出が義務づけられている（cf. "Become a Court Member"）。フェスティバルの開催が、「日本ならびに日系アメリカ人の歴史的伝統の継承」を目的とするからには必要な規定と推察されるが、こうした規定の存在は日系社会における人種の多様化と流動化が著しいことを暗に示す（"Mission Statement"）。成熟した移民社会においては、伝統文化や社会的慣習の継承がひと筋縄ではいかないことを物語る事例である。

　同様の傾向は、難民社会の形成からまだ日が浅く、民族的な結束が比較的強いはずのベトナム系アメリカ人の間でもすでに起きつつある。二〇〇〇年の統計では男性の九割近くが、また女性の八割がベトナム系同士での結婚を選択していたが、女性の一割弱は白人男性と婚姻関係を結ぶ。これは、日系やフィリピン系女性の三割が白人男性と結婚する状況を予見させるものかもしれない。実際、ベトナム系女性作家では、ラン・カオやビック・ミン・グエン（一九七四―）らが白人男性をパートナーに選んでいる。アメリカ社会で異人種間結婚が公的に認められる一九六〇年代以前の日系・中国系に比べ、ベトナム系の同化ペースは確実に速いといえる。

　急速に進行するベトナム系のアメリカ社会への同化を説明するには、時代による人種意識の差や、法規制の緩和に目を向ける必要がある。初期アジア系移民の歴史を振り返れば、アジア系がアメリカ社会に流入し始めるのは一九世紀半ばカリフォルニアでのゴールドラッシュ以降のこと。大陸横断鉄道の敷設に大きな役割を果たした中国系労働者や、荒れた土地の開墾《かいこん》を通じてハワイや西海岸の農業発展に貢献した日系人が、二〇世紀初頭にかけてアメリカでの生活基盤を形成した。その間、一八八二年に施行された中国人移民排斥法をはじめ、移民受入数を出生国別に行なうクオータ制を導入した一九二一年のジョンソン法、また排日移民法とも呼ばれる一九二四年の移民法など数々の障害に加え、第二次世界大戦下の日系人強制収容など、順応のプロセスを鈍化させる出来事も多々あった。

　これに対しベトナム系難民がアメリカに入ってくるのは、一九六五年に移民数割り当て制限を撤廃したハート＝セラー法以降のこと。ベトナム戦争後、国際社会での政治的立ち回りを円滑にする目的もあり、合衆国政府が積極的に難民を受け入れたことから、ベトナム系のアメリカ社会への同化は加速度的に進行した。その結果が、いわゆる一・五世代の台頭と活躍である。若い難民世代に関する学術的な定義や研究上の根拠は「序」で示したが、ベトナム系難民の同化は一・五世代によって急加速し、二世においては他のアジア系でいう三世のレベルで社会への同化・順応を果たしている(2)。

さらに言えば、ベトナム系一・五世代は文化の発信においても、日系・中国系といった先輩アジア系二世が果たした役割と同等か、むしろそれ以上のものを担っている。民族グループにより異なる歴史的背景があるので単純比較はできないが、一般的に言ってアジア系作家・芸術家の作品がアメリカで流通するようになったのは一九七〇年代以降のこと。それ以前のアジア系文学で日の目を見た作品は数少なく、日系や中国系の作家・芸術家がわずかに活躍したに過ぎなかった(3)。

この状況を大きく変えたきっかけは、一九六〇年代公民権運動に続いたアジア系アメリカ運動だった。アジア系アメリカ文学研究の第一人者として知られるキン＝コック・チャンによれば、「アジア系アメリカ文学」というジャンルが確立するのは一九六〇年代後半のことだ（Cheung 1）。それ以前から日系、中国系、フィリピン系を中心に多くのアジア系移民がアメリカ国内に居住し、リトルトーキョーやチャイナタウンといった移民社会を形成していたにもかかわらず、民族的枠を超えたアジア系アメリカの連携は皆無に等しかった。変化のきっかけは、アフリカ系を中心とする公民権運動が大きな成果を挙げたこと。そして、泥沼化するベトナム戦争への反戦運動が勢いを得たことだ。チャンによれば、アジア系の「政治的連帯と文化的ナショナリズムを促進するため」に、一九六〇年代後半には収束へ向かっていた公民権運動に代わるようにして始まったのがアジア系アメリカ運動だ(2)。一九七〇年代半ばまでに、ニューヨーク、サンフランシスコ、ロサンゼルスといった大都市を中心に展開し、文化・文学の分野をはじめ政治的にも一定の成果を挙げた。

この運動における中心人物の一人、のちにハワイ大学法科大学院教授を務めたクリス・イイジマ(一九四八―二〇〇五)は、日系三世の活動家タケル・イイジマとカズコ・イイジマの間に生まれたミュージシャンとして活躍した。イイジマはコロンビア大学在学中の一九六八年にベトナム反戦運動に加わると、翌一九六九年にはマルコムX(一九二五―六五)の影響色濃い二世活動家ユリ・コチヤマ(一九二一―二〇一四)を中心にニューヨークで立ち上がった左翼的政治組織「行動するアジア系アメリカ」に両親とともに参加。反戦運動を通じてアジア系アメリカの地位向上に努めた(Maeda, "The Asian American Movement" par. 6)。また、当時白人中心のショービジネス界で悪戦苦闘していた三世パフォーマーのジョアン・ノブコ・ミヤモト(一九三九―)を歌手に迎え、中国系移民チャーリー・チン(一九四八―)とフォークバンド、イエローパールを結成。当時の人気番組『マイク・ダグラス・ショー』に出演し(一九七二年二月一五日放送)、「イマジン」(一九七一)などのヒット曲でベトナム反戦を訴える元ビートルズのジョン・レノン(一九四〇―八〇)とオノ・ヨーコ(一九三三―)に紹介された。一九七三年には、反戦を通じアジア系アメリカを歌ったアルバム『一粒の砂――アジア系アメリカによる闘争を支える音楽』をリリースしている。

このようにアジア系アメリカ文化の確立に影響したのは、公民権運動後のアメリカ社会における変革の空気とベトナム反戦運動だった。このアジア系アメリカの覚醒を経て、一九七〇年代後半から一九八〇年代初頭にかけて、アジア系アメリカ文学、およびエスニック・スタディーズという学問分野の確立が進んだ。そこには、今やアジア系アメリカ文学の古典となったフランク・チンの『アイイー!』出版といった、新時代の到来を告げる出来事も含まれる。

ただ、アジア系アメリカ運動については、今だからこそ遡及的に指摘できる矛盾もあった。それは、サイゴン陥落を経て次々とアメリカへ入国するベトナム系難民の反共産主義的な強い保守姿勢と、反戦運動を通じてアジア系アメリカが理想とした左翼的世界観の間に生じる矛盾だ。クリス・イイジマをはじめとするアジア系アメリカ運動の中心人物たちは、いわゆる六〇年代《シックスティーズ》にトム・ヘイデン(一九三九―二〇一六)らが結成したアメリカ民主党の下部組織「民主的社会のための学生連盟」(通称SDS)や、急進的な黒人政治組織ブラックパンサー党の活動を通じて広まった社会民主主義の流れを汲む。とくにイイジマの両親やコチヤマ、あるいは一九七〇年に北ベトナム、北朝鮮、中国と共産主義諸国を歴訪するなど、先鋭的な政治行動で知られた三世活動家パット・スミ(一九四四―九七)らが展開した東南アジアにおけるアメリカの軍事的覇権への批判、アジア人ならびにアジア系アメリカ人の人権軽視への抗議の思想的根幹にあったのは、アジアおよびアジア系の連帯だった。(4) これに対し、本書で繰り返し論じてきたように、一世を中心とするベトナム系難民社会は、程度の違いこそあれ強い共産主義アレルギーを抱えていた。

結果的に、ベトナムから多くの戦争難民がアメリカに到着した一九七〇年代半ば以降、戦争終結を受けて反戦活動という大きな目標が失われたこともあり、アジア系アメリカ運動は政治的先鋭さ、ならびにその存在意義を急速に失っていく。一方で、アジア系アメリカ運動のもうひとつの目標だったアジア系固有の文化・文学の形成については、一九八〇年代に浸透した多文化主義的価値観の後押しもあり、社会的に認知され、評価されていった。このことが、後の一・五世代以降のベトナム系作家・芸術家の活動を支える下地にもなった。難民文化・文学の受け入れに対するアメリカ社会の理解は、以前に比べ格段に高くなっていたのだ。つまり、かつての活動家が示した左翼的な政治姿勢は、難民の反共主義とは相容れなかったものの、ベトナム反戦がひとつの契機として始まったアジア系アメリカ運動なくしては、のちに展開するベトナム系アメリカ文化・文学の形成が早期に進むことはなかったと推察される。

とはいえ、ベトナム系難民の流入が、アジア系活動家が抱いた「ベトナム」への幻想に対し、あるがままの現実を突きつけたことを見逃してはならない。白人アメリカ社会が作り上げた「ベトナム」という紋切り型のイメージに難民作家・芸術家が憤り、それに抗議するかのように次々と作品を制作してきたことは本書で繰り返し述べた。一方で、アジア系アメリカがベトナム戦争やベトナムの統一を通じて共産主義革命に見いだした希望にも、ベトナム系難民は自らの存在をもって強烈なノーを示したといえる。難民の存在が、アジア系の幻想を意図せずして正したことになる。

同時に、ひと口にベトナム系と言っても、そこには多様な意見なり声があることも本書で論じてきたことだ。多くの南ベトナム出身者が強い反共思想を示す一方で、共産主義者と同一視されがちなベトコンの立場も、決して北ベトナムの立場とイコールではなかった。また、イデオロギー対立がベトナム系住民の抱える問題のすべてかと言えば、それも正しい理解ではない。確かに難民社会では強い反共主義ゆえに、今でも言論の自由が脅かされる雰囲気がないわけではない。しかし、かつてと違い、アメリカで教育を受けた一・五世代以降のベトナム系が示すリベラルな政治・文化的指向が難民社会を変えつつある。難民一世はリトルサイゴンというエスニック・コミュニティを短期間のうちに作り上げたが、そこでの声は日毎に多様性を増している。

この多様な声が織りなす難民社会の「物語り」を、本書では象徴的に括弧付きの「リトルサイゴン」と呼んだ。そこにはベトナム戦争の過去と、難民が経てきた脱越とそれ以降の歴史が刻み込まれる。一方で、この歴史はいわゆる公的文書により裏付けされる「大きなナラティブ」とは異なる「小さなナラティブ」の集積だ。ベトナム系の人々が自らの経験をもって創造、あるいは想像する「物語り」の歴史は、今後も広く人々に共有されるだろう。

最後に本書を締めくくるにあたり、ベトナム共産主義政権へのディン・Q・レの複雑な思いを紹介し、読者の方々に戦後これまで難民が抱き続けてきた反共思想について今一度考える機会を提供できればと思う。それは東京での大規模個展が無事に終わった二〇一五年クリスマスの日のこと。ホーチミンシティのスタジオ、サン・アートを訪れた筆者に、レは難民芸術家の一人としてアメリカはもちろんのこと、ベトナム共産党政権への複雑な感情を語ってくれた。

**筆者**：脱越後はアメリカで活動し、成功を収めたあなたがベトナムに戻った背景には、アメリカに対する否定的な感情があったのでしょうか。

**レ**　：アメリカ政府に対しては批判的にならざるを得ないけれど、アメリカ人には良い人たちも多い。政府と人々は分けて考えないといけない。僕にはアメリカへの怒りはない。難しい問題だけどね。

**筆者**：確かにあなたはやみくもにアメリカを批判するわけでもなければ、リトルサイゴンにいるきわめて保守的なタカ派の人たちとも違いますよね。

**レ**：ベトナム政府に怒っている連中のことだね。でも、彼らの気持ちもわかるよ。つまり彼らは再教育キャンプを経験し、強制労働を課されて、それは滅茶苦茶な話さ。忘れやしない。この政府が僕らの家族にしたことを。厄介なことに、あの頃カンボジアが僕らの町を侵略した。それでベトナムから逃げ出したんだ。ずっと怒っていたよ。一〇年も一五年も前のことだけどね。今でもある意味怒っている。ただ、一生怒り続ける気はない。終戦から四〇年が経つ。脱越してから三七年だ。もう怒るのはこりごりだ。

**筆者**：ベトナムに戻ったということは、過去を水に流したということでしょうか。

**レ**：いや、忘れたわけじゃない。何にだって表と裏と両面ある。それでも随分前に悟ったんだ。怒っていても役に立たないって。どうして共産主義者があんなことをしたのか理解すれば、謎も解けてくる。何で再教育キャンプや強制労働があったのか、わからなくもない。彼らにしてみれば、敵をとことん叩きのめして、二度と立ち上がれないようにする必要があったんだ。わかるだろう。一度理解さえすれば……。とても難しいことではあるけれど。でも理解せずに怒り続けるよりも、理解した方が良いと思った。怒っていても何も解決しないってことを学んだ。長い時間をかけて、随分苦労したけどね。

さらにレは、ベトナムの人々が戦争を通じて果たしてきた役割についても、冷静かつ内省的に語ってくれた。

**レ**：誰もがアメリカのせいにしたがっていることはわかる。ただ、フランスとの戦争に勝った後の悲劇は、僕らが作り出した悲劇でもある。確かにアメリカは南ベトナムを途中で見捨てた。でも、僕らが果たした役割も大きい。アメリカだけの責任じゃない。これからはもっとそのことを表現したいと思っている。自分たちが過去にしたことを思うと、怒りより悲しみがこみ上げてくる。酷いことをしたって。(Personal Interview. 25 Dec. 2015)

*　*　*

本書の執筆には、一〇年以上の歳月を要したといって良い。そもそものきっかけは、二〇〇九年に出版したラン・カオのデビュー小説『モンキーブリッジ』の翻訳だった。その後、単著『ポストモダンとアメリカ文化』で、カオをはじめ、モニク・トゥルンやディン・Q・レを論じたこともあり、二〇一二年からはほぼ毎年ロサンゼルス近郊に広がるリトルサイゴンへ通った。

当時、翻訳のおかげでカオとは親交があった。また、研究を通じて名前だけは知っている作家・芸術家も多くいた。それでも、まずは知見を広げようとロサンゼルスで広く活動を展開するベトナム系アメリカ文学芸術協会の中心メンバーだったイサ・レに連絡すると、現地芸術家の面々と出会う機会に恵まれた。同時に学会を通じて面識があったヴィエト・タン・ウェンには、彼の教え子だったヴェト・レを紹介してもらった。二〇一二年、夏のロサンゼルスでのことだ。

フィールドワークという意味では、このように手探りの状況から始まったものだから、研究が軌道に乗るにはしばらく時間を要した。また、文献研究の素養は長く培ってきたものの、人と会い、そこから何かを得るというやり方には不慣れでもあった。ひとつの転機は、二〇一五年に森美術館で開かれたディン・Q・レの個展だった。ディンが来日するというので、思い切って担当キュレーターの荒木夏実氏に連絡をとると、快くディンを紹介していただいた。その年の暮れにはホーチミンシティにあるディンのスタジオを訪れ、ゆっくり意見交換ができた。本書第四章は、この経験がなければ書きえなかったものだ。

二〇一九年には、ヴェト・レを東京に招き講演を開くことができた。ロサンゼルスではたびたび会っては話をする仲だったが、やはり東京でじっくり時間をとれたことで、ヴェトの芸術的意図をよく理解できるようになった。加えて、ヴェトからは他のベトナム系作家・芸術家のことなど、多くの関連情報を提供してもらった。本書第三章は、まさにその成果といえる。なお、七月三日に行なったヴェトとのインタビューの一部は、アジア系アメリカ文学会発行の『ＡＡＬＡジャーナル』に掲載した［cf. Takashi Aso, "The 'Love Bang!' Trilogy and the Returns of Art and Empire: An Interview with Việt Lê," *AALA Journal* 25 (2019): 104–17］。

さらにディンとヴェト、それにピポ・グエン＝ズイからは、本書で使った作品画像を無償で提供してもらった。刺激的なカバー写真はヴェトの代表作《ラブ・バン！》からのスティル画像「チャーリーズ・エンジェル」だ。加えて、ヴェトには出版予定の近著『帰還する約束』の草稿をはじめ、数々の資料を提供してもらった。三人の貢献がなければ、本書の出版は叶わなかった。心より感謝申し上げる。

ところで、本書の出版にあたっては再度彩流社にお世話になった。とくに担当の真鍋知子氏には、すみずみまで面倒を見ていただいた。真鍋氏の丁寧な仕事がなければ、本書の出来もこれほど素晴らしいものにはならなかっただろう。改めて御礼申し上げる。

最後に本書の出版にあたっては、日本学術振興会科学研究費による助成を繰り返し受けてきた。二〇一二年度から基盤C「ポストモダニズム以降の文化研究——文化翻訳の実践とベトナム系アメリカ文化」（1320-5114）、続く二〇一五年度からも基盤C「異文化空間としてのトランスパシフィック——アジア系アメリカ文化の太平洋横断的展開」（15K02362）、そして二〇一八年度にも基盤C「太平洋横断的ヴェトナム系アメリカ文化研究の構築にむけて——難民文化の再越境と変容」（18K00435）を得ることができた。フィールドワークを多く含む本書の研究は、上記助成金がなければ実現しなかった。関係諸氏には厚く御礼申し上げる。

いよいよ脱稿し、グラフィックノベル二冊からの版権取得を済まそうかという頃、新型肺炎が世界を襲った。その影響もあって出版の準備には、より長い時間を費やすことになった。それでも無事刊行に至ったのは、真鍋氏はじめ関係諸氏のおかげだ。しばらくは難しい時期が続きそうだが、いずれまた安心してフィールドワークに出かけられる日々が戻ることを念じて本書を閉じたい。

二〇二〇年、初夏の東京にて

麻生 享志

## ◉注

### まえがき

（1）ＶＡＨＦホームページによれば、同団体設立の目的は、「ベトナム系アメリカ人の歴史と遺産」の「保存」を「支援」し、その意味を積極的に後世に残していくことにある。詳細は <www.vietnameseamerican.org> を参照。

（2）ウェンという名前の表記に関しては、『シンパサイザー』の翻訳者上岡伸雄に倣《なら》った。同書「訳者あとがき」には、次のようにある。「姓の Nguyen は通常「グエン」と表記されるが、アメリカではもっぱら「ウェン」と発音されるとのことで、今回の表記もそれにならった」（四九三）。ただ、本書ではウェン以外の Nguyen については、通常のグエンと表記した。一見紛らわしくはあろうが、ベトナム系アメリカ人だけではなくベトナム人に言及することもあるため、通常のベトナム語表記を優先する。

### 序

（1）ベトナムを統一するにあたり、北ベトナム政府は旧南ベトナムの地名の多くを改称し、社会主義による統治を印象づけた。南ベトナム共和国の首都サイゴンが、北ベトナムの指導者だったホー・チ・ミンの名前に改名されたのは最も典型的な例である。

（2）ただし、ウェンらは自らを一・五世代と呼ぶことが多い。そこで本書では、ランバウトならば一・七五世代と呼ぶだろう一九七〇年代生まれの難民も一・五世代として区分する。

（3）一九八〇年代から一九九〇年代は、映画批評が盛んになった時期でもあり、多くのベトナム戦争関連映画が研究対象として論じられた。Dittmar and Michaud 等を参照。

（4）この状況が、戦後各国へ離散を余儀なくされた南ベトナム出身の難民にとって第二の敗戦に等しいと語るのは、ヴィエト・タン・ウェンである（cf. Viet Thanh Nguyen, "Just Memory" 144）。

（5）第一次インドシナ戦争の結果、一九五四年に国土を二分されたベトナムでは、家族も分断され、南北に別れて住むことも少なくなかった。また、アメリカの傀儡《かいらい》政権と言われた南ベトナムにおいても、反米感情の高まりから北ベトナムを支援する人々がいた。こうした人々が中心となり一九六〇年に組織されたのが、南ベトナム解放民族戦線、通称ベトコンである。反米・反帝国主義をスローガンとし、ベトナム統一後の一九七六年まで活動を続けた。一般社会だけではなく、南ベトナムの政府機関や軍にもベトコンは潜入しており、裏切りがきっかけで起きるさまざまな出来事やドラマがあった。詳しくはウェンの『シンパサイザー』を扱う第二章を参照。

(6) "gook"(グック)とはアジア人に対するアメリカでの蔑称。米比戦争(一八九九―一九〇二)の際、アメリカ海軍兵士がフィリピン人を指して使ったのが最初と言われる。ベトナム戦争後はベトナム人を対象に、時にはベトナム系移民・難民を指す際にも使われる。

(7) 写真の公開から三〇年を経た一九九八年七月二七日付の『タイム』誌上、同年七月一四日に死去したロアン将軍に捧ぐ追悼文で、アダムスはこの写真がベトコンならぬロアン将軍を「殺してしまった」ことを、自責の念とともに綴っている。「将軍はベトコンを殺した。そして、わたしはカメラで将軍を殺してしまった。写真は世界で最も強力な武器だ。人々は写真を信じる。しかし、写真は、とくに操作を加えなくとも、嘘をつく。写真が伝えるのは、真実の半分でしかない。この写真が伝えていないこと、それは「もしあなたがあの灼熱《しゃくねつ》の日のあの瞬間、あの場所にいた将軍その人だったとしたら、どうしただろうか」という点だ。あなたが捕らえた悪党は、複数のアメリカ兵を銃殺したばかりだった。[中略] この写真のせいで、将軍の人生は滅茶苦茶になった。それでも将軍はわたしのことを恨まなかった。君でなくとも誰かが同じ写真を撮っていただろうとすら言ってくれた。将軍と家族には、長い間申し訳ない気持ちでいっぱいだった」(Adams 19)。

(8) 『チェリー・トゥルンの再教育』における女性的な歴史観については、Bui の "The Debts of Memory" を参照 (esp. 83–84)。

(9) アメリカに入国したベトナム難民は、まずキャンプに収容され、アメリカ国内の身元引受人が決まり次第解放された。ラムのように親族や知り合いが身元引受人になる場合もあったが、多くはキリスト教会のような慈善団体が難民を引き取った。背景には、難民の多くは旧同盟国南ベトナム出身者だったものの、国内でのテロ行為などを恐れたアメリカ政府が、難民の身元管理を徹底しようとしたことがあった。

**第一章**

(1) ユーチューブで公開された『蓮と嵐』出版直後の作家インタビューによると、一九六八年にベトナムに駐留していたアメリカ人大佐と知り合ったカオの家族は、一九七五年この大佐にカオを託し渡米させた。万一、両親が出国できなかった時のために、大佐とカオの養子縁組を認める書類を用意する周到さだったが、幸いにも数ヶ月後には両親も脱越に成功。家族はアメリカで再会した ("Lan Cao—The Lotus and the Storm" 11:35–12:23)

（2）旧正月はベトナムでは最大の行事として盛大に祝される。旧暦のため、時期は一月下旬から二月上旬で毎年異なる。旧正月はベトナム系難民の間でも祝される。リトルサイゴンを中心に花売りなどの店が立ち、獅子舞をはじめとする伝統行事が催される。オレンジ郡では毎年数十万人の来場者が訪れる地元最大のイベントだ。

（3）フォスコによれば、アジア系移民・難民の場合、強い上昇志向を示すのは一世に限るようだ。二世以降ではこの傾向は見られず、むしろヒスパニック系など他の人種・民族グループの方が強い上昇志向を示す。一方、アジア系二世の大学進学率は他の人種・民族グループの二世に比べて高く、それに準じて就職率も高い。しかし、就職後の出世は難しいようで、収入は伸び悩む。これを「グラスシーリング」ならぬ「バンブーシーリング」と呼び、いまだ超えることができないアジア系にとっての人種の壁が存在すると論じる専門家もいる（Fosco par.10）。

（4）戦後アメリカがベトナム系難民に対して取った人道主義については、批判的難民学に代表される新たな学問分野を生んだ。批判的難民学、および関連分野の研究についてはEspirituのほかBui, *Returns of War*, Mimi Thi Nguyen, Valverdeを参照。

（5）「序」で触れたように、ピポ・グエン＝ズイはこの「中間的な空間」で生きる一・五世代難民について、「同時にふたつの文化に属しつつも、実はそのどちらにも属すことがない」と述べている。一・五世代難民が置かれた苦境を示すとともに、「文化的な『中間』地帯」が、彼らならではの創造力の源泉になることを示す（"Pipo Nguyen-duy"）。

（6）多くの自伝作家がメディアに向けて自らの体験を語り、作品との関連性を公にするのに対し、カオは私生活についてはほとんど語ろうとしない。少なくとも作品に関連づけて語ることは控える。これは作家自身が作品を自伝的と受けとられることに抵抗感をもっている証拠だろう。

（7）『現代世界文学』誌に掲載されたジェームズ・バネリアンの書評を取り上げ、ドゥオンは『モンキーブリッジ』を読む批評家の側に、小説を自伝的ノンフィクションと位置づけようとする衝動があると指摘する。「［バネリアンの］書評には、ベトナム系アメリカ人が描く文学に、真実と正確さを求めようとする西側読者の欲望が働いている」（Duong, Review of *Monkey Bridge* 377）。

（8）コソフは、「［アメリカの］公共図書館でエリオットの詩と出会い、『荒地』に感動したとき、カオは言語と文学が［辛い難民生活の］慰めになることを見いだした」と指摘する（Kossoff 33）。

（9）一・五世作家による自伝的ノンフィクションには、ビック・ミン・グエンの『仏陀の夕食を盗んで』（二〇〇八）やレ・ティ・ディエム・トゥイの『ギャングスターを探して』がある。また、二世ではGB・トランが描くグラフィックノベル『ヴェトナメリカ』も自伝的ノンフィクションに含まれる。一方、モニク・トゥルンのように、ベトナムの過去と現在を積極的に結びつけることを避けながら創作活動を行なう一・五世代作家もいる。Truong, "Into Thin Air" を参照。

（10）事件の詳細については、Thompson を参照。ベトナム解放戦線の活動は、アメリカ、ベトナム以外の国にもおよんだ。一九八〇年代初頭オーストラリアで、組織の活動に理解を示さない難民に繰り返し暴力行為を働いたとの嫌疑が掛けられた。その真相はいまだ明らかではない。この点については、Bucci を参照。

（11）資料名は "Guide to the Government of Free Vietnam Publicity and Organizational Material"。請求番号は MS-SEA009。ランソン図書館内の資料室にて閲覧できる。自由ベトナム臨時政府の結成から解散に至る活動の詳細は、オレンジ郡の地域新聞『OCウィークリー』紙に掲載された Lam の記事を参照。

（12）ハイテック事件を含むオレンジ郡リトルサイゴンに関する政治やビジネスの展開については、Nam Q. Ha, "Business and Politics in Little Saigon, California" を参照。

（13）フォールズチャーチ市のウィルソン大通りにあるエデンセンターのこと。ベトナム系の店が数多く出店する難民社会のためのショッピングセンター。その様子はウェブサイト（<edencenter.com/?utm_source=google&utm_medium=gmb>）上で閲覧できる。

（14）二〇一四年九月二日、レイバーデーを祝してオタワ市役所に掲げられた一二〇の国旗のなかにベトナム社会主義共和国国旗が含まれていたことから、ベトナム系住民一〇〇名余りによる抗議行動が起きた。この抗議行動を組織した人権団体のメンバーの一人ベトナム系カナダ人のケビン・ナンは、カナダ政府が人権弾圧を認めるベトナムを承認することへの不満を表わし、「自由と希望を表現するカナダ国旗に並んで、ベトナム国旗を掲揚すべきとは思えない」と抗議した。この時、抗議参加者がベトナム国旗に代わり掲げたのがヘリテージフラッグ、すなわち旧南ベトナム国旗。抗議者には若い世代も多く、二八〇〇名の抗議署名を市に提出したのは、二二歳の若者だった。詳細はオタワの地元紙に掲載された Woods の記事を参照。一方、市議会にてヘリテージフラッグの掲揚を約束したミルピタス市は、二〇一九年四月三〇日、サイゴン陥落を追悼する「ブラックエイプリル」の記念日に、市の中心部セザー・チャベス・プラザにてヘリテージフラッグを掲揚した。ちなみにミルピタス市は住民の半数以上がアジア系移民・難民で、ベトナム系人口はフィリピン系に次いで二番目に多い。二〇一七年の決議については、サンノゼの地元紙に掲載された Mohammed を参照。

(15)『モンキーブリッジ』におけるカルマを巡る諸問題については、拙著『ポストモダンとアメリカ文化』(一六〇—七五)を参照。

(16) 政治的には民主党主流派を支持する国際派のカオは、ドナルド・トランプが当選した二〇一六年の大統領選挙では、民主党候補ヒラリー・クリントンの支持を明確に示す一方で、トランプ派の勢いを冷静に認識していた(Personal Interview, 14 Aug. 2016)。

(17) ハイテック事件を受けて、カリフォルニア州立大学アーバイン校で図書館司書を務めるツアンは、一九九九年一月三一日付の『ロサンゼルス・タイムズ』紙で、「リトルサイゴンの新世代は、古い党派政治とそれを支える歴史からますます興味を失っている」と論じ、難民社会で見られる政治問題に対する世代間の温度差を指摘した(Tsang par. 5)。これを否定するのはティニ・トラン。三月二日付『ロサンゼルス・タイムズ』紙で、リベラルな立場に立つ若い世代の存在に目を向け、ベトナムでの人権支援や民主化の達成を求める学生・宗教団体が、ハイテック事件始まって以来の大規模な抗議行動を二月下旬に起こしたことを報じた(cf. Tini Tran)。保守とリベラルの対立がジェネレーションギャップを特徴づけているという主張だ。ところで、二〇一六年の大統領選挙戦において、共和党候補ドナルド・トランプは選挙には勝利したものの、アジア系の票獲得には失敗する結果になった。しかし、ベトナム系投票者のおよそ三分の一は、トランプを支持していた。これはアジア系では最も強い支持だった。同選挙におけるアジア系の投票行動については、Wang を参照。

(18) ベトナム系コミュニティにおける政治的無意識とはぶれることのない反共主義であり、旧南ベトナムへの忠誠心である。この点については、国際派リベラリストの顔をもつカオも例外とはいえない。カオが統一ベトナムの社会主義政策に示す態度は、つねに厳しいものだ。詳しくは Cao, "Lan Cao—The Lotus and the Storm" esp. 19:00–20:43)を参照。

(19) モニク・トゥルンをはじめ、ヴェト・レ、ティファニー・チュンら、イラク戦争やシリア内戦をベトナム戦争に重ね合わせるベトナム系作家・芸術家は少なくない。彼らがアメリカの覇権主義を批判しようと意図していることは明らかだが、その言説はベトナム戦争を無意識的に神話化するプロセスでもある。また、意図しているか否かはともかく、難民社会の結束を高める結果にもなる。だからこそ今求められるのは、ヴィエト・タン・

ウェンが述べるように、ベトナム戦争をより客観視する言説にほかならない。Viet Thanh Nguyen, "Our Vietnam War Never Ended" を参照。

（20）リューは「戦争によって引き裂かれた悲惨な難民」の姿と、現在のアメリカ化されたベトナム系が示す「対照」的な姿から、そこに含意される「歴史的意味」を読み取ることが、今後のベトナム系アメリカ文化研究の方向性を示すものだと述べる（Lieu xi-xii）。

### 第二章

（1）過去にベトナム戦争を題材としたピューリッツァー賞受賞者を遡れば、一九六四年にマルコム・W・ブラウンとデヴィッド・ハルバースタムが仏僧ティック・クアン・ドックの焼身自殺を報道して、一九六六年にピーター・アーネットがやはり戦争報道で、一九六九年にウィリアム・タホイが『ロサンゼルス・タイムズ』紙掲載のベトナム通信で、一九七〇年にシーモア・ハーシュがソンミ村の虐殺を暴いた報道で、一九七八年にヘンリー・カムが『ニューヨーク・タイムズ』紙でボート難民に関する報道で、それぞれ国際報道賞を受賞している。また、一九六八年にジョン・S・ナイトが『ナイト・ペーパー』に掲載した戦争批判の社説で社説部門賞を、一九六九年にエディ・アダムスが『サイゴンでの処刑』でニュース速報写真部門賞を、一九七三年にフランシス・フィッツジェラルドが『湖の炎』（一九七二）でノンフィクション部門賞を受賞した。その後は、全米図書賞（一九八八）の栄誉にも輝いた『輝ける嘘』（一九八八）で、ニール・シーハンが一九八九年にノンフィクション部門賞を受賞。二〇〇四年には、戦時中のアメリカ軍の残虐行為を暴いたジョー・マー、ミッチ・ウェイス、マイケル・D・サラーがオハイオ州トレドで発行される『ブレード』紙に掲載した「埋もれた秘密、残虐な真実」で調査報道部門賞を受賞している。

（2）二〇一八年発行の『PMLA』誌一三三巻第二号では、アジア系アメリカ文学研究者ユンテ・ホワンら九人の研究者が活発な議論を展開。これにウェン本人が応答するという中身の濃い特集が組まれた（*PMLA* 133.2 (2018): 364–436）。

（3）カール・マルクス『ルイ・ボナパルトのブリュメール一八日』冒頭の一節。『シンパサイザー』におけるマルクスへの言及については本章九七―九九頁を参照。

（4）ウェンは、ベトナム社会主義共和国での戦争・歴史解釈にも多々問題があることを指摘する。「ベトナムの人々に対しても、この戦争を異なる視点から理解させようと努力しています。なぜならベトナムにおける戦争理解も、別の意味で問題点が多いからです」(Nguyen, "Author Viet Thanh Nguyen Discusses" par. 84)。

(5) すでに「序」で触れた戦後イベントのひとつ、二〇一五年四月三〇日、サンフランシスコの公共放送KQEDで放送されたラジオ番組『サイゴン陥落から四〇年』には、ウェンも参加。ホスト役のマイケル・クラスニーを囲み、一・五世代エッセイストのアンドリュー・ラム、二世作家のエイミ・ファンとともに、戦争の「記憶」について語った。

(6) 歴史解釈の対立は、必ずしもヨーロッパ系白人とベトナム系難民の間に生じるだけではない。ベトナム系内部でも、異なる歴史解釈が原因で起きるさまざまな対立や事件が起きてきたことは、第一章で「ハイテック事件」を例に論じた。もうひとつ例を加えるならば、二〇〇九年ベトナム系アメリカ文学芸術協会主催のグループ展『到着難民Ⅱ――芸術は語る』において、写真家ブライアン・ドーンが出品したホー・チ・ミン像とベトナム社会主義国国旗をイメージするタンクトップを着た女性を写す作品がきっかけで起きたベトナム系コミュニティの内紛が挙げられる。詳しくは拙著『ポストモダンとアメリカ文化』一九九頁(注)18を参照。

(7) ただし、そうした戦略のなかにも、アメリカ的思考に対する厳しい批判が隠されていることがあるとウェンは補足する。たとえば『蓮と嵐』では、ベトナムとアメリカの和解が演出される一方で、ベトナムの教訓から学ぶことなく、中近東で軍事的覇権を展開するアメリカを暗に糾弾するカオの姿勢が見て取れると指摘する(Nguyen, *Nothing Ever Dies* 212)。

(8) グロスとのインタビューで、ウェンは次のように述べる。「おわかりでしょう。告白、あるいは自伝的な自己批判は、中国やベトナムの共産主義者が再教育を施す際に、重要な役割を担ってきました。『再教育』というのは回りくどい言い方ですが、要はかつての敵を改心させることです。当時の告白録を実際に読んだわけではないのですが、こうしたことが行なわれてきたことはよく知られています。また、再教育キャンプでの経験、あるいはそれと似たような経験をもつ人たちが書いた自伝ならば、わたしも読んでいます。だから、それがどのような話だったかは知っていました。それをスパイ小説と結合させれば、優れた文学になると思いました。というのも、告白には聖アウグスティヌスに始まるキリスト教の伝統があるからです。それが政治的な懺悔と上手く融合したのです。わたしの描く語り手は、共産主義者であることの意味とカトリック教徒であることの意味を前にして、苦しみながらも戦っているのです」("Author Viet Thanh Nguyen Discusses" par. 91)。

（9）小説の語り手は、次のように自らの出自と、その結果置かれた不遇の幼少期を語る。「私の母はベトナム人で、父は外国人でした。そして私の子供時代から、見知らぬ人も知り合いも、そのことを私に楽しそうに指摘し続けました。私に対して唾を吐き、私を妾の子と呼びました。あるいは、ときどき変化をつけて、妾の子と呼んでから唾を吐いたのです」（*The Sympathizer* 18/二〇）。

（10）事実は小説よりも奇なり。ウェンが描くスパイは、ラリー・バーマンが『完全なるスパイ』（二〇〇七）執筆にあたり取材した元北ベトナム・スパイのファム・スン・アンに酷似する。ファムは若い頃、政府の指示に従いアメリカに留学し、ジャーナリズムを専攻。堪能な語学力を武器に、潜入先の南ベトナムでは軍事機密を盗み出し、ベトナム統一への道筋をつけた。しかし、終戦後はその優れた諜報活動ゆえにむしろ北ベトナム政府の不信を買い、また資本主義思想に染まりすぎたという嫌疑から自宅軟禁の憂き目に遭った（cf. Berman）。歴史上のファムが混血ではない点、晩年になってその名誉が回復された点を除けば、ウェンの描くスパイとの類似性はきわめて高い。ただし、ウェンが『シンパサイザー』執筆にあたり参考にしたとする資料には、バーマンの著作は含まれていない（cf. *The Sympathizer* 369–70/四八五—八六）。

（11）この点については、仮にベトコン関係者がウェンの家族にいたとしてもさほど驚くべきことではない。というのも、ベトナムが南北に分断されたことから、家族にベトコンを抱える南部人は決して少なくなかった。作家ではラン・カオがそれに当たる。

（12）『シンパサイザー』における表象の諸問題については、Sylvia Shin Huey Chong, Hao Phan を参照。

（13）一九九一年に組織されたベトナム人民行動党をはじめ、ベトナムの民主化を目指す組織は、過去から現在に至るまでいくつか存在してきた。一方、『シンパサイザー』で将軍が仕掛けるベトナムへのゲリラ戦は、ホン・コ・ミンが率いたベトナム解放国民戦線の活動など史実にもとづく。詳細は第一章を参照。

（14）ラン・カオの『蓮と嵐』では、ベトコンだったマイの叔父が、統一ベトナムの再教育キャンプに送られる。その後、解放された叔父は脱越するが、マレーシアの難民キャンプで過去が知られると惨殺された。作者であるカオの叔父も戦時中はベトコンとして活動し、戦後は再教育キャンプへ送られている（Cao, **"Lan Cao—The Lotus and the Storm"** 18:27–18:37）。また、『蓮と嵐』にはミンの宿敵フォンの妻が、難民社会内でベトコンだった夫の過去を知られたことを苦に、自ら命を絶つエピソードもある。

（15）マンが戦禍をくぐり抜けるなか酷い火傷を負った結果、「顔がなくなった恐ろしい〝無〟」の表情になったという筋立ては、人間主体と体制がもつ支配的イデオロギーの関係を示そうとするウェンの戦略だろう（358/ 四七三）。「顔がない」とは自己主張がないことを示唆する。つまり、自己主張を持たず、体制が要求するいかなる思想をも無条件に受け入れる素地をもつがゆえに、マンは人民委員に出世した（311, 321–22/ 四一一、四二六―二八）。

（16）第三章冒頭において、語り手は次のように述べる。「私が南ベトナムの兵士たちや避難民たちを「私たち」とか「我々」とか言うとき、それは何を意味しているのか。こうした者たちをスパイする私は「彼ら」と呼ぶべきではないのか？　正直に言いましょう。生まれてこの方、私はほとんどの時を彼らと過ごしてきたので、彼らに同情せずにはいられなくなったのです。ほかの多くの人々に関しても同じです。他人に同情しがちな私の弱みは、私生児という立場に大いに関わります。と言っても、私生児だと自然に同情しやすい人間になるということではありません。多くの私生児《バスタード》はろくでなし《バスタード》のように振る舞います。そして私の場合、「我々」と「彼ら」の境界線をぼやかすことが価値ある振る舞いだという考えは、優しい母親によって植えつけられたと思います。結局のところ、母がメイドと司祭の境界線をぼやかさなかったら、あるいはぼやかされることを許さなかったら、私は生まれていないのですから」（*The Sympathizer* 35/ 五二）。

（17）ハオ・ファンは「語り手の再教育」だけではなく、「読者の再教育」もまた『シンパサイザー』の重要なテーマであり目的であることを指摘する（Hao Phan 130）。

（18）ロディは、『シンパサイザー』が「知的でありながら疎外されたアウトサイダーの大胆かつ批判的な、それでいて自己嘲笑的な独白」という現代アメリカ文学の指向に沿って書かれた作品であると指摘する。『見えない人間』、『ポートノイの不満』に加え、ウラジーミル・ナボコフ（一八九九―一九七七）の『ロリータ』（一九五五）やチャンネ・リー（一九六五―）の『ネイティブ・スピーカー』（一九九五）と同列に論じる（Rody 396）。

（19）ウェンは『シンパサイザー』を妻ラン・ドゥオンと生まれたばかりの息子に捧げているが、その息子の名前はエリソンである。ウェンにとって『見えない人間』が特別な作品であることが窺われる。また、『シンパサイザー』に続いて出版された批評書『消え去るものはなく』のタイトルは、モリソンの小説『ビラヴド』のセテとデンヴァーの会話から来ている。「デンヴァーは指の爪を突っついた。「もしもよ、それがまだ起きたところにあって、待ちかまえているとしたら、消え去るものはなくってことになるわ。」セテはデンヴァーの顔をひたと見つめた。「どんなものだって、決して死なないんだよ」彼女は断言した」（36/ 七五―七六　傍点は筆者による）。

（20）イギリスの植民地時代から奴隷制廃止の一九世紀半ばまで、アメリカ社会では祖祖父母までを辿り、その家系に一人でも非白人（多くの場合は黒人）がいれば、非白人と見なし差別の対象にした。これをワンドロップ・ルールと呼ぶ。

（21）『消え去るものはなく』では、ウェンは犠牲者であることに甘んじる少数派の姿勢を問題視している。「自らを弱者である、あるいは他人と比べて弱い立場にあると見なすことで、少数派は自分たちを犠牲者であると――明確に、あるいは暗黙のうちに――見なそうとしているのかもしれない。一方、主流派は少数派や他者を犠牲者と見なす傾向にある。なぜなら、そうすることによって主流派としての立場を確立できるからであり、力をもった主流派が苦しむ弱者を救うという構図を描けるからである。犠牲者にしてみれば、救済者に罪悪観を感じさせるという意味で、隠れた力を得たような気持ちになる。しかし、これは犠牲者の利益になるという誤った認識を与えるまやかしの現象に過ぎない。犠牲者の地位に甘んじることにより、人は政治や社会福祉、恋愛や芸術といった諸々の現場において、倫理的責任を取らなくなる。これは権力構造の単純化に通じる。つまり犠牲者は、真の力を得る機会を失うのだ。そもそも主流派は、少数派や他者に権力を与えることを望んでなどいない。代用品として、被害者意識と声を与えるのみである。聞こえは良いものの、実はどちらも主流派の仕組む罠なのだ」（*Nothing Ever Dies* 196）。

## 第三章

（1）一・五世代芸術家ティファニー・チュンもその一人。二〇一九年スミソニアン・アメリカ美術館で個展『ベトナム――過去はプロローグ』（*Vietnam, Past is Prologue*, Mar. 15-Sep. 2, 2019）開催にあたり催された講演で、ベトナムの過去を起点にウクライナ、シリアで続く米ロ対立と世界に拡散する難民問題に言及。現代における地政学的状況を地図化した作品制作の意図を明らかにした。スミソニアン・アメリカ美術館ホームページに掲載される "Tiffany Chung: Vietnam, Past is Prologue, "James Dicke Contemporary Artist Lecture with Tiffany Chung" を参照。

（2）二〇二一年春を目処にレが出版準備を進める『帰還する約束』は、帰越をテーマにベトナム系の芸術を読み解く研究書。レにとって初のモノグラフになる。本書での引用は、すべてその草稿からのものである。

（3）その後、レは水に対する恐怖をついに克服した。「プールに戻るたびに、パニックに襲われ続けた。しかし、この恐怖を克服しようと決意した。やがて三〇歳になる頃には、泳ぐのが楽しくなり、四〇歳になった今では、週に三回は一時間ほど水泳をする」（Việt Lê, *Return Engagements* 7）。

（4）画家アン・フォン（一九五七―）が言うように、トラウマはベトナム系芸術家が現われる以前には、「アメリカ文化に存在しなかった深い傷」だ。「私たち一・五世代難民は、作品を通じて人生の真実を深く追求してきました。厳しい現実を前に、多くのことを考えてきたのです。私たちの世代は戦争を体験し、親世代とともに海を渡りました。ただ、当時はまだ若かったので、アメリカで教育を受けることができました。そして、この見ず知らずの新しい文化のなかで孤立しながらも、自らの出自を見いだそうと努めてきました。アメリカの文化には存在しなかった深い傷を探求してきたのです」（Phong 15）。

（5）詳細はチャンダイ・グラシー＝チャングエンによるレへのインタビューを参照。インタビューは二〇〇九年にベトナム語と英語の二カ国語で取られた。ベトナム語版は、『サン・タオ』ホームページ上で読むことができる（cf. <sangtao.org/2013/04/15/viet-ho-le-mot-nghe-si-toan-cau-da-nang-da-dang/>）。英語版「ヴェト・ホ・レ――グローバルに活躍する変貌自在の芸術家」は、レ本人から筆者に提供された（cf. Lê, "Việt Hồ Lê"）。

（6）レの作品制作の意図や目的については、ウェブサイト『ダイアクリティクス』に掲載された「ラブ・バン！性的実験音楽ビデオ」を参照（cf. Việt Lê, "love bang! SEXperimental Music Video!"）。同サイトにて作品動画も視聴できる。

（7）現在はヘリテージフラッグと呼ばれる旧南ベトナム国旗はもちろんのこと、統一ベトナムの国旗も「黄」と「赤」で彩られる。両色はベトナムでは王朝時代から使われる伝統的な国民色。

（8）「チャーリー」がなぜベトコンを指すのか。ベトコンは英語綴りで "Viet Cong" だが、ベトナム語で「ベトナムの共産主義者」を表わす "Viet Nam Cong-san" を語源にする。それを省略したのが "Viet Cong"、さらに頭文字にして "VC" となる。この "VC" は北大西洋条約機構、すなわちNATOが無線通話などで使う通話表（NATO phonetic alphabet）においては、"Victor-Charlie" の略である。これが短くなって "Charlie" になったらしい。詳細は "Why the Viet Cong Were Called 'Charlie'" を参照。ところで、テレビ版では三人の白人女性を主人公にした『チャーリーズ・エンジェル』だったが、多文化主義の影響を受けたリメイク版がアジア人女性をキャストに含む新トリオで、二〇〇〇年に同タイトルの映画としてリリースされた。その続編『チャーリーズ・エンジェル・フルスロットル』は二〇〇三年の公開。二〇一九年には再度新キャストで、新版映画『チャーリーズ・エンジェル』がリリースされた。

(9) サムナンのホームページにある「アーティスト・ステイトメント」には、次のような記述がある。「作品制作を通じて、個人がもつ潜在可能性や、人間生活に必要な尊厳、安全、そして充足感を与えるコミュニティの展開に強く影響を与える緊急の課題に関心を払ってきました。自然資源の維持に対し、政治・財政の諸問題が複雑に絡む環境破壊、先住民社会への人権弾圧、無秩序な開発、さまざまな形の暴力。これらの問題が作品の世界観や制作に影響を与えています。こうした深刻な問題を緩和するために、夢やユーモアがもっている可能性を信じています」(Lê, "Artist Statement" par. 2)。

(10) ラン・カオの『蓮と嵐』には、南ベトナムから見たニクソン政権の撤退政策への苛立ちが、臨場感たっぷりに描かれている(Cao, *The Lotus and the Storm* 270–84/二一九—三二)。

(11) アメリカで女優として活躍するアレキサンドラが、自らの帰越を撮ったドキュメンタリー映画が『ハリウッドからハノイへ』。旧南ベトナム政府閣僚の娘として一九五六年に生まれ、故郷サイゴンからバージニアへ家族で移住したアレキサンドラが、戦後初めてベトナムに戻ったのは一九八八年のこと。渡米以来生き別れになっていた親族との再会を果たすと、枯葉剤の後遺症に苦しむ被害者を病院に見舞い、さらにアメリカ軍によるソンミ村虐殺の生存者やアメリカ軍人とベトナム人女性の間に生まれた戦争孤児の取材にもあたった。映画は、当時『天と地』の撮影中だったストーンをエグゼクティブ・プロデューサーに迎え、戦争の負の遺産を次々と暴く衝撃の作品に仕上がった。

(12) イギリスの反奴隷制運動指導者トマス・クラークソン(一七六〇—一八四六)が一八三九年に著した『イギリス議会によるアフリカ奴隷貿易廃止の歴史』には、強制食事器具のイラスト画が収録される(cf. "Torture Device Used to Feed Slaves Against Their Will" <www.awesomestories.com/asset/view/Torture-Device-Used-to-Feed-Slaves-Against-Their-Will>)。レはCAAMFestによるインタビューでこの図を参照している(cf. Lê, "Memoirs of A Superfan")。

(13) カオが『蓮と嵐』で描くマイとバオの関係も自己とクイアな分身の関係に相当するだろう。第一五章冒頭で、マイが自己に内在するもう一人の自分を見つめる場面がある。「その娘の大きな暗い影を見るだけで怖かった。怒った少女が顔をしかめ、壁に並んだバリ島土産の戦士の仮面をじっと見つめる。仮面は細部まで丁寧につくられていた。大きく膨れた唇。巨大な口蓋。むき出しの牙。突き出た鼻。大きく見開いた恐ろしい目。その大袈裟な表情を前に少女は座る。名も無い女の子。仮面にそっくりの表情。わたしたち二人の世界が出会ったのはそのときのこと。表面に見える外側の世界がわたし。内側の奥深い世界がその娘」(Cao, *The Lotus and the Storm* 214/二六四)。

(14)ドキュメンタリーは、デビューアルバムをリリースした直後にダイ・ラム・リンがハノイ・オペラ座で開いたコンサートの模様を収録する(*Hanoi Eclipse*)。その一部はユーチューブで視聴できる。"Hanoi Eclipse: The Music of Dai Lam Linh (Directed by Barley Norton, 56 mins, 2010)" <www.youtube.com/watch?v=UQmpfGNkk2k>。ちなみに「エクリプス」は、その後急逝したバンドの女性歌手タン・ラムに捧げられている。

(15)チャングエンとの二〇一九年七月のインタビューでは、タイの難民キャンプの記憶はないと語るレだが、筆者と交わした二〇一九年七月のインタビューでは、次のように語った。「キャンプにいた時のことを憶えている。何もすることがないんだ。ただ、そこにいるだけ。同じことが繰り返されるのを想像してみて欲しい」(Lê, Personal Interview 3 July 2019)。

(16)ソンタグは、「キャンプの本質は、不自然なものを愛好するところに――人工と誇張を好むところに――ある」と定義する。さらに続けて、それが「部外者には近寄りにくいもの」であり、「自らと他と区別するバッジのようなものにさえなっている」と述べる(275/三〇三)。なお、近年のリバイバルを象徴するかのように、ニューヨーク・メトロポリタン美術館で毎年開かれるコスチューム・インスティテュート・ガラ、通称メットガラの二〇一九年のテーマは、『キャンプ――ファッションについてのノート』(*Camp: Notes on Fashion*, May 9-Sep. 8, 2019)だった。

(17)レは自らの作品を「とても小さなもの」と言い、「政治問題だけではなく、気候変動が原因」で「国を追われる人々が止むことなく増えている」ことに懸念を示した(Lê, Personal Interview 3 Jul. 2019)。

(18)二〇一六年に筆者と交わしたインタビューで、レは次のように語った。「自分は、実際に難民生活を経験した正真正銘の難民だ。他にも多くの人々が難民キャンプを経験してきた。今日でも至る所に難民はいる。その数は、いまだかつてないほどに増えている。[中略]ただ、難民というのは隠喩でもある。資本主義社会においては、ある意味誰もが難民だ。僕らを支えるセーフティネットはとても頼りない。サンフランシスコには、多くのホームレスがいる。資本主義が崩壊するのではという不安を抱えている。[中略]僕らは皆、このシステムのなかの難民だ。この枠組みのなかで、どうやって互いを支え合っていくかが問題だ」(Personal Interview 16 Aug. 2016)

(19)『帰還する約束』の英語タイトルは *Return Engagements*。英語の "engagement" には、「約束」、「契約」に加え「誓約」、「婚約」といった意味もある。

(20) ベトナム文化・スポーツ・観光省の発表によれば、二〇一八年にベトナムを訪れたアメリカ人旅行者は六八万七千人余りで、過去最高を記録した。

(21) ベトナムの若手芸術家育成については、サン・アートにて筆者と交わしたインタビューで、レが語ったことだ(Personal Interview. 25 Dec. 2015)。なお、レの帰越体験と作品については、拙論 "Ethics of the Transpacific: Dinh Q. Lê, Sân Art, and Memorie of War" を参照。

**第四章**

(1) 二〇〇九年『ウォールストリート・ジャーナル』紙上でのインタビューで、レは古美術品収集について語った。「わたしが物を集めるのは、脱越時にすべてを置いて逃げなければならなかったからだと、友人たちは軽口をたたきます。つまり歴史的な品々を集めることで、喪失を補っているというのです。間違った推測ではないのですが、今買っておかなければ、やがてベトナムからこうした品々が無くなってしまうのではないかと心配している部分もあります。家具や陶器を買い始めたのは、一九九六年のことです。日常生活で使う家具やお皿を買っていました。最初は新しい家具を探していたのですが、どれも気にいらず、友人に連れられて中古家具の店に行きました。そこから収集が始まったのです」(Seno par. 7)。

(2) レがベトナム国内で発表した作品は、枯れ葉剤の被害者を形取った小さなフィギュア(人形)と着せ替え用の着物から成る《傷ついた遺伝子》(一九九八)のみ。しかも、芸術作品として公開されたのではなく、政府の検閲を逃れるために商品として販売した。枯葉剤の被害を世界に訴えるにはもってこいのはずの作品にまで検閲がおよぶ理由を、レはこう推測する。「一九九八年、ベトナム政府は枯葉剤が引き起こす先天性欠損症や土壌汚染の問題に、どう対処すべきかを理解していなかった。当時のベトナムは、アメリカによる貿易制裁がまだ解除されておらず、農産物の輸出に多くを依存していた。[中略] 政府は枯葉剤が原因で起きる先天性欠損症については語りつつも、ベトナム中央部から南部にかけて生じたダイオキシンによる土壌汚染については語らずに済ますという方策を見いだせずにいた。つまり、ダイオキシンが原因の土壌汚染が農産物の輸出に与える悪影響を恐れていた。[中略] 芸術作品として《傷ついた遺伝子》を公開しようものなら、文化省がそれを許さなかったことは間違いない」(Dinh Q. Lê, Message to the author, 6 Dec. 2016)。

（3）レによれば、鉄道などの公共機関・施設で外国人料金を設けていた当時のベトナムで、帰越者は外国人料金を払わされた（cf. "The Pilgrimage" par. 3）。

（4）二〇一五年七月二五日から一〇月一二日まで催された森美術館開催の個展でのこと。『明日への記憶』は、ほぼ同じ内容で翌二〇一六年の三月一九日から五月一五日まで広島市現代美術館で移動開催された。ただし、《人生を演じること》に関しては、ビデオは上映されたものの、軍服の展示は割愛された。

（5）レは自らを「コラージュ作家」だと見なす。個展『記憶のタペストリー――ディン・Q・レの作品世界』（二〇〇七）開催にあたり、担当キュレーターのステファノ・カタラニとのインタビューで、レは語る。「わたしはコラージュ作家です。多くの人々がそのことに気づいていないようですが。でも、わたしはコラージュ作家なのです。それもコラージュ写真を新たに撮影するのではなく、既存の写真を織り紡ぐだけです。だから、より技巧的なのです。それでも多くの情報を取り込んだり、あるいは特定の分野の情報に絞り込むことで、自分の言いたいことを表現します。自分の視点を示すために情報を並べ替えるのは、すでにある情報がわたし自身の経験を表わしていないと感じるからです。アメリカの歴史書には、ベトナム人の経験が書かれていないと感じたのが始まりでした。だから、同じ情報をベトナム人の視点から並べ直して、ベトナムが経験したことを表わそうとしたのです」（Lê, "An Interview with Dinh Q. Lê" 53）。

（6）《コロニー》で音楽を担当したのは、ニューヨークを拠点に活動するフランスの音楽家ダニエル・ウォール。一方、イギリスではバーミンガムに続き、多くの移民が居住するロンドン南部の活気あふれる町ペッカムで、《コロニー》は上映された。当地での作品公開は、ロンドンを拠点にする芸術団体アートエンジェルが企画し、レと同団体共同ディレクターのジェームス・リングウッドとのインタビューも収録された。作品の一部を見ることができるインタビュー動画は、現在も閲覧可能（cf. "The Colony"）。

（7）日本もグアノを巡る歴史に関与した。一八八九年にアメリカは、グアノ法に基づき現在では東京都南鳥島の領有を主張した。ただし、この主張は当時正式に認められてはいなかったようで、一八九八年、明治政府はこの島を、東京府小笠原村に属することを定めた。島は、東京で資源会社を営む水谷新六に貸与され、グアノと椰子《やし》油の採取が行なわれた。その後、第二次世界大戦での日本の敗戦を受け、サンフランシスコ講和条約により島の帰属はアメリカへ移った。島名もマーカス島に改められたが、一九六八年に日本へ返還され現在に至る（cf.「歴史：南鳥島」）。

（8）二〇一四年横浜『黄金町バザール』のレジデンスプログラムに参加したグエンは、二〇一六年『あいちトリエンナーレ』出品に続き、横浜美術館『ＢＯＤＹ／ＰＬＡＹ／ＰＯＬＩＴＩＣＳ』展でビデオ作品《機械騎兵隊のワルツ》（二〇一二）、《ヘビの尻尾》（二〇一五／二〇一六）を上映した。
（9）作品映像の一部 "TIME BOOMERANG California edition" は、ユーチューブにて視聴できる。

## 第五章

（1）二〇一〇年の統計調査によると、ベトナム系人口の二二％がアメリカ生まれ。二〇〇七年から二〇〇九年の間に生まれたベトナム系では六八％がアメリカ国外で生まれているが、そのうちの七三％がアメリカ市民権を取得している。
（2）ベトナム系のアメリカ入国の流れについては、Pelaud および Vo を参照。なお、アメラジアンとはアメリカ人とアジア人の間に生まれる子どもたちを指す総称。ヨーロッパ人とアジア人の間に生まれた場合には、ユーレジアンと呼ばれる。
（3）グエンの著作には、ベトナム伝統文化に見られる神話的世界を表わす『タペストリー』（二〇〇二）、フランス人宣教師のベトナムでの波乱の人生を描く『植民地』（二〇〇四）がある。
（4）犯罪者を強制送還することを定めた二〇〇八年の米越政府間の取り決めでは、共産主義政権による政治的弾圧からの保護を目的に、米越国境正常化以前に入国した難民については対象外となっていた。二〇一八年、トランプ政権は、この取り決めの抜本的な見直しを表明した。これに反対して、同年一二月オレンジ郡のリトルサイゴンでは、ベトナム系市民による大規模な集会が開かれた。それにより、強硬な移民・難民政策をとるトランプ政権への批判もさることながら、難民社会における根強い反共思想が改めて露わになった（cf. Dunst, Tatarski, Tseng-Putterman）。
（5）一七歳以下の若年層の比率は、全米平均の二〇％に対して二六％である。一九八九年には三〇％を超えた貧困率は、二〇一五年には一四・三％まで改善している。この数字はアジア系のなかではモン系、カンボジア系に次ぐ高さだが、全米平均の一五・一％を下回る（cf. "Vietnamese in the U.S."）。ヒスパニック系、アフリカ系の貧困率が二五％を超えることを考慮すれば、アジア系全般の生活レベルの高さが理解できる。
（6）ファンが『会わぬ定めのわたしたち』、『チェリー・トゥルンの再教育』で描くように、裏社会の存在は一部のベトナム系アメリカ人にとって脅威となっている。

(7) 二〇一一年からルイジアナ州選出で下院議員を二期務める共和党ジョゼフ・カオ（一九六七―）、二〇一七年の選挙戦で初当選を果たしたフロリダ州選出の下院議員ステファニー・マーフィー［ベトナム名：ダン・ティー・ゴク・ドゥン］（一九七八―）らが国政で活躍する一・五世代難民。地方行政では、タイの難民キャンプで生まれたバオ・グエン（一九八〇―）が、ロサンゼルス近郊ガーデングローブ市長を二〇一四年から二年間務めたのに加え、カリフォルニア州を中心に地方議員として活躍する難民が数を増やしている。

(8) 第一章で取り上げたラン・カオのように、キャンプに入ることもなくアメリカ生活をスタートできるのは、軍関係者などアメリカに特別な関係をもつ旧上層階級出身者などごく一部の人々だけだった。

(9) ラン・カオの『モンキーブリッジ』では、マイの母タインがその迷信について語る。「戦争になれば、首都というのはチェスの王様みたいなものよ。だれだって一番大切なものは必死で守るわ。物が飛んでくれば、反射的に手で顔を隠すのと同じことよ。母親ライオンが子ライオンをからだを張って守るのと一緒よ。」（Cao, *Monkey Bridge* 30/三八）。

(10) 孔子の言葉の出典同様、この寺院の名前も明示されない。それでも、海岸線を背景とするイラストにはブンタウという地名があることから、一九一三年建立の釈迦物台（ティックカーファットダイ）である可能性が高い。三ヘクタールもの広大な敷地面積と白い大仏で有名なこの寺院には、仏陀の菩提樹の枝もあるという。「ブンタウ最大の涅槃《ねはん》仏がある寺院」を参照。

(11) 星条旗をモチーフにした作品には、シャット（T. Lien Shutt）の《ア・メリ・カン》（一九九五）という作品がある。黄色地に赤のストライプが入ったベトナム系によるベトナム系のための星条旗とともに、以下の言葉が記される。「アメリカ国旗に黄色の背景を与えることで、わたしたちアジア系とベトナム系がアメリカにしかるべき影響を与えることを、わたしたちがアメリカの一部であり、アメリカ人の一人であることを宣言したかった」。シャットは、旧南ベトナム国旗を彷彿させる黄色地に三本の赤いストライプが入った旗《忠誠の誓い》（一九九五）という作品も制作している（De Tran et al. 137）。

(12) 一九九〇年代以降、ベトナム政府は脱越した芸術家に活躍の機会を提供する一方で、作品への検閲は続けた。たとえば、村上春樹の『ノルウェイの森』を映画化したことで知られるベトナム系フランス人映画監督トラン・アン・ユンは、『シクロ』（一九九五）の撮影許可をベトナム政府から得たものの、完成した作品の内容がベトナム社会の状況を正しく伝えていないとの理由から、上映を禁じられた。詳細についてはBarnesを参照。

（13）二〇〇九年一一月、ハノイに招待した一五〇〇人ほどのヴェトキューを前に、グエン・ミン・チェット大統領はヴェトキューも「国家の重要な一員」であると述べ、ベトナムの発展に協力を要請した（「一一月のニュース」par. 1）。

（14）トランスコミュニティへの批判としてはホワイトを参照。ホワイトはトランスコミュニティをモザイク的な共同関係であると批判し、より流動性の高い「フラクタル」型の共同体の実現を提唱する（White 166–69）。

**第六章**

（1）英語のグラフィックノベルに相当するフランス語「バンド・デシネ」。その起源は美術絵画にあるとされる。本章で論じるバルーも大学で本格的に美術を学んだ。

（2）英語版が出版された二〇一八年に、ピーター・ゴードンが『エイジアン・レビュー・オブ・ブックス』で『サイゴンを去る』を紹介（cf. Gordon）。二〇一九年九月一七日には、オーストラリア、メルボルンのアライアンス・フランセーズが、バルーを招いての公開イベントを開いた（cf. "In Conversation with Clément Baloup"）。ともにバルーのような非英語圏ベトナム系作家への関心の高まりを示す。

（3）「カフィ」（ＣＡＦＩ）とは、Le Centre d'accueil pour les Français d'Indochine の略称。訳せば「フランス領インドシナ難民受け入れセンター」。実体は強制収容施設だった。

（4）アメリカ同様フランスでも、近年さまざまな文化的背景を持つエスニック系のバンド・デシネ作家が頭角を現わす。代表的なのはイラン出身のマルジャン・サトラピ（一九六九―）。祖国イランをあとにオーストリア、フランスで教育を受けたサトラピは、フランスで作家デビュー。イスラム世界と欧米世界を対照的に描く自伝的物語『ペルセポリス』（二〇〇〇）をはじめとする作品への評価は高い。多くの作品は英訳化され、一部は映画化もされた。

（5）ロリー・ケネディと彼女が監督したドキュメンタリー映画『サイゴン陥落――緊迫の脱出』のこと。

（6）ただし、ここにはフランスと旧植民地との政治的に「不均衡な関係」が、文化を通じて改めて人々の意識にすり込み直される危険がある（McKinney 85）。

（7）ヴィンクことヴィン・コア（Vinh Khoa, 1950–）は、ベトナム中部の港町ダナン出身。ベトナムではフランス系の高校リセに通い、一九六九年にベルギーに移住した。カンボジアの首都プノンペン出身のセラ（Séra, 1961–）は、カンボジア人の父とフランス人の母の間に生まれたメティの作家。ポル・ポト派の圧政を逃れて一九七五年、母とフランスに渡った。その年、プノンペンで生まれたのがチアン（Tian）。一九八〇年に両親とともにフランスに渡り、バンド・デシネの作家になった。

（8）ベトナム人少女の名は、ファン・ティー・キム・フック（一九六三―）。一七回にもおよぶ手術の末、奇跡的に一命を取り留めた。その後、共産主義政権の広告塔に使われた少女は、政府の奨学金でキューバへ留学。当地でベトナム人留学生ブイ・フイ・トアンと結婚。新婚旅行でソビエトへ向かう途中、旅客機が給油のために降りたカナダで亡命。現在もカナダで暮らす。詳細はデニス・チョン（一九五三―）がフックの半生を描いた伝記『ベトナムの少女――世界で最も有名な戦争写真が導いた運命』（一九九九）を参照。

（9）二〇〇五年八月にアメリカ南部に上陸し、甚大な被害をもたらしたのが台風カトリーナ。なかでもニューオーリンズでは、陸地の八割が水に浸かり、アフリカ系住民被災者の恵まれない生活環境に人々の目が向くと同時に、当時のブッシュ政権の災害対応の遅さが批判を浴びた。

（10）国際結婚に踏み切るベトナム人女性については、すでに幅広く研究が進んでいる。Thai および Lee を参照。

あとがき

（1）異人種間結婚と教育レベルに関係はあるのだろうか。異人種間結婚はあらゆる階層で増加傾向にあるが、ヒスパニック系では大学教育を受ける高学歴層がより高い割合で異人種間結婚を選択し、大卒者のほぼ半数を占める。一方、白人層においては学歴の差は顕著に見られない。また、アジア系では、高卒者に比べコミュニティ・カレッジ進学者の方が多く異人種間結婚を選択するものの、学士号保持者に関しては高卒者と同レベルだ。異人種間結婚と教育レベルの関係を知るには、人種・民族グループによる個別の価値観を詳細に分析する必要があるようだ。詳細は Livingston を参照。

（2）日系社会を例にすれば、伝統文化を守る一世、日本文化とアメリカ文化の双方を享受し、同時に両者の板挟みにもなった二世、アメリカ化著しい三世というように、少なくとも半世紀以上の歳月を経て現在の同化状況に至る。これを踏まえ、日系三世の詩人ジャニス・ミリキタニ（一九四一―）は、『沈黙を脱ぐ』（一九八七）所収の「伝統を破る」で、日本文化を守った一世移民の母と、すっかりアメリカ化した三世の娘に挟まれる二世女性の視点から日系文化を詠ったが、ベトナム系でその役割を果たすのは一・五世代だ。また、この詩で詠まれる日系三世の立場は、ベトナム系二世に等しい。

（3）第二次世界大戦時の強制収容の影響から、アメリカ社会では日系人への警戒心が強く、一九七〇年以前に発表された日系文学は数えるほどしかない。そのなかで目を引くのは、ミネ・オオクボ（一九一二―二〇〇一）が自らの強制収容体験を描いたグラフィックノベル『市民一三六六〇号』（一九四六）、短編小説で名高いアルメニア系作家ウィリアム・サロイヤン（一九〇八―八一）が序文を寄せたヨシオ・モリ（一九一〇―八〇）の『カリフォルニア州ヨコハマ町』（一九四九）、ヒサエ・ヤマモト（一九二一―二〇一一）の「一七文字」（一九四九）、モニカ・ソネ（一九一九―二〇一一）の『日系二世の娘』（一九五三）、ジョン・オカダ（一九二三―七一）の『ノー・ノー・ボーイ』（一九五七）などだ。ただし、これらの作品も出版時にはそれほど注目されなかった。今や初期グラフィックノベル作家として高い評価を受けるオオクボも、一九七三年に『市民一三六六〇号』が再版されるまでは無名に等しかった。

（4）イエローパールの活動、およびアジア系アメリカ運動については、Maeda, *Chain of Babylon* esp. 127–53 を参照。

## ◉初出一覧

**序** *Waseda Global Forum* No. 13 (2016) に掲載された論文「1.5世代から2世代へ――ヴェトナム系アメリカ文化の現在」をもとに加筆・発展させたもの。

**第一章** 第八九回日本英文学会（二〇一七年五月二一日、於・静岡大学）におけるシンポジウム「自伝(的)文学と人種・エスニシティ――フィクションとノンフィクションをつなぐ」での発表をもとに加筆・発展させたもの。

**第二章** *AALA Journal* 22 (2016) に掲載された論文「ベトナム系アメリカ文学とポストモダンの交差点――戦後「ベトナム」という記憶」の前半部を起点に、日本英文学会関東支部シンポジウム「エスニシティとナラティブのポリティックス――信頼できない語りを中心に」（二〇一九年六月一五日、於・東洋大学白山キャンパス）での発表を経て、加筆・発展させたもの。

**第三章** 書き下ろし

**第四章** *The Japanese Journal of American Studies* 28 (2017) に掲載された論文 "Ethics of the Transpacific: Dinh Q. Lê, Sân Art, and Memorie of War" をもとに本書の趣旨に従い書き改めたもの。

**第五章** 小林富久子監修『憑依する過去』（金星堂、二〇一四年）所収の論文「トラウマを超えて――GB・トラン『ヴェトナメリカ』における歴史の再構築とトランスコミュナリティ」をもとに加筆・発展させたもの。

**第六章** 日本アメリカ文学会第五八回全国大会（二〇一九年一〇月五日、於・東北学院大学）における研究発表「「リトルサイゴン」を巡る国境横断的ナラティヴ――ポスト1.5世代フランス系作家が描くヴェトナム系アメリカ」をもとに加筆・発展させたもの。

## ポストモダンとアメリカ文化
978-4-7791-1639-1 C0098(11.06)

文化の翻訳に向けて　　麻生享志著

「ポストモダン」とは何か——『キャッチャー・イン・ザ・ライ』からピンチョンらのカウンターカルチャー、マドンナのアメリカ、ユダヤ系移民のアメリカ、ベトナム移民の文学、9・11 の『グラン・トリノ』までを文化的側面、歴史的文脈でとらえた通史。　四六判上製　2500 円＋税

## モンキーブリッジ
978-4-7791-1466-3 C0097(09.10)

ラン・カオ著　麻生享志訳

ベトナム系移民の人々にいまだに続く「心の戦争」——アメリカの生活のなかに滲み出るベトナム戦争の影を、母娘の心の葛藤を通して描く。南北ベトナムに家族を引き裂かれ、たび重なる苦難を経験した作家自身の自伝的要素を含む。　四六判上製　2000 円＋税

## 蓮と嵐
978-4-7791-2269-9 C0097 (16.12)

ラン・カオ著　麻生享志訳

南ベトナム、歴史の渦にいやおうなく巻き込まれていく一人の少女とその父の人生、そして、もう一人の「私」。ベトナム、そして戦後のアメリカでも消え去ることのない歴史の暗い影、そして希望を、静かな筆致で情感豊かに描く。　四六判上製　3800 円＋税

## ブック・オブ・ソルト
978-4-7791-1831-9 C0097(12.11)

モニク・トゥルン著　小林富久子訳

ピカソ等の才能を見出した伝説のパトロン、ガートルード・スタインと、同性愛的関係にあったといわれる、アリス・B・トクラス。スタイン家に料理人として採用されたベトナム人、ビンが見たものとは。ベトナムとパリをつなぐ大胆な構想を詩的な翻訳で再現。　四六判上製　2800 円＋税

## 小 川
978-4-7791-1822-7 C0097(12.09)

キム・チュイ著　山出裕子訳

ベトナム戦争後、ボートピープルとなった「私」が、家族とともに辿り着いたのは純白の大地カナダだった——。現在と過去、ベトナムとカナダを行き来して物語られるニューアカデミー文学賞ノミネート作家による自伝的小説。カナダ総督文学賞受賞。　四六判上製　2000 円＋税

## 戦争の現場で考えた空爆、占領、難民
978-4-7791-2021-3 C0036(14.07)

カンボジア、ベトナムからイラクまで　　熊岡路矢著

1980 年、戦争で破壊されたインドシナ（カンボジア、ベトナム、ラオス）からの難民への救援活動のためにタイに入り、以降、人道支援 NGO の立場からパレスチナ、イラク、アフガニスタンなど紛争地の現場に関わりつづけた著者が、印象的な人びとや出来事を生き生きと描く。　四六判並製　1900 円＋税

◉著者紹介◉
麻生 享志（あそう・たかし） 早稲田大学教授
ニューヨーク州立大学バッファロー校博士課程修了（比較文学）、現代アメリカ文化・文学研究
著書：『ポストモダンとアメリカ文化――文化の翻訳に向けて』（彩流社、2011）、『ミス・サイゴンの世界――戦禍のベトナムをくぐり抜けて』（小鳥遊書房、2020）、『現代作家ガイド7 トマス・ピンチョン』（共編著、彩流社、2014）他
訳書：ラン・カオ『モンキーブリッジ』（彩流社、2009）、『蓮と嵐』（彩流社、2016）他

「リトルサイゴン」――ベトナム系《けい》アメリカ文化《ぶんか》の現在《げんざい》

2020年9月25日 初版第1刷発行　　定価はカバーに表示してあります

著 者 麻 生 享 志
発行者 河 野 和 憲

発行所 株式会社 彩 流 社
〒101-0051 東京都千代田区神田神保町3-10 大行ビル6階
電話 03-3234-5931 FAX 03-3234-5932
http://www.sairyusha.co.jp
sairyusha@sairyusha.co.jp
印刷 明和印刷㈱
製本 ㈱村上製本所
装幀 ナカグログラフ（黒瀬章夫）

落丁本・乱丁本はお取り替えいたします
Printed in Japan, 2020 © Takashi ASO, ISBN978-4-7791-2707-6 C0022

# ◉人名（作品名）索引◉

【ア行】
アダムス、エディ（Eddie Adams, 1933–2004） 27–29, 241, 245
　『サイゴンでの処刑』（*General Nguyen Ngoc Loan Executing a Viet Cong Prisoner in Saigon*, 1968） 28–29, 245
アッシュビー、ハル（Hal Ashby, 1929–88） 20
　『帰郷』（*Coming Home*, 1978） 20
アレキサンドラ、ティアナ（Tiana Alexandra）本名ティ・タイン・ガー（Thi Thanh Nga, 1956–） 130, 251
　『ハリウッドからハノイへ』（*From Hollywood to Hanoi*, 1992） 130, 251
ウェン、ヴィエト・タン（Viet Thanh Nguyen, 1971–） 6–8, 19, 27, 29–30, 36, 42–43, 45–48, 58, 61, 81, 83–85, 87–90, 92–97, 99, 101–02, 104, 106–11, 118, 138, 155, 171, 186–87, 196, 207, 224, 227, 237, 240–41, 245–49
　『消え去るものはなく』（*Nothing Ever Dies*, 2016） 6, 90, 248, 249
　『人種と抵抗』（*Race and Resistance*, 2002） 110
　『シンパサイザー』（*The Sympathizer*, 2015） 6, 42, 47–48, 81, 83–85, 88, 90, 92, 94, 96–97, 102, 104, 107–11, 138, 240–41, 245, 247–48
　「わたしたちのベトナム戦争は終わらない」（"Our Vietnam War Never Ended," April 24, 2015） 45–46
ウト、ニック（Nick Út, 1951–） 83, 209
　『戦争の恐怖』（*The Terror of War*, 1972） 83, 209
オブライエン、ティム（Tim O'Brien, 1946–） 6–8, 86
　『僕が戦場で死んだら』（*If I Die in A Combat Zone*, 1973） 7
『オペレーション・ベビーリフト』（*Operation Babylift: Perspectives and Legacies*, April 16, 2015–April 3, 2016） 44–45
『オレンジ郡のベトナム人』（*Vietnamese in Orange County*, 2015） 4, 8

【カ行】
カオ、ラン（Lan Cao, 1961–） 1, 5, 18, 24–26, 37, 47, 55–59, 61–68, 70, 77–78, 80–81, 92, 171, 218, 227, 229, 236, 241–42, 244, 246–47, 251, 256
　「テト攻勢を生き延び脱越した母」（"A Mother on Surviving the Tet Offensive and Escaping from Vietnam"） 56

『蓮と嵐』(*The Lotus and the Storm*, 2014) 47, 55, 57, 61, 63–64, 66–68, 70, 74–75, 77–78, 81, 92, 241, 246–47, 251–52
『法と開発における文化』(*Culture in Law and Development: Nurturing Positive Change*, 2016) 57
『モンキーブリッジ』(*Monkey Bridge*, 1997) 1, 24, 47, 55, 59, 61–63, 65–67, 76, 81, 218, 236, 242, 244, 256
グエン、ウダム・チャン(Uudam Tran Nguye, 1971–) 165–67, 255
《タイム・ブーメラン》(*Time Boomerang*, 2013–) 165
《タイムブーメラン(カリフォルニア版)——南シナ海から次の死の星へ》(*Time Boomerang: California Edition from S.E.A. Sea Atolls to the Next Dead Stars*, 2019) 165
グエン、キエン(Kien Nguyen, 1967–) 173
『植民地』(*Le Colonial*, 2004) 255
『タペストリー』(*The Tapestries*, 2002) 255
『望まれざる者』(*The Unwanted*, 2001) 173
グエン、タイ・トゥアン(Nguyen, Thai Tuan, 1965–) 151–52
『不在という充実』(*Fullness of Absence*, 2011) 151
グエン、バオ(Bao Nguyen) 256
グエン、ビック・ミン(Bich Minh Nguyen, 1974–) 229, 243
グエン=ズイ、ピポ(Pipo Nguyen-duy, 1962–) 31–34, 237, 242
《匿名のⅣ》(*Anonymous Four*) 33–34
《もう一人の西洋人》(*AnOther Westerner Series*, 1998–2004) 32–33
コッポラ、フランシス・F.(Francis F. Coppola, 1939–) 19, 86, 99, 108
『地獄の黙示録』(*Apocalypse Now*, 1979) 19, 86, 88, 99, 108, 207

**【サ行】**

サムナン、クゥワイ(Khvay Samnang, 1982–) 124–25, 251
『Enjoy My Sand』(*Enjoy My Sand*, 2015) 124
シップラー、デヴィッド(David K. Shipler, 1942–) 60
『アラブ人とユダヤ人——「約束の地」はだれのものか』(*Arab and Jew: Wounded Spirits in A Promised Land*, 1986) 60
ジャスト、ワード(Ward Just, 1935–) 7–8
『何の目的のために』(*To What End*, 1968) 7
シャット、T・リエン(T. Lien Shutt) 256

《ア・メリ・カン》（*A-mer-i-can*, 1995） 256
《忠誠の誓い》（*Oath of Allegiance*, 1995） 256
『食を飾る』（*Illuminated Recipes: Cravings, Customs, & Comforts*, August 17–September 30, 2019） 218
スコセッシ、マーティン（Martin Scorsese, 1942–） 19
『タクシードライバー』（*Taxi Driver*, 1976） 19
ストーン、オリバー（Oliver Stone, 1946–） 3, 20–24, 60, 86, 92, 207, 251
『7 月 4 日に生まれて』（*Born on the Fourth of July*, 1989） 20–21
『JFK』（*JFK*, 1991） 21, 23
『天と地』（*Heaven & Earth*, 1993） 3, 21, 23–24, 251
『プラトーン』（*Platoon*, 1986） 20–21, 49, 86–87, 207
スピヴァク、ガヤトリ・C.（Gayatri Chakravorty Spivak, 1942–） 8, 106
スピーゲルマン、アート（Art Spiegelman, 1948–） 19, 36, 38, 172, 205, 211
ソンタグ、スーザン（Susan Sontag, 1933–2004） 135, 252

**【タ行】**

ダイ・ラム・リン（Dai Lam Linh） 132, 137, 252
「いばらの心を織る」（“Dệt Tầm Gai”） 137
チミノ、マイケル（Michael Cimino, 1939–） 19, 28–29, 86
『ディアハンター』（*The Deer Hunter*, 1978） 19, 28–29, 49, 86, 207
『チャイナビーチ』（*China Beach: Surfers, the Vietnam War, and the Healing Power of Wave-riding*, 2017） 124
チャン、スッチェン（Sucheng Chang） 17–18, 35, 63
『ベトナム系アメリカ人一・五世代』（*The Vietnamese American 1.5 Generation*, 2006） 17
チャンダイ、グラシー＝チャングエン（Trangđài, Glassey-Trầnguyễn） 250
「ヴェト・ホ・レ――グローバルに活躍する変貌自在の芸術家」（“Việt Hồ Lê: A Global Protean Artist”；“Việt Hồ Lê: Mot nghe si toan cau da nang, da dang”） 250
チュン、ティファニー（Tiffany Chung, 1969–） 140, 244, 249
『ベトナム――過去はプロローグ』（*Vietnam, Past is Prologue*, Mar. 15–Sep. 2, 2019） 249
チョン、デニス（Denise Chong, 1953–） 258
『ベトナムの少女――世界で最も有名な戦争写真が導いた運命』（*The Girl in the Picture: The Kim Phúc Story, the Photograph, the Vietnam War*, 1999） 258

チン、フランク（Frank Chin, 1940–） 108, 232
『アイイー！　アジア系アメリカ作家作品集』（*Aiiieeeee! An Anthology of Asian-American Writers*, 1974） 108, 232
『到着難民Ⅱ——芸術は語る』（*F.O.B.II Art Speaks*, 2009） 246
ドゥック、グエン・クイ（Nguyen Qúi Dú'c, 1959?–） 60
『死者の眠る場所』（*Where the Ashes Are*, 1994） 60
トゥルン、マルセリノ（Marcelino Truong, 1957） 199, 208
トゥルン、モニク（Monique Truong, 1968–） 18, 31, 57, 218, 236, 243, 244
『ブック・オブ・ソルト』（*The Book of Salt*, 2003） 30, 57, 218
トラン、アン・ユン（Tran, Anh Hung, 1962–） 24–25, 199, 256
『青いパパイヤの香り』（*The Scent of Green Papaya*, 1993） 25
『シクロ』（*Cyclo*, 1995） 256
トラン、ヴュ（Vu Tran, 1975–） 58
トラン、GB（GB Tran, 1976–） 19, 37–38, 49, 167, 171–72, 175–94, 196, 210–11, 227, 243
『ヴェトナメリカ』（*Vietnamerica*, 2011） 19, 38, 49–50, 167, 171–72, 175–77, 180–81, 183–85, 187–91, 193–94, 196, 243
トリン、T・ミンハ（Trinh, T. Minh-ha, 1952–） 3, 40, 89, 108
『姓はヴェト、名はナム』（*Surname Viet Given Name Nam*, 1989） 3, 40, 108
トリン、マイ（Trinh, Mai, 1978–） 37–39, 172, 182–83, 186, 196
《家族の木》（*Family Tree*, 2011） 39, 182
『魂の絵』（*Painting through the Spirit*, 2002） 172
ドーン、ブライアン（Brian Doan） 246

**【ナ・ハ行】**

ノートン、バーリー（Barley Norton, 1971–） 132
『ハノイ・エクリプス』（*Hanoi Eclipse*, 2010） 132
『バック・トゥ・チャイナビーチ』（*Back to China Beach*, 2017） 124
バトラー、ロバート・オーレン（Robert Olen Butler, 1945–） 84
『不思議な山からの香り』（*A Good Scent from a Strange Mountain*, 1992） 84
バーマン、ラリー（Larry Berman） 247
『完全なるスパイ』（*Perfect Spy: The Incredible Double Life of Pham Xuan An*, 2007） 247
バルー、クレメン（Clément Baloup, 1978–） 50–51, 197, 199–206, 208–26, 257
『ヴェトキューの記憶』（*Mémoires de Viet Kieu/Vietnamese Memories*） 50, 197, 199–

201, 206–07, 209, 212, 214–15, 218–20, 225–26
『サイゴンを去る』(*Leaving Saigon*, 2006, 2010, 2017; 2018) 50, 197, 200–02, 205, 209–10, 214–16, 219, 222–24, 257
『台湾人との結婚』(*Les Mariées de Taïwan*, 2017) 50, 200, 225
『ツアンの道』(*Le Chemin de Tuan*, 2004) 205
『ハノイの秋』(*Un Automne a Hanoi*, 2004) 50, 197, 205
『リトルサイゴン』(*Little Saigon*, 2012; 2018) 50–51, 197, 200–02, 205, 213–15, 219–22, 224, 226
『ルージュの愛人』(*La Concubine rouge*, 2012) 205
ファン、エイミ (Aimee Phan, 1977–) 19, 25, 37, 39–40, 42–43, 57–58, 171, 207, 246, 255
『会わぬ定めのわたしたち』(*We Should Never Meet*, 2005) 171, 255
『チェリー・トゥルンの再教育』(*The Reeudcation of Cherry Truong*, 2012) 19, 25, 40, 57, 171, 207, 241, 255
ファン、ティー・キム・フック (Phan, Thi Kim Phuc, 1963–) 258
ファン、デヴィッド・ヘンリー (David Henry Hwang, 1957–) 31
『エム・バタフライ』(*M. Butterfly*, 1988) 31
ブイ、ティ (Thi Bui, 1975–) 107
『最善を尽くす』(*The Best We Could Do*, 2017) 107
フィン、ジェイド・ゴック・クワン (Jade Ngoc Quang Huynh, 1957–) 60
『南風の変化』(*South Wind Changing*, 1994) 60
フォン、アン (Ann Phong, 1957–) 250
『フォンを見つけて』(*Di Tim Phong*, 2015) 129
フリーマン、ジェームス (James M. Freeman, 1936–) 147
『悲しみの心』(*Hearts of Sorrow: Vietnamese-American Lives*, 1989) 147
ヘイスリップ、レ・リ (Le Ly Hayslip, 1949–) 3, 21–24, 47, 60–62, 66–67, 92, 193
『天と地(ベトナム編・アメリカ編)』(*When Heaven and Earth Changed Place*, 1989; *Child of War, Woman of Peace*, 1993) 3, 21–22, 47, 60, 92
ホアン、ドーン (Doan Hoang, 1972–) 206
『オー、サイゴン』(*Oh, Saigon*, 2007) 206

【マ・ラ行】

ミン、トラン・ユイ (Minh, Tran Huy, 1979–) 199
ミン、ホー・チ (Ho Chi Minh, 1890–1969) 73–74, 175, 193, 240, 246
ラム、アンドリュー (Andrew Lam, 1964–) 42–43, 241, 246

リー、カイン（Khanh Ly, 1945–）121
リオタール、ジャン＝フランソワ（Jean-Francois Lyotard, 1924–98）8–9, 190, 222
『ポストモダンの条件』（*The Postmodern Condition: A Report on Knowledge*, 1979）190
レ、ヴェト（Việt Lê, 1976–）31, 34–35, 48–49, 115–42, 143, 167, 171, 237, 244, 249–52
「エクリプス（日食）」（“eclipse,” 2016）119–20, 129–32, 139, 252
『帰還する約束』（*Return Engagements: Contemporary Art's Traumas of Modernity and Historicity in Sai Gon and Phnom Penh*, forthcoming）116, 119, 137, 238, 249, 252
「チャーリーズ・エンジェル」（“Charlie's Angels,” 2012–2013）35, 123, 238
『チャーリーは波乗りをしない』（*Charlie Don't Surf: 4 Vietnamese American Artists*, 2005）119, 124
「ハートブレーク！」（“heartbreak!” 2016）119–20, 130, 135, 137
《ラブ・バン！》（*Love Bang!* 2012–16）48, 117, 119, 129, 141, 238
「ラブ・バン！」（“love bang!” 2012）35, 117, 119–22, 124–30, 250
レ、ティ・ディエム・トゥイ（lê, thi diem thúy, 1972–）18, 30, 36, 68–70, 243
『赤い炎のような夏』（*Mua He Do Lua/Red Fiery Summer*, 1994）36
『ギャングスターを探して』（*The Gangster We Are All Looking For*, 2003, 2004）68–69, 243
レ、ディン・Q.（Dinh Q. Lê, 1968–）18, 26–30, 34, 39, 48–49, 58, 89, 140–41, 143–59, 161–65, 167, 171, 227, 234–37, 253–54
『明日への記憶』（*Dinh Q. Lê: Memory for Tomorrow*）27, 144, 155–57, 159, 254
《消えない記憶》（*Persistence of Memory*, 2000–2001）27, 155
『記憶のタペストリー――ディン・Q・レの作品世界』（*A Tapestry of Memories: The Art of Dinh Q. Lê*, 2007）254
《傷ついた遺伝子》（*Damaged Gene*, 1998）253
《コロニー》（*The Colony*, 2016）159, 162–64, 254
《人生は演じること》（*Everything Is a Re-Enactment*, 2015）144, 155–56, 158–59, 163, 254
『ディン・Q・レ――真の旅は戻ること』（*Dinh Q. Lê: True Journey Is Return*, 2000）148
《農民とヘリコプター》（*The Farmers and the Helicopters*, 2006）144
《ベトナムからハリウッドまで》（*From Vietnam to Hollywood*, 2003–2005）27, 155
《ベトナム戦争のポスター》（*Vietnam War Posters*, 1989）26, 144, 158

《抹消》（*Erasure*, 2011） 147
『ミレニアムにはベトナムへ——ディン・Q・レの作品世界』（*Vietnam: Destination for the New Millennium: The Art of Dinh Q. Lê*, 2005） 148
《モット・コイ・ディー・ヴェー》（*Mot Coi Di Vé*, 1998） 147–48
《モット・コイ・ディー・ヴェー II》（*Mot Coi Di Vé II*, 2005） 148
《ロシアンルーレット》（*Russian Roulette*, 2002） 27–29, 153
ロケ、サンドリン（Sandrine Lloquet, 1975–） 140

## ◉事項索引◉

【ア行】

アジア系　3, 7, 18, 31–34, 57, 84–85, 92, 94, 108–11, 118, 144, 155, 173–74, 178, 180, 187, 208–09, 215, 227–33, 237–38, 242, 244, 245, 255, 256, 258, 259
アフリカ系　56, 93, 108–10, 180, 230, 255, 258
アフロンティア　209, 211, 213, 225
アメラジアン　173, 255
一・五世代　16–19, 24, 30, 35–38, 41, 43, 45, 47–48, 50, 55, 58, 62–65, 67–68, 75, 77, 80, 89–90, 115, 117, 140, 167, 171, 187, 189, 196, 199, 206, 227, 230, 233–34, 240, 242, 243, 246, 249, 250, 256, 259
ヴェトキュー（越僑） 50, 151, 167, 192, 200, 203–04, 210, 215, 217–18, 225–26, 257
大きな物語　8–9, 190, 222
オーラルヒストリー（語りの歴史）　5–6, 52, 200, 211–14

【カ・サ行】

帰越　49, 61, 134, 141–42, 143–46, 148, 150–51, 167, 179, 192, 249, 251, 253, 254
記憶　1, 5–8, 26–27, 29–31, 34–40, 42–44, 48–50, 59, 61, 67, 69–70, 77–78, 81, 84, 86–90, 100, 116, 118, 121, 125, 133, 140, 146, 154–55, 179, 181, 183, 186–87, 189, 191, 195–96, 201, 203, 204, 206–09, 211, 215, 217–18, 220, 222, 225, 227, 246, 252
キャンプ（批評用語）　135–36, 252
キャンプ・ペンドルトン　16, 42, 45, 177–78
クイア　31, 34, 48, 115, 117–20, 125, 129, 131–33, 135–39, 142, 251
グラフィックノベル　19, 38, 47, 49–50, 107, 167, 172, 185, 197, 205, 210–13, 238, 243, 257, 259

ジェンダー　31–32, 34, 138, 192
自由ベトナム臨時政府（Government of Free Vietnam）71–72, 101, 243
セクシュアリティ　31, 34, 48, 118, 135, 138, 139

【タ・ナ行】

脱越　2, 5, 16–18, 25–26, 29–30, 35, 37–38, 40, 42–44, 47–48, 50, 55–60, 62, 64–65, 67–69, 72, 77, 79–80, 88, 100–02, 106, 116, 118, 126, 134–35, 141, 145–47, 171, 173, 176–80, 185, 187–88, 190–92, 195, 201, 204, 206, 213, 217, 220, 222, 224, 226, 234–35, 241, 247, 251, 253, 256
多文化主義　21, 23–24, 59–60, 90, 195, 204, 233, 250
小さな物語　9, 190, 222
中越戦争　125
ディアスポラ　210, 213, 220
東越戦争　116, 125–26, 141
トラウマ　36, 44, 48, 57, 64, 80, 88, 99, 116–17, 120–21, 125, 132, 134, 138, 140, 224, 250
トランスコミュナリティ　191, 194–96, 257
トランスジェンダー　34, 120–23, 127, 129–31, 138
トランスナショナリズム（ナショナル）192–93
難民社会　15, 49–52, 61, 63, 65, 70, 72–73, 75, 77–81, 83, 100, 102, 111, 134, 145–46, 174, 181, 192–93, 195–97, 215, 221, 224, 227, 229, 232–34, 243, 244, 247, 255

【ハ行】

反共（反共産主義）思想・精神　45–46, 61, 64–65, 70–73, 77, 80, 101–02, 134, 196, 232–34, 244, 255
バンド・デシネ　50, 197, 199, 201, 205, 212–13, 257, 258
ピューリッツァー賞　6, 18, 27, 47, 58, 60, 61, 81, 83, 84, 107, 205, 209, 245
ベトナム解放国民戦線（National United Front for the Liberation of Vietnam）70–71, 247
ベトナム革新党（Việt Tân）71
ベトナム系アメリカ人オーラルヒストリー・プロジェクト（"Vietnamese American Oral History Project"）4
ベトナム系アメリカ人ヘリテージ財団（Vietnamese American Heritage Foundation）5
ベトナム系アメリカ文学芸術協会（Vietnamese American Association of Literature and Art）218, 246
ベトナム系コミュニティ　4, 15, 18, 45–46, 51, 60, 62, 65, 73, 75, 77, 81, 165, 172, 174,

197, 215, 219, 221–22, 244, 246
ベトナム芸術基金（Vietnamese Foundation for the Arts） 150
ベトナム人民行動党（People's Action Party of Vietnam） 247
ベトナム戦争　1–2, 5–8, 15–17, 19–21, 23, 26–27, 34, 41, 43, 45–46, 48, 62, 64, 67, 76, 78–81, 85–86, 89–90, 111, 121, 125, 129, 132, 144–46, 155, 157–58, 161, 163–64, 173, 179–80, 187, 195, 199, 201, 203, 206, 208, 214, 230, 233–34, 240, 241, 244, 245
ベトナム独立同盟会（ベトミン） 175, 193
ヘリテージフラッグ（"Vietnamese Heritage and Freedom Flag"） 75, 77, 81, 196, 243, 250
ポストメモリー　35–37, 39, 191
ボート難民　26, 43, 55, 64, 67–68, 72, 116, 118, 135, 210, 245

**【マ・ラ行】**

南ベトナム解放民族戦線（ベトコン） 21, 22, 28, 37, 48, 56, 64, 65, 67, 85, 86, 93–94, 101–03, 105, 123, 156, 184, 233, 240, 241, 247, 250
メティ　50, 199, 223–24, 258
物語り　1, 9, 51–52, 70, 77–81, 139, 142, 154, 181, 189, 194, 196, 197, 212–14, 221–22, 226, 234
リトルサイゴン　4, 15–16, 45, 51–52, 56, 61–64, 70, 72, 74, 78–80, 142, 165, 171, 192–93, 195–96, 200–01, 215–16, 218–19, 221–24, 227, 234–36, 242, 243, 244, 255
「リトルサイゴン」　15, 52, 199, 215, 223–24, 226, 234
歴史物語　9, 31, 40–41, 50, 52, 79, 159, 181, 183, 185, 188–89, 200, 209, 211, 213, 217, 223

## ◉引用・参考資料◉


"A Mother on Surviving the Tet Offensive and Escaping from Vietnam." *Story Corps*. 2 Feb. 2018. <storycorps.org/stories/a-mother-on-surviving-the-tet-offensive-and-escaping-from-vietnam/>. Accessed 12 Aug. 2019.

Adamczyk, Alicia. "Here's What a Pulitzer Prize Does for a Book's Amazon Sales Rank." *Money*, 19 April, 2016. <time.com/money/4298173/pulitzer-prize-amazon-sales/>. Accessed 10 Apr. 2019.

Adams, Eddie. "Eulogy." *Time* 152. 4 (1998): 19.

Alperin, Elijah, and Jeanne Batalova. "Vietnamese Immigrants in the United States." *Migration Policy Institute*. 13 Sep. 2018. <www.migrationpolicy.org/article/vietnamese-immigrants-united-states-5>. Accessed 30 Sep. 2019.

"American Fact Finder." *United States Census Bureau*. N.d. <factfinder.census.gov/faces/tableservices/jsf/pages/productview.xhtml?src=bkmk>. Accessed 30 Sep. 2019.

Aso, Takashi. "Ethics of the Transpacific: Dinh Q. Lê, Sân Art, and Memories of War." *The Japanese Journal of American Studies* 28 (2017): 3–23.

August, Timothy K. "Spies Like Us: A Professor Undercover in the Literary Marketplace." *LIT: Literature Interpretation Theory* 29.1 (2018): 60–79.

Bagir, Yusuf Kenan. "Impact of the Syrian Refugee Influx on Turkish Native Workers: An Ethnic Enclave Approach." *Central Bank Review* 18.4 (2018): 129–47.

Baloup, Clement. "Artist's Statement." *European Comic Art*, 8.1 (2015): 52–68.

——. *Les mariées de Taïwan, mémoires de Viêt Kieu tome 3.* La boîte à bulles, 2017.

——. *Vietnamese Memories Book 1: Leaving Saigon*. Humanoids, 2018.

——. *Vietnamese Memories Book 2: Little Saigon*. Humanoids, 2018.

Bankston III, Carl L. "Vietnamese Americans." *Countries and their Cultures*. N.d. <www.everyculture.com/multi/Sr-Z/Vietnamese-Americans.html>. Accessed 8 Oct. 2019.

Barnes, Lesle. "Cinema as Cultural Translation: The Production of Vietnam in Trần Anh Hùng's *Cyclo*." *Journal of Vietnamese Studies* 5.1 (2010): 106–28.

"Become a Court Member." *The Official Nisei Week Website*. 2019. <niseiweek.org/become-a-court-member/>. Accessed 30 Aug. 2019.

Bergquist, Kathleen ja Sook. "Operation Babylift or Babyabduction? Implications of the Hague Convention on the Humanitarian Evacuation and 'Rescue' of Children. *International Social Work* 52.5 (2009): 621–33.

Berman, Larry. *Perfect Spy: The Incredible Double Life of Pham Xuan An*. Harper Collins, 2007.

Bucci, Nino. “The Day Vietnamese Anti-communist Violence Came to Australia.” *Sydney Morning Herald*. 4 Jan. 2016. <www.smh.com.au/national/the-day-vietnamese-anticommunist-violence-came-to-australia-20160104-glz1ok.html>.

Bui, Long T. *Returns of War: South Vietnam and the Price of Refugee Memory*. New York UP, 2018.

——. “The Debts of Memory: Historical Amnesia and Refugee Knowledge in *The Reeducation of Cherry Truong*.” *Journal of Asian American Studies* 18.1 (2015): 77–97.

Butt, Zoe. Message to the author. 20 Mar. 2016. E-mail.

——. “Red Tape and Digital Talismans: Shaping Knowledge beneath Surveillance.” *Art in the Asia-Pacific: Intimate Publics*. Ed. Larissa Hjorth, Natalie King, and Mami Kataoka. Routledge, 2014. 91–104.

Cao, Lan. “Lan Cao—The Lotus and the Storm.” Interview by Connie Martinson. *YouTube*. 30 Sep. 2014. <www.youtube.com/watch?v=d_rFxf0spWg>. Accessed 21 Sep. 2019.

——. *Monkey Bridge*. Viking. 1997. 麻生享志訳『モンキーブリッジ』彩流社、2009.

——. Personal Interview. 7 Aug. 2014.

——. Personal Interview. 16 Dec. 2014.

——. Personal Interview. 14 Aug. 2016.

——. “The Details Are Vietnamese, the Vision, Guilty American.” Review of *Heaven and Earth*, directed by Oliver Stone. *New York Times* (1994) Jan. 23: B 13, 22.

——. *The Lotus and the Storm*. Viking. 2014. 麻生享志訳『蓮と嵐』彩流社、2016.

——. “Vietnam Wasn’t Just an American War.” *New York Times*. 22 Mar. 2018. <nytimes.com/2018/03/22/opinion/vietnam-wasnt-just-an-american-war.html>. Accessed 30 Jul. 2019.

Chang, Sucheng. *The Vietnamese American 1.5 Generation: Stories of War, Revolution, Flight, and New Beginnings*. Temple UP, 2006.

Chauvin, Lucien. “The Unlikely Treasure off Peru’s Coast.” *Washington Post*. 21 Jun. 2018. <www.washingtonpost.com/graphics/2018/world/in-peru-guano-bird-droppings-are-the-new-gold/?noredirect=on>. Accessed 12 Sep. 2019.

Cheung, King=Kok. “Re-viewing Asian American Literary Studies.” Ed. Cheung. *An Interethnic Companion to Asian American Literature*. Cambridge UP, 1988. 1–36.

Chevant, Aurélie. "Graphic Heritage: Exploring Postcolonial Identities and Vietnamese Spaces in the Francophone Graphic Novel." *Contemporary French and Francophone Studies*, 21.1 (2017): 91–90.

Chihaya, Sarah. "Slips and Slides." *PMLA* 133.2 (2018): 364–70.

Childs, John Brown. *Trans-communality: From the Politics of Conversion to the Ethics of Respect*. Temple UP, 2003.

Chong, Denise. *The Girl in the Picture: The Kim Phúc Story, the Photograph, the Vietnam War*. Penguin-New York, 1999. 押田由紀訳『ベトナムの少女——世界で最も有名な戦争写真が導いた運命』文藝春秋、2001.

Chong, Sylvia Shin Huey. "Vietnam, the Movie: Part Deux." *PMLA* 133.2 (2018): 371–77.

Cornog, Martha and Steve Raiteri. "Best Books 2011: Graphic Novels." *Library Journal Reviews* 137.12 (2012): 70.

"Couc Trao Do Giua/Of Memory and History: An Exchange between Dinh Q. Lê and Moira Roth, June 1999-April 2003." Christopher Miles and Moira Roth. *Dinh Q. Lê: From Vietnam to Hollywood*. Marquand Books, 2003. 8–21.

Cramer, Maria. "Viet-American gangs stir worry in Dorchester." *Boston.Com*. 31 Jan. 2008. <archive.boston.com/news/local/articles/2008/01/31/viet_american_gangs/ stir_worry_in_dorchester/>. Accessed 10 Sep. 2013.

Dang, Thuy Vo, Linda Trinh Vo, and Tram Le. *Vietnamese in Orange County*. Arcadia Publishing, 2015.

Dickstein, Morris. "Fiction and Society, 1940–1970." Ed. Sacvan Bercovitch. *The Cambridge History of American Literature vol. 7: Prose Writing 1940–1990*. Cambridge UP, 1999. 101–310.

Dittmar, Linda and Gene Michaud, ed. *From Hanoi to Hollywood: The Vietnam War in American Film*. Rutgers UP, 1990.

"Documentary on Transgender to Be Screened in VN." *Viet Nam News*. 28 Sep. 2018. <vietnamnews.vn/life-style/466665/documentary-on-transgender-to-be-screened-in-vn.html#DukqIhMWibqqLx0l.97>. 28 Jul. 2019.

Dunst, Charles. "U.S. Backs Off on Deporting Vietnam Immigrants." *New York Times*. 23 Nov. 2018. A 10 (L).

Duong, Lan P. Review of *Monkey Bridge*, by Lan Cao. *Journal of Asian American Studies* 3.3 (2000): 376–78.

——. *Treacherous Subjects: Gender, Culture, and Trans-Vietnamese Feminism*. Temple UP, 2012.

Espiritu, Yên Lê. *Body Counts: the Vietnamese War and Militarized Refuge(es)*. U of California P, 2014.

"Exhibition Summaries." *F.O.B. II*. 18–21.

File, Thom. "Voting in America: A Look at the 2016 Presidential Election." *Census Blogs*. 10 May 2017. <www.census.gov/newsroom/blogs/random-samplings/2017/05/voting_in_america.html>. Accessed 12 Jul. 2019.

*F.O.B. II: Art Speaks @ the Crossroads of Art + Politics + Community*. Vietnamese American Arts & Letters Association, 2009.

Fokos, David. Interview with Trinh Mai. *Honoring Life: The Work of Trinh Mai*. 2016. <vimeo.com/155899048>. Accessed 18 Jul. 2019.

"40 Years After Fall of Saigon, Vietnamese-American Writers Discuss War, Emigration." *Forum with Michael Krasny*. KQED. San Francisco. 30 Apr. 2015. Radio.

Fosco, Molly. "Why the 'Model Minority' Ends with Second-Generation Asian-Americans" *Ozy*. 2 Nov. 2018. <ozy.com/acumen/why-the-model-minority-ends-with-second-generation-asian-americans/90337>. Accessed 30 Aug. 2019.

Freeman, Donald B. *The Pacific*. Routledge, 2009.

"Fullness of Absence." *Sàn Art*. N.d. <san-art.org/exhibition/fullness-of-absence/>. Accessed 10 Sep. 2019.

Garvey, Hugh. "Writers on the Verge: lê thi diem thúy." *Voice Literary Supplement* 43.22 (1998): 78.

Gates, Bill. "5 Amazing Books I Read This Year." *Gatenotes*. 4 Dec. 2017. <www.gatesnotes.com/About-Bill-Gates/Best-Books-2017>. Accessed 30 Apr. 2019.

Gordon, Peter. "'Vietnamese Memories: Leaving Saigon'" by Clément Baloup." *Asian Review of Books*. 16 May 2018. <asianreviewofbooks/.com/content/vietnamese-memories-leaving-saigon-by-clement-baloup/>. Accessed 18 Sep. 2019.

Goyal, Yogita. "Un-American: Refugees and the Vietnam War." *PMLA* 133.2 (2018): 378–83.

Gray, Richard. *After the Fall: American Literature Since 9/11*. Wiley-Black Well, 2011.

Ha, Nam Q. "Business and Politics in Little Saigon, California." *Calisphere*. May 2002. <www.oac.cdlib.org/view?docId=hb28700442&brand=oac4&doc.view=entire_text>. Accessed 15 Sep. 2019.

Ha, Quan Manh. "Lan Cao's *Monkey Bridge*: Problematic Representations of Vietnam War History." *Southeast Review of Asian Studies* 36 (2015): 75–89.

*Hanoi Eclipse: The Music of Dai Lam Linh*. Dir. Barley Norton. Documentary Educational Resources, 2010.

Hayslip, Le Ly. "Heaven and Earth." Ed. Robert Brent Toplin. *Oliver Stone's USA: Film, History, and Controversy*. U of Kansas UP, 2000. 178–87.

"Heaven and Earth." *Box Office Mojo*. N.d. <www.boxofficemojo.com/movies/?id=heavenandearth.htm>. Accessed 30 Oct. 2015.

Hilde, Jade. "An Interview and Review of GB Tran's *Vietnamerica*." *diaCRITIC*. 24 Feb. 2011. <diacritics.org/2011/02/a-must-read-vietnamese-american-comic-book-a-review-of-vietnamerica-and-interview-with-author-gb-tran/>. Accessed 30 Jun. 2013.

Hirsch, Marianne. "Family Pictures: *Maus,* Mourning, and Post-Memory." *Discourse* 15.2 (1992–3): 3–29.

——. "Surviving Images: Holocaust Photographs and the Work of Postmemory." Ed. Barbie Zelizer. *Visual Culture and the Holocaust*. Rutgers UP, 2000. 214–46.

Hoang, Doan. A "Foreword" to *Vietnamese Memories*. Baloup, *Vietnamese Memories Book1*, 3.

Hogan, John. "Vietnamerica the Beautiful: An Interview with GB Tran." *Graphic Novel Reporter*. 14 Jan. 2011. <stage.graphicnovelreporter.com/authors/gb-tran/news/interview-012511>. Accessed 30 Jun. 2013.

Hong, Caroline Kyungah. "Disorienting the Vietnam War: GB Tran's *Vietnamerica* as Transnational and Transhistorical Graphic Memoir." *Asian American Literature: Discourses and Pedagogies* 5 (2014): 11–22.

Howell, Jennier. "Vietnamese Foodways and Viet Kieu Postmemory in Clément Baloup's Graphic Narratives." *European Comic Art*, 8.1 (2015): 25–51.

*Illuminated Recipes: Cravings, Customs, & Comforts*. Dir. Christine Yen Tran-Phan. N.a, 2019.

"In Conversation with Clément Baloup." *Alliance Française Melbourne*. N.d.<www.afmelbourne.com.au/culture-and-events/special-events/in-conversation-with-clment-baloup/>. Accessed 30 Sep. 2019.

Ito, Manabu. "Young Vietnamese-Americans Returning to A New Land of Opportunity." *Nikkei Asian Review*. 25 Sep. 2016. <asia.nikkei.com/Business/Young-Vietnamese-Americans-returning-to-a-new-land-of-opportunity>. Accessed 18 Sep. 2019.

"James Dicke Contemporary Artist Lecture with Tiffany Chung." *YouTube*. 2 May 2019. <www.youtube.com/watch?v=-FY8-X3W84I>. Accessed 28 Sep. 2019.

Janette, Michele. "Vietnamese American Literature in English, 1963–1994." *Amerasia Journal* 29.1 (2003): 267–86.

Johnson, Kay. "Children of the Dust." *Time*. 13 May 2002. <content.time.com/time/magazine/

article/0,9171,237115,00html>. Accessed 8 Sep. 2013.

Johnston, Paul F. "The Smithsonian and the 19th Century Guano Trade: This Poop Is Crap." *National Museum of American History*. 31 May 2017. <americanhistory.si.edu/blog/smithsonian-and-guano>. Accessed 14 Sep. 2019.

Just, Ward. *To What End: Report from Vietnam*. Public Affairs, 1968, 2000.

Kakutani, Michiko. "'Monkey Bridge': American Dream with Vietnamese Twist." *New York Times*, 19 Aug. 1997. <www.nytimes.com/books/97/08/17/daily/monkey-book-review.html>. Accessed 18 Mar. 2017.

Karlin, Wayne. *Wandering Souls: Journeys with the Dead and the Living in Viet Nam*. Nation Books, 2009.

Kossoff, Mirinda. "Visiting Law Professor Lan Cao's Vietnam Memories Turned into Praised Work of Fiction." *Duke Law* 17.1 (1999): 32–34.

Lam, Charles. "The Government of Free Vietnam Is No Republic for Old Man." *OC Weekly* 14 Nov. 2013. <web.archive.org/web/20140215223525/http://www.ocweekly.com/2013-11-14/news/government-of-free-vietnam- garden-grove-nguyen-huu-chanh/full/>. Accessed 18 Jun. 2019.

Le, C. N. "'Better Dead than Red': Anti-Communist Politics among Vietnamese Americans." Ed. Ieva Zake. *Anti-Communist Minorities in the U.S: Political Activism of Ethnic Refugees*. Palgrave-Macmillan, 2009. 189–209.

——. "By the Numbers: Daring, Marriage, and Race in Asain America." *IMDiversity*. N.d. <imdiversity.com/villages/asian/by-the-numbers-dating-marriage-and-race-in-asian-america/>. Accessed 18 May. 2019.

Lê, Dinh Q. *A Tapestry of Memories: The Art of Dinh Q. Lê*. Bellevue Arts Museum, 2007.

——. "An Interview with Dinh Q. Lê." Interview by Stefano Catalani. *A Tapestry of Memories*. 51–72.

——. *Dinh Q. Lê: The Colony.* Birmingham: Ikon Gallery, 2016.

——. Message to the author. 18 May 2016. E-mail.

——. Message to the author. 6 December 2016. E-mail.

——. Personal Interview. 25 Dec. 2015.

——. "The Colony: Dinh Q. Lê in Conversation with James Lingwood." *Vimeo*. N.d. <vimeo.com/183506930>. Accessed 18 May. 2016.

——. "The Pilgrimage of Inspiration: Artists as Engineers in Vietnam" Interview by Zoe Butt. *Dispatch*. 16 Apr. 2010. <curators.intl.org/images/assets/Dinh_Q_Le.pdf>. Accessed 18 May. 2016.

——. "The Toll of Human Desire: Zoe Butt in Conversation with Dinh Q. Lê." Interview by Zoe Butt. *Dinh Q. Lê: The Colony*. 25–29.

lê thi diem thúy. "Author's Note" to *The Gangster We Are All Looking For*. Random-Anchor, 2004.

——. "From *Mua He Do Lua/Red Fiery Summer*." Ed. Rajini Srikanth and Esther Y. Iwanaga. *Bold Words: A Century of Asian American Writing*. Rutgers UP, 2001. 387–94.

Lê, Việt. "eclipse." *Vimeo*. N.d. <vimeo.com/193810525>. 18 Jun. 2019.

——. "love bang! SEXperimental Music Video!" *diaCRITICS: arts & culture of the Vietnamese & SE Asian diaspora* 11 Oct. 2012. <diacritics.org/2012/10/love-bang/>. Accessed 18 Jun. 2019.

——. "Memoirs of A Superfan vol. 11.7—Inside the Fantastical Mind of Việt Lê." Interview by CAAMFest. 17 Mar. 2016. *Center for Asian American Media*. <caamedia.org/blog/2016/03/17/memoirs-of-a-superfan-vol-11-7-inside-the-fantastical-mind-of-viet-le/>. Accessed 18 Jun. 2019.

——. Message to the author. 4 Sep. 2019. E-mail.

——. Personal Interview. 16 Aug. 2016.

——. Personal Interview. 3 Jul. 2019.

——. Personal Interview. 6 Jul. 2019.

——. "Proposal Narrative." 29 May, 2010.

——. *Return Engagements: Contemporary Art's Traumas of Modernity and Historicity in Sai Gon and Phnom Penh*. MS.

——. "Việt Hồ Lê: A Global Protean Artist: An interview by Trangđài Glassey-Trầnguyễn." MS. Nov. 2009.

Lê, Việt, and Alice Ming Wai Jim, eds. *Charlie Don't Surf: 4 Vietnamese American Artists*. Center A Vancouver International Centre for Contemporary Asian Art, 2005.

Lee, Hyunok. "Adapting to Marriage Markets: International Marriage Migration from Vietnam to Korea," *Journal of Comparative Family Studies*, 47.2 (2016) 267–88.

LeMahieu, Michael, Angela Naimou, and Viet Thanh Nguyen. "An Interview with Viet Thanh Nguyen." *Contemporary Literature* 58.4 (2017): 438–61.

Lieu, Nhi T. *The American Dream in Vietnamese*. U of Minnesota P, 2011.

"Little Saigon." *Wikipedia,* 22 Sep. 2019, 5:04 a.m. (UTC), <en.wikipedia.org/wiki/Little_Saigon>.

Livingston, Gretchen. "Intermarriage in the U.S. 50 Years after Loving v. Virginia." *Pew Research Center*. 18 May 2017. <www.pewsocialtrends.org/2017/05/18/intermarriage-in-the-

u-s-50-years-after-loving-v-virginia/>. Accessed 18 Jul. 2019.

Lyotard, Jean=François. *The Postmodern Condition: A Report on Knowledge*. U of Minnesota P, 1984. 小林康夫訳『ポスト・モダンの条件——知・社会・言語ゲーム』書肆風の薔薇、1986.

Maeda, Daryl Joji. *Chain of Babylon: The Rise of Asian America*. U of Minnesota P, 2009.

——. "The Asian American Movement." *Oxford Research Encyclopedia of American History*. Jun. 2016. <oxfordre.com/americanhistory/view/10.1093/acrefore/9780199329175.001.0001/acrefore-9780199329175-e-21?print>. Accessed 18 Jul. 2019.

McKinney, Mark. *Redrawing French Empire in Comics*. Ohio State UP, 2013.

Mirikitani, Janice. *Shedding Silence*. Celestial Arts, 1987.

"Mission Statement." *The Official Nisei Week Website*. 2019. <niseiweek.org/mission-statement/>. Accessed 30 Aug. 2019.

Mohammed, Aliyah. "Milpitas: Council mulls support of Vietnamese Heritage and Freedom Flag." *Mercury News*. 20 Mar. 2017. <www.mercurynews.com/2017/03/17/milpitas-council-mulls-support-of-vietnamese-heritage-and-freedom-flag/>. Accessed 28 Aug. 2019.

Morrison, Toni. *Beloved*. Vintage Books, 2004. 吉田廸子訳『ビラヴド』集英社、1998.

"Most Ingluential 2015: Linda Trinh Vo—OC Register." *Viet Stories: Vietnamese American Oral History Project, UC Irvine*, 22 Dec. 2015, <sites.uci.edu/vaohp/2015/12/22/most-influential-2015-linda-trinh-vo/>. Accessed 30 Mar. 2019.

"Mot Coi Di Ve (1998) / Dinh Q. Lê." *ZHUANG WUBIN* 18 Sep. 2010. <zwubin.wordpress.com/2010/09/18/moi-coi-di-ve-1998-dinh-q-le/>. Accessed 30 Aug. 2019.

Nguyen, Alicia. "Vietnamese migrant brides now more integrated into Taiwan life." *Taiwan News*, 8 Dec. 2017. <www.taiwannews.com.tw/en/news/3316084>. Accessed 30 Sep. 2019.

Nguyen, Catherine H. "Illustrating Diaspora: History and Memory in Vietnamese American and French Graphic Novels." *Redrawing the Historical Past: History, Memory, and Multiethnic Graphic Novels*. Ed., Martha J. Cutter and Cathy J. Schlund-Vials. Georgia UP, 2018. 182–216.

Nguyen, Mimi Thi. *The Gift of Freedom: War Debt, and Other Refugeee Passages*. Duke UP, 2012.

"Nguyen Thai Tuan." *KADIST*. N.d. <kadist/.org/people/nguyen-thai-tuan/>. Accessed 30 Jul. 2019.

Nguyen, Uudam. "TIME BOOMERANG California edition: The Journey to Five Continents

edited 2." *YouTube*. 17 Jun. 2019. <www.youtube.com/watch?v=5kPkd7GaV3U>. Accessed 30 Aug. 2019.

Nguyen, Viet Thanh. "Author Viet Thanh Nguyen Discusses 'The Sympathizer' and his Escape from Vietnam." Interview by Terry Gross. *NPR books*, 17 May 2016, <www.npr.org/2016/05/17/478384200/author-vietthanhnguyendiscusses-the-sympathizer-and-his-escape-from-vietnam>. Accessed 31 Mar. 2019.

——. "Dislocation Is My Location." *PMLA* 133.2 (2018): 428–36.

——. "Impossible to Forget, Difficult to Remember: Vietnam an the Art of Dinh Q. Lê." *A Tapestry of Memories: The Art of Dinh Q. Lê*. N.p.: Bellevue Arts Museum, 2007. 19–29.

——. "Just Memory: War and Ethics of Remembrance" *American Literary History* 25.1(2013): 144–63.

——. "No Excuses: An Interview with Viet Thanh Nguyen." Interview byDavid Haeselin. *Post 45*, 11 April 2017. <post45.research.yale.edu/2017/04/no-excuses-an-interview-with-viet-thanh-nguyen/>. Accessed 31 Mar. 2019.

——. *Nothing Ever Dies: Vietnam and the Memory of War*. Cambridge: Harvard UP, 2016.

——. "Our Vietnam War Never Ended." *New York Times*. 24 Apr. 2015. <nytimes.com/2015/04/26/opinion/sunday/our-vietnam-war-never-ended.html>. Accessed 31 Mar. 2019.

——. *Race and Resistance: Literature and Politics in Asian America*. Oxford UP, 2002.

——. "Speak of the Dead, Speak of Viet Nam: The Ethics and Aesthetics of Minority Discourse." *CR: The New Centennial Review* 6.2 (2006): 7–37.

——. *The Symphathizer*. New York: Grove Press, 2015. 上岡伸雄訳『シンパサイザー』早川書房 2017.

O'Brien, Tim. *If I Die in A Combat Zone: Box Me Up & Ship Me Home*. Delacorte P, 1973. 中野圭二訳『僕が戦場で死んだら』白水社、1990.

"Orange County Museum of Art Announces Second Season in Temporary Space, OCMA Expand in Santa Ana." *OCMA Expand Santa Ana*. 14 Feb. 2019. <docs.wixstatic.com/ugd/b23a00_9bd4d1410fc44ef3ba59c70182124d8f.pdf>. Accessed 31 Aug. 2019.

Pelaud, Isabelle Thuy. *This Is All I Choose to Tell: History and Hybridity in Vietnamese American Literature*. Temple UP, 2011.

Phan, Aimee. "Q&A on *The Education of Cherry Truong*." Aimee Phan. N.d. <aimeephan.com/qa-on-the-reeducation-of-cherry-truong/>.

——. *The Reeducation of Cherry Truong*. St. Martin's P, 2012.

——. *We Should Never Meet*. St. Martin's P, 2004.

Phan, Hao. "Two Readings of Two Books by Viet Thanh Nguyen." *Journal of Vietnamese Studies* 13.1 (2018): 121–36.

Phong, Ann. "Artist Commentary." *F.O.B. II*. 15.

"Pipo Nguyen-duy." N.d. Apr. 3, 2009. *In the Gallery—Uncommon Traits: Re/Locating Asia.*<old.cepagallery.org/exhibitions/relocatingasia/AS01.site/AS01.08.nguyenduy.html>. Accessed 3 Mar. 2015.

*Platoon*. Dir. Oliver Stone. Orion Pictures, 1986.

Qin, Amy. "The Artist Dinh Q. Lê Expands His Gaze to Worlds Beyond Vietnam." *New York Times*. 1 Oct. 2015. <www.nytimes.com/2015/10/02/arts/international/the-artistdinh-q-le-expands-his-gaze-to-worlds-beyond-vietnam.html>. Accessed 23 Mar. 2016.

Ramakrishnan, Karthick. "Asian American Vote in 2016: Record Gains, but also Gaps." *Data Bits*. 19 May 2017. <aapidata.com/blog/voting-gains-gaps/>. Accessed 31 Mar. 2019. Accessed 29 Aug. 2019.

Rody, Caroline. "Between "I" and "We": Viet Thanh Nguyen's Interethnic Multitudes." *PMLA* 133.2 (2018): 396–405.

Rojas, Leslie Berenstein. "Introducing the cultural mashup dictionary: Our first term, 1.5 generation." *89.3 KPCC*, 7 April 2011, <scpr.org/blogs/multiamerican/2011/04/07/7099/introducing-the-cultural-mashup-dictionary-our-fir/>. Accessed 31 Mar. 2019.

Romero, Simon. "Peru Guards its Guano as Demand Soars Again." *New York Times*. 30 May 2008. <www.nytimes.com/2008/05/30/world/americas/30peru.html>. Accessed 3 Sep. 2019.

Roth, Moira. "The Obdurate History of *Mot Coi Di Ve* ("Spending One's Life Trying to Find One's Way Home")." *A Tapestry of Memories: The Art of Dinh Q. Lê*. Bellevue Arts Museum, 2007. 31–37.

Rumbaut, Rubén G. "Ages, Life Stages, and Generational Cohorts: Decomposing the Immigrant First and Second Generations in the United States." *International Migration Review*, 38.3 (2004): 1160–1205.

——. "The One-and-a-Half Generation: Crisis, Commitment, Identity." Ed. Peter I. Rose. *The Dispossessed: An Anatomy of Exile*. U of Massachusetts P, 2005.

Samnang, Khvay. "Artist Statement." *Khvay Samnang*. 2017. <www.khvaysamnang.com>. Accessed 31 Jul. 2019.

Schueller, Malini Johar. *Locating Race: Global Sites of Post-Colonial Citizenship*. State U of New York P, 2009.

Searle, Adrian. "Dinh Q. Lê: The Colony Review—A Messy Meditation on the Pacific Guano Trade." *Guardian*, 2 Feb. 2016. <www.theguardian.com/artanddesign/2016/feb/02/dinh-q-le-the-colony-review-rich-messy-melange-history-technology>. Accessed 31 Mar. 2016.

Seno, Alexandra A. "The Collector: Dinh Q. Le." Wall Street Journal. 21 Aug. 2009. <www.wsj.com/articles/SB125075355676845609>. Accessed 6 Oct. 2019.

Shay, Maureen. "Uprooting Genealogy in GB Tran's *Vietnamerica*." *Journal of Postcolonial Writing*, 42.4 (2016): 428–44.

Shipler, David K. "A Child's Tour of Duty: When Heaven and Earth Changed Places." *New York Times*, 25 Jun. (1989): BR1, 37.

Sontag, Susan. *Against Interpretation and Other Essays*. Picador, 2001. 高橋康也他訳『反解釈』竹内書店、1971.

Streitfeld, David. "For Viet Thanh Nguyen, Author of 'The Sympathizer,' a Pulizer but No Peace." *New York Times*, 21 Jun. 2016. <www.nytimes.com/2016/06/22/books/viet-thanh-nguyen-prizewinning-author-of-the-sympathizer-still-wrestles-with-apocalypse-now.html?_r=0>. Accessed 27 Mar. 2019.

Sturken, Marita. *Tangled Memories: the Vietnam War, the AIDS Epidemic, and the Politics of Remembering*. U of California P, 1997. 岩崎稔他訳『アメリカという記憶——ベトナム戦争、エイズ、記念碑的表象』未來社、2004.

Sz-ruei, Yang and Evelyn Kao. "12 Vietnamese women arrested for alleged prostitution: NIA." *Focus Taiwan News Channel*, 15 Jan. 2019, <focustaiwan.tw/news/afav/201901150009.aspx>. Accessed 31 Jul. 2019.

Tatarski, Michael. "Why Is the US Deporting Protected Vietnamese Immigrants?" *The Diplomat*. 5 Jun. 2018. <thediplomat.com/2018/06/why-is-the-us-deporting-protected-vietnamese-immigrants/>. Accessed 31 Jul. 2019.

Thai, Hung Cam. *For Better or Worse: Vietnamese International Marriages in the New Global Economy*. Rutgers UP, 2008.

Thomas, Mandy. "Crossing Over: The Relationship between Overseas Vietnamese and their Homeland." *Journal of Intercultural Studies*, 18.2 (1997): 153–76.

Thompson, A. C. "Terror in Little Saigon: An Old War Comes to a New Country." *ProPublica*. 3 Nov. 2015. <www.pri.org/stories/2015-11-03/terror-little-saigon-old-war-comes-new-country>. Accessed 31 Aug. 2018.

"Tiffany Chung: Vietnam, Past is Prologue." *SAAM*. <americanart.si.edu/exhibitions/chung>. Accessed 31 Aug. 2019.

Tran, De, Andrew Lam, and Hai Dai Nguyen. Once *Upon A Dream . . .: The Vietnamese American Experience*. Andrews and McMeel, 1995.

Tran, GB. *Vietnamerica: A Family's Journey*. Villard, 2011.

Tran, Tini. "Vietnamese Crusade: 'This Has Become Bigger Than Mr. Tran." *Los Angeles Times* 2 Mar. 1999. <articles.latimes.com/1999/mar/02/local/me-13251>.

Trinh, Mai. "Artist Statement." *Trinh Mai*, n.d. <trinmai.com/artist-statement>. Accessed 18 Jun. 2019.

——. "Family Tree." *Trinh Mai*, n.d. <trinmai.com/family-tree>. Accessed 18 Jun. 2019.

Trinh, T. Minh-ha. *Framer Framed*. Routledge, 1992. 小林富久子・矢口裕子・村尾静二訳『フレイマー・フレイムド』水声社、2016.

——. "Trinh T. Minh-ha Forgetting Vietnam: Los Angeles Premier: From the Filmmaker." *REDCAT*, Aug. 2016. <redcat.org/sites/redcat.org/files/event/linked-files/2016-08/Forgetting%20Vietnam_Web_BR2_pdf>. Accessed 3 May 2015.

——. *When the Moon Waxes Red: Representation, Gender and Cultural Politics*. Routledge, 1991. 竹村和子訳『女性・ネイティヴ・他者——ポストコロニアリズムとフェミニズム』岩波書店、2011.

Truong, Monique. "Into Thin Air." *Time Asia*, 18–25 Aug. 2003. <www.time.come/time.asia/2003/journey/vietnam.html>. Accessed 5 Mar. 2010.

——. *The Book of Salt*. Houghton Mifflin, 2003. 小林富久子訳『ブック・オブ・ソルト』彩流社、2012.

Tsang, Daniel C. "Little Saigon Slowly Kicking the Redbaiting Habit." *Los Angeles Times* 31 Jan. 1999. <articles.latimes.com/1999/jan/31/opinion/op-3372>. Accessed 3 Jul. 2019.

Tseng-Putterman, Mark. "Looking Back, Looking Forward: 6 Stories of Asian American Activism in 2018." *Medium*. 4 Jan. 2019. <medium.com/@tseng.putterman/looking-back-looking-forward-6-stories-of-asian-american-activism-in-2018-fa92e60160c9>. Accessed 3 Jul. 2019.

Tucker, Spencer C. *The Global Chronology of Conflict: From the Ancient World to the Modern Middle East*. ABC-CLIO, 1967.

Twark, Jill E. "Approaching History as Cultural Memory Through Humour, Satire, Comics and Graphic Novels. *Contemporary European History*, 26. 1 (2018): 175–187.

Uekötter, Frank. "War, Peace amd Guano." Lê, *Dinh Q. Lê: The Colony*. 4–8.

Ulin, David. A Review of *Vietnamerica*. *Los Angeles Times*. 30 Jan. 2011. <www.latimes.com/entertainment/la-xpm-2011-jan-30-la-ca-vietnamerica-20110130-story.html>.

Accessed 12 Mar. 2013.

Valverde, Kieu-Linh Caroline. *Transnationalizing Viet Nam: Community, Culture, and Politics in the Diaspora*. Temple UP, 2012.

Vertovec, Steven. *Transnationalism*. Routledge, 2009.

"Vietnam:1." *Refwolrd*. Australia: Refugee Review Tribunal. 4 Sep. 2006. <www.refworld.org/type,QUERYRESPONSE,,VNM,4b6fe3170,0.html>. Accessed 31 Mar. 2019.

"'Vietnamerica': A Graphic Memoir." *ABC World News Now*. 4 May 2011. <abcnews.go.com/Entertainment/video/vietnamerica-graphic-memoir-13527127>. Accessed 31 May. 2013.

"Vietnamese Americans." *Wikipedia*, 1 Oct. 2019, 17:13 a.m. (UTC), <en.wikipedia.org/wiki/Vietnamese_Americans#Demographics>. Accessed 3 Oct. 2019.

*Vietnamese American Heritage Foundation*. vietnameseamerican.org/#about.

"Vietnamese in the U.S. Fact Sheet." *Pew Research Center*. 8 Sep. 2018. <www.pewsocialtrends.org/fact-sheet/asian-americans-vietnamese-in-the-u-s-fact-sheet/>. Accessed 17 Jul. 2019.

"Vietnamese migrant brides in Taiwan." *Wikipedia*, 16 Apr. 2019, 6:56 a.m. (UTC), <en.wikipedia.org/wiki/Vietnamese_migrant_brides_in_Taiwan>. Accessed 18 Apr. 2019.

Vo, Linda Trinh. "Managing Survival: A Brief History of Vietnamese America from A Gendered Perspective." Viet Lê and Alice Ming Wai Jim, eds. *Charlie Don't Surf: 4 Vietnamese American Artists*. Vancouver International Centre for Contemporary Asian Art, 2005. 14–27.

Wang, Hansi Lo. "Trump Lost More of the Asain-American Vote than the National Exit Polls Showed." Apr. 18, 2017. *NPR*. <npr.org/2017/04/18/524371847/trump-lost-more-of-the-asian-american-vote-than-the-national-exit-polls-showed>. Accessed 21 May. 2019.

Warner, W. Lloyd and Leo Srole. *The Social Systems of American Ethnic Groups*. Yale UP, 1945.

White, Hayden. "On Transcommunality and Models of Community." Childs 165–72.

"Why the Viet Cong Were Called 'Charlie.'" *Today I Found Out*. 2 April, 2013. <www.todayifoundout.com/index.php/2013/04/why-the-viet-cong-were-called-charlie-during-the-vietnam-war/>. Accessed 31 Jul. 2019.

Woods, Michael. "Vietnamese flag at City Hall angers protesters." *Ottawa Citizen*. 2 Sep. 2014. <ottawacitizen.com/news/local-news/vietnamese-flag-at-city-hall-angers-

protesters>. Accessed 3 Aug. 2019.
Zhao, Xiaojian. "Immigration to the United States after 1945." *Oxford Research Encyclopedia of American History*, Jul. 2016. <americanhistory.oxfordre.com/view/10.1093/acrefore/9780199329175.001.0001/acrefore-9780199329175-e-72>. Accessed 1 Aug. 2019.
Zong, Jie, and Jeanne Batalova. "Immigrants from New Origin Countries in the United States." 17 Jan. 2019. *Migrant Policy Institute*. <www.migrationpolicy.org/article/immigrants-new-origin-countries-united-states>. Accessed 2 Aug. 2019.

「アクティビストではなくアーティストとして世界に向き合う――ウダム・チャン・グエンの「BODY ／ PLAY ／ POLITICS」『創造都市横浜』2016 年 9 月 15 日 <yokohama-sozokaiwai.jp/person/14138.html>. 2019 年 9 月 1 日アクセス。
麻生享志『ポストモダンとアメリカ文化――文化の翻訳に向けて』彩流社、2011.
――「ベトナム系移民の歴史と「ポストメモリー」」 *AALA Journal* No.17 (2011): 14–21.
荒木夏実「ディン・Q・レ――明日への記憶」レ『明日への記憶』8–16.
上岡伸雄「訳者あとがき」ウェン『シンパサイザー』489–94.
「「歓迎されざる客」となった難民　シリア政策誤算でトルコの重荷に」『産経新聞』2019 年 8 月 14 日 <www.sankei.com/world/news/190814/wor1908140001-n1.html>. 2019 年 9 月 1 日アクセス。
「「殺される」襲撃者の影に脅えるシリア人、トルコで反移民感情高まる」『Reuters』2019 年 7 月 10 日 <jp.reuters.com/article/turkey-syria-refugee-idJPKCN1U50SF>. 2019 年 9 月 1 日アクセス。
「11 月のニュース―― 11 月 23 日― 11 月 28 日」『ベトナムニュース』2009 年 11 月 28 日 <plaza/.rakuten.co.jp/vietnamnews/diary/200911280000/>. 2019 年 9 月 1 日アクセス。
バット、ゾーイ「ディン・Q・レを位置づける」『明日への記憶』121–25.
「ブンタウ最大の涅槃仏がある寺院 Thich Ca Phat Dai（ティックカーファットダイ）」『Vung Tau Go』N.d. <vungtaugo.com/ja/tourism/thichcaphatdai/>.
マルクス、カール『ルイ・ボナパルトのブリュメール 18 日』植村邦彦訳、平凡社、2008.
「歴史：南鳥島」『小笠原村』2002 年 1 月 30 日 <www.vill.ogasawara.tokyo.jp/minamitori_history/>. 2019 年 9 月 10 日アクセス。
レ、ディン・Q『明日への記憶』平凡社、2015.
――「ディン・Q・レへのインタビュー」聞き手：荒木夏実、レ『明日への記憶』29–33.
ロス、モイラ「ベトナムとアメリカ――ディン・Q・レの人生、アート、記憶」『明日への記

憶』131–35.
吉田美津「ヴェトナム系アメリカ文学――ヴェトナム戦争を超えて」植木照代・監修、山本秀行・村山瑞穂編『アジア系アメリカ文学を学ぶ人のために』世界思想社、2011年. 121–38.

## ◉図版クレジット◉

【カバー・表紙表／口絵1～2／図5～6】Courtesy of Việt Lê.

【カバー・表紙裏／口絵3～5／図1～2】Courtesy of Dinh Q. Lê.

【口絵6～7】"Illustrations" from VIETNAMERICA: A FAMILY'S JOURNEY by GB Tran, copyright © 2011 by Gia-Bao Tran. Used by permission of Villard Books, an imprint of Random House, a division of Penguin Random House LLCX. All rights reserved.

【口絵8～10】Illustrations from "Mémoires de viet kieu" by Clément Baloup, 2011. © La Boîte à Bulles/Clément Baloup. All rights reserved.

【図3～4】Courtesy of Pipo Nguyen-Duy.